U0500574

智 读 汇

连接更多书与书，书与人，人与人。

汪高公益家庭教育研究丛书

学习型父母日课

与孩子一起成长的贴心指南

365 个育儿新知，每天进步一点点。

陈汉聪　著

当代世界出版社

图书在版编目（CIP）数据

学习型父母日课 / 陈汉聪著 . -- 北京 ： 当代世界
出版社， 2024. 11. -- ISBN 978-7-5090-1863-7

Ⅰ . G78

中国国家版本馆 CIP 数据核字第 2024XR9833 号

书　　名:	学习型父母日课
作　　者:	陈汉聪
出 品 人:	李双伍
监　　制:	吕　辉
责任编辑:	孙　真
出版发行:	当代世界出版社
地　　址:	北京市东城区地安门东大街 70-9 号
邮　　编:	100009
邮　　箱:	ddsjchubanshe@163.com
编务电话:	（010）83907528
	（010）83908410 转 804
发行电话:	（010）83908410 转 812
传　　真:	（010）83908410 转 806
经　　销:	新华书店
印　　刷:	北京荣泰印刷有限公司
开　　本:	710 毫米 ×1000 毫米　1/16
印　　张:	25.25
字　　数:	360 千字
版　　次:	2024 年 11 月第 1 版
印　　次:	2024 年 11 月第 1 次
书　　号:	ISBN 978-7-5090-1863-7
定　　价:	68.00 元

法律顾问：北京市东卫律师事务所 钱汪龙律师团队 （010）65542827

自序

学习型父母日课：每天进步一点点，与孩子一起成长的贴心指南

①

"孩子做作业总是很拖拉，这么简单的题要做老半天！"

"孩子不能说，稍微说一句就哭鼻子。"

"孩子总是跟父母对着干，说什么都不听。"

"孩子的房间总是乱七八糟的，真是鬼见愁。"

"孩子大学都毕业了，还没个定性，真不知道能干点什么。"

如此等等，不一而足。

以上的情形是不是感觉很熟悉？相关问题是不是让身为父母的你深感头疼？

家庭教育问题，或许是当前中国社会面临的最重要的基础性问题，没有之一。然而，在养育孩子方面，父母面临的困惑是全方位的：父母想对孩子的教育精心规划，对其严加管教，却担心这样做容易抹杀孩子的自主性和独立意识，若他们长大后反叛起来，后果会更严重；想顺其自然，按照孩子的兴趣爱好和成长节奏来，又担心耽误孩子的最佳发展期，令他们落后于人。

对于孩子身上表现出来的一些"不好"的行为习惯和性格特点，直接要求孩子改正，往往会引起孩子的情绪反弹，进而令父母与孩子陷入无尽的情绪拉扯；不直接说，父母看着既着急，憋在心里又难受……在孩子的整个成长过程中，父母几乎无数次面临着类似的两难问题，感觉自己怎么做都是错，沮丧和无力感无数次涌上心头。

到底该怎么办呢？

在家庭教育中，父母到底怎么做才是对的？在陪伴孩子成长的过程中，父母该如何自处、如何自洽？

在回答这些问题之前，我想谈谈关于家庭教育的三个基本认识：

第一，家庭教育的根本目标，是父母与孩子的共同成长。"父母好好学习，孩子天天向上"，这句民间格言，在很多场合都被提及过。家庭教育首要的目标，不是解决孩子身上的问题，而是解决父母自身的问题。父母的教育认知与教养行为一旦得以修正，孩子身上的问题往往很快就会出现好转。

第二，家庭教育的核心任务，是父母以身作则。父母的教育只停留在口头上是没有用的，孩子主要看父母是怎么做的。所以，父母要求孩子做到的每一个方面、每一件事，自己都要先做到。父母要以身作则，要成为孩子的榜样。唯有如此，教育才有可能发生。

第三，家庭教育的基本前提，是对孩子全然的爱和接纳。没有爱，就没有教育。没有接纳，就没有改变。很多父母总以为自己是爱孩子的，但是真的吗？你爱的是乖孩子、懂事的孩子、优秀的孩子、能给自己长脸的孩子，还是孩子本身？无论孩子表现如何你都能爱他吗？你能否爱行为有问题、性格有缺陷的孩子？你能否接纳不断制造麻烦的孩子？你的爱是如何表现的？你是爱自己还是爱孩子？

事实上，这些问题，并不容易回答。

2

孩子身上的问题，父母该怎么办？

在家庭教育中，父母到底怎么做才是对的？

在当下的环境中，如何缓解父母的焦虑情绪？

对于这些问题，其实没有标准答案。

世界上没有两片完全相同的树叶，更没有两个完全一样的孩子，更不用说照搬照抄别人的家庭教育经验会起作用。

古今中外，关于家庭教育人们可以达成的一个基本共识是：因材施教。每一个孩子都是独特的，每一个孩子适用的教育方法，自然也都是独一无二的。

这不是在玩文字游戏，事实确实如此。

如果说要找到针对某一个孩子成长问题的有效解决方案，那么最可能解决问题的人是父母；最好的解决方案在父母手里。

父母这个角色，是任何人都无法替代的。

然而，现在的情况是，不少父母根本不知道该怎么办，根本无从下手。

矛盾的焦点即在于此，家庭教育的冲突与张力就在这里。

那到底该怎么办呢？

答案在于：父母要学习。

人们常常会说，很多职业，都是需要经过严格的专业训练并取得执业资格证书才可以上岗的，而面对教养孩子如此重要的事业，父母却没有经过任何专门化的训练就匆匆上岗了。这实在是当下社会最让人匪夷所思的事情。

针对父母系统化、体系化的培训，以后或许会有，早晚有一天会有的，只是时不我待。每一个已经来到世上的孩子等不了，每一对父母等不了。所以，当下的环境中，父母能做的，唯有自救——自己学习起来，自己组织起来，在家庭中学习，在社群中学习，在家长学校中学习。

成为学习型父母，是当下身为父母者的自我学习和成长的途径——是父母理解自我、理解孩子、理解教育、理解学习与成长规律的有效途径，是父母化解教育焦虑、获得自洽与从容的有效途径。

那么，父母要学习什么？又该如何学习呢？

其实，在当下的信息化时代，学习资源是很丰富的，比如各种慕课平台的网络公开课，还有知识付费平台的线上课程，或者各种直播平台的直播课程，再或者线下演讲、读书会、分享会、亲子活动，等等。任何一位愿意学习的父母，都不难找到适合自己的学习资源。

不过，除了以上提及的学习渠道，更基础性、更重要的学习方式是阅读——通过系统化、持续性地阅读相关书籍，形成对家庭教育的经典作品、教育理念、基本原则、实际案例等方面的整体性理解，从而建立自己的教育理念与方法论体系。

"一个人的阅读史，就是他的精神成长史。"父母关于家庭教育书籍的阅读，亦是如此。只有当父母对有关家庭教育的重要书籍有足够的了解时，才可能拥有足够的底气，来应对家庭教育过程中产生的难以避免的矛盾。

所以，在本书的不同部分，笔者会为大家提及如周弘的《赏识你的孩子》、尹建莉的《好妈妈胜过好老师》、约翰·洛克的《教育漫话》、卢梭的《爱弥尔》、陈鹤琴的《家庭教育》、蒙台梭利的《认识你的孩子》等书。当然，也会对近年来的热点议题如蔡美儿的"虎妈模式"进行讨论。这个书单其实还可以一直列下去：马丁·塞利格曼的《教出乐观的孩子》、艾尔菲·科恩的《无条件养育》、爱德华·哈洛韦尔的《童年，人生幸福之源：培养乐观的方法》……

在本书中，我按 1 年 12 个月、365 天的时间顺序，分 12 个主题、365个小节跟家长朋友、读者朋友分享关于家庭教育的一些思考和观点。

前 3 个主题分别是：父母角色、原生家庭和教育理念，这是家庭教育的起点。在教育孩子之前，身为父母的我们，首先需要回望自我，反省父母这一角色到底意味着什么。我们也需要回到原生家庭，更好地理解自己的来路，理解"我之所以为我"的经历和过程。这些经历和过程，可能深刻地影响我们的一言一行。在此基础上，我们再去了解古今中外的主要教育理念，帮助我们明确自身的定位。

第 4~6 个主题，是关于亲子关系的，分别是认识孩子、亲子沟通、陪伴孩子。任何家庭教育行为的发生、任何对孩子有效的教育影响，都是建立在对孩子的理解基础之上的，因此，父母在了解完自己之后，就需要尽可能地了解孩子。而亲子沟通、陪伴孩子，既是了解孩子的途径，也是教育得以实施的载体。很多时候，亲子关系顺畅了，教育只不过是顺其自然的事了。

第 7~9 个主题，是关于孩子成长的，分别是优秀品格、内在力量和人生使命。家庭教育的重点，往往不在于提升课业掌握情况、学习成绩，而在于鼓励孩子有持续的好奇心，有独立思考的能力，有批判性思维，有正直的品格，有内在的驱动力，有梦想、有自己的人生使命。这些品质，远比成绩多少、上什么学校、学什么专业重要得多。

第 10~12 个主题，是关于父母成长资源的，分别是教育社群、社会责任和面向未来。未来社会形态的发展趋势之一，是基于共同兴趣爱好形成各种各样的生活社群。家庭教育社群，能够成为父母成长的重要资源和社会支持网络。不管是与孩子同学的家长，还是邻居或者公益组织交流，父母都要主动寻找甚至创建这些教育社群，形成守望互助的家庭教育成长共同体。在社会责任与面向未来这两个专题里，笔者论述了微观层面的家庭教育，这事实上事关重大，将影响整个国家和民族的未来，值得每一位父母高度重视。因此，所有父母应共同行动起来，成为学习型父母。

3

本书的出版，源自一个发心，源自"汪高公益家庭教育"微信群的每日分享。

2022 年 11 月 13 日，在汪高公益举办的一场公益活动的间隙，大家论及一个话题：养成一个好的习惯一般需要多长时间？笔者按一般的说法认为需要 21 天。这时，汪高公益的创始人汪建刚先生说："这个说法我是不赞同的。哪有那么容易？我是比较认可孟子的说法：至少要坚持 3 年，好的效果才能出来。"

受到汪建刚先生的启发和鼓励，笔者当时就立下一个心愿：每天在汪高公益家庭教育微信群里，分享笔者在家庭教育方面的阅读所获、观察所得和思考所悟，并且坚持 1000 天。

这样做，一方面，可以营造一个持续的学习氛围，构建学习型的家庭教育公益组织，推动家长们共同学习、共同成长；另一方面，也可以把笔者20多年来对中国教育问题的学习、思考、研究及实践的成果进行系统整理，为遇到同样困惑与问题的家长提供经验教训与借鉴。

就这样，在从2022年11月13日至今的600多天里，笔者每天坚持在汪高公益家庭教育群里进行经验分享。每天分享的内容，少则300多字，多则1000多字，平均每天500字左右。本书就是从这600多天的经验分享中精选出365天的内容，重新归类整理，最终成稿的。

每日分享，只是汪高公益助力父母成长的方式之一。除此之外，我们每个月至少举办1次公益讲座或亲子活动，邀请专家进行分享。我们已经连续举办4期父母成长营，通过工作坊的形式，与父母共同分析在家庭教育过程中遇到的困惑，共同探讨自我成长的途径与经验；我们也会为一些有特殊需要的家庭，提供个案咨询与成长陪伴。

汪高公益是一个具有鲜明草根特征的家庭教育社群，却有着蓬勃向上的鲜活生命力。家长抱团学习、共同成长。感恩于汪建刚先生、高萍女士的大爱，汪高公益的益友们从中获益良多。在过去10年里，在汪高公益，我们见证了很多父母的改变，也见证了很多孩子的成长。

斗转星移，历史更迭，时代变迁。杜兰特夫妇在《历史的教训》一书中，饱含睿智与深情地写道："唯一真正的革命，是对心灵的启蒙和个性的提升；唯一真正的解放，是个人的解放；唯一真正的革命者，是哲学家和圣人。"从这一意义上说，每一位敢于自我反省、善于自我学习、勇于自我成长的家长，都是真正的自我革命者。

也正是在这一意义上，每一位家长都任重而道远。

针对本书，建议读者朋友每天抽出5~10分钟，慢慢地阅读，边读边结合自身家庭教育的实际情况，对照着思考。本书里的内容，只是一个引子，希望各位朋友能从中联想到自身的情况，边阅读、边思考，找到困扰自身问题的答案。

若能如此，幸甚至哉！

从某种意义上说，本书是一本还在"持续生成"中的书。因此，不可避免地存在一些不足。在此欢迎各位家长朋友、读者朋友提出宝贵意见，我们也将在后续的版本中不断优化完善！

再次感谢您对本书的关注，感谢您的阅读！有缘，我们必定会相见！

陈汉聪

2024 年 7 月

目录 / Contents

第一章

父母角色

惟有能好好教养儿女的人，才配得上做父母的资格。

——陈鹤琴

世界上最重要却最难胜任的角色

父母，或许是世界上最重要但同时也是最难胜任的角色。

当踏入 20 岁或 30 岁，或再大一点，40 岁时，当上天将新生婴儿交到一对刚刚"升级"的年轻人手中时，父母的角色，便这样神圣而突然地被赐给了这对既感到惊喜，但同时又有些无所适从的年轻人。在经历惊喜若狂、不知所措、疲惫不堪、满怀期待等种种复杂情绪之后，多数父母来到的是一个开阔之地：养育孩子不过如此，也没什么了不起！吃好穿暖，好养坏养，差不多就可以了，孩子总是会长大的，也没那么金贵。当然，也有些父母追求完美，事必躬亲、一丝不苟，不放心孩子成长过程中的每一个环节；也有些父母干脆不管不问，当起了甩手掌柜，把孩子交给爷爷奶奶或外公外婆去带。

昏昏者众，昭昭者鲜。

其实，当下有不少父母对于自身身份的认知是模糊的；对于"父母"这一职业的重要性的理解是肤浅的；对于做好父母这一角色的心理准备、能力储备是不充分的。更重要的是，这些父母并没有意识到这是一个严重的问题。

为人父母，首先要具有的基本意识是：敬畏生命，重视身份，虚心以待，潜心学习，明白自己即将培育的是一个有着无限可能的鲜活生命。

孩子可以成为科学家、医生、老师，也可能成为罪犯，而父母就是孩子未来走向的重要影响者，甚至是决定者。父母怎么可以对自己的角色不敬畏、不重视、不虚心学习呢？

为人父母者不易，但更难的是，意识到要做称职的父母，从来就不是、根本就不是一件容易的事。

感悟

父母都是新手

我国家庭教育学的开创者陈鹤琴在《家庭教育》一书序中写道："小孩子实在难养得很！有时候，你不晓得他应当穿什么衣服，吃什么食物！有时候你不晓得他为什么哭，为什么不肯吃！有时候，你不晓得他为什么生病，为什么变得这样瘦弱！有时候，你不晓得他为什么竟从一个活泼的小孩子变为暮气沉沉的老少年。小孩子不但是难养的，而稍明事理人，知道也难教得很！有时，他非常倔强，你不晓得骂他好呢，还是打他好；让他去强霸好呢，还是去抑制他好……像以上这类问题，稍具知识而要教养小孩子的父母，大概都曾遇到过的。"大教育家尚且有如此真实而无奈的感受，更何况普通父母？

因此，即使你曾经帮亲戚带过小孩，即使你现在是幼儿园老师、小学老师，但在没有自己的孩子之前，你都无法体会为人父母者的真实感受，也无法理解要做称职的父母到底有多难，也感受不到在孩子哭闹时的手忙脚乱和不知所措、孩子生病时的紧张焦虑与惊慌失措、孩子叛逆时的伤心难过与痛苦失望，更不要说当孩子遭遇重大变故时的种种感受了。

在孩子成长的过程中，有些事情，是父母可以做些什么去改变的，而有些事情，父母可能无从干预、无能为力。所以，父母首先能做的，就是认清自己的角色，做自己力所能及的，直面自己不能改变的，做好各种心理准备，接受或好或坏的结果。这么说，看起来好像有点事不关己、高高挂起的感觉，甚至有些冷血，但事实的确如此。父母也不是铁打的，要做到这一点，并不容易，但别无他法。从经验不足的新手父母，到经验丰富的老练父母，是一条可长可短的进阶之路。唯有虚心以对、不断学习，我们才有可能获得真正的智慧与通达，从而成为优秀的父母。

感悟

父母巨婴

很多人，已经当父母了，自己却还是巨婴。

巨婴有两个特点：一是逃避和推卸责任，不愿意承担属于自己的职责；二是认识不到自己的问题，常常指责他人，把担子放到别人肩上却依然过得心安理得。

"80后""90后""00后"这几代年轻人，不少人的物质条件丰裕优渥，从小衣食无忧、所愿皆得。有些人，在缺乏原则、过度溺爱的父母的教养下，稀里糊涂地也成了父母，但他们自己其实还是心智不成熟、人格不健全的年轻人。

所以，今天我们常常会看到这样一些现象：自己生活安逸却让年事渐高的父母照看小孩；家务都不做却想有个温馨整洁的家；忽视孩子的成长过程却期望孩子懂事自觉、品学兼优；自己未尽到教育孩子的职责，却指责配偶没有把孩子带好。

这怎么可能？没有真诚的付出哪来巨大的收获？自己并没有付诸行动，却理直气壮地指责别人。

家庭是一个整体，夫妻双方都有各自的角色，夫妻都应承担起各自的责任。夫妻同心，才能把家庭经营好。因此，"不完整的家庭"，不单单指丧偶或离异家庭，更多的是指那些其中一方逃避责任、没有担当而埋怨指责对方的家庭。

"巨婴父母"可能无处不在。这是作为父母需要警惕和自省的。

感悟

夫妻同心

在当下社会环境中，夫妻双方要把家庭共同经营好，并非一件轻而易举的事。经济上的事情、性格上的差距、生活上的偏好、子女的教育问题让夫妻在家庭生活中面临着各种各样或大或小的挑战。如果夫妻双方没有一个共同目标，是很难把家庭经营好的。

毫无疑问，在当代社会生活中，夫妻双方的社会地位是平等的。夫妻双方对经营好家庭，负有同样的责任。夫妻双方都要充分地意识到，经营好家庭，并非易事。夫妻双方，都要有改变的意愿、成长的意愿、付出的意愿，共同努力把家庭经营好。当一对青年男女从"公主王子"的恋爱阶段正式进入"柴米油盐"的婚姻阶段之后，当夫妻双方开始真实地面对生活中"鸡毛蒜皮"的琐事的时候，生活的挑战才刚刚开始。这个时候，夫妻如果不同心协力，是很难将家庭经营好的。

夫妻同心，其利断金。在家庭生活中，夫妻双方如果能够根据各自所长、能力特点形成合理的职责分工，家庭生活就能够处于一种和谐有序的状态之中。相反，如果父母角色错位、逃避责任，整个家庭就会经常处于矛盾、冲突和麻烦之中。

夫妻关系是家庭中第一位的关系，亲子关系是位于夫妻关系之下的。只有夫妻关系顺畅了，家庭中才可能会有温馨有爱的和谐氛围，从而才能够为家庭教育的开展奠定良好的亲子关系基础。夫妻同心是营造亲密的夫妻关系与和谐的家庭氛围的核心要义。

感悟

各施所长

男人来自火星，女人来自金星。父爱如山，母爱似海。由于男女双方在生理特征、社会角色方面存在客观差异，夫妻双方在共同经营好家庭的过程中，是要各施所长、互补短板、形成合力的。

一般来说，父亲代表"阳刚""担当""力量"，所谓"大丈夫"就该有大丈夫的样子。丈夫应当承担起照顾家人、保护家人的责任。在家庭生活中，在与外界打交道的过程中，不逃避责任，不回避做决定，该拿主意的时候就拿主意，该保护家人的时候就勇敢站出来，为妻子和孩子提供一个坚实的靠山。

母亲则代表"温柔""贤惠""细致"，是能够把家庭打造成一家人得以歇息的"温暖的港湾"的人。妻子在处理家庭事务时，往往会更细心、更周到。她们可以选择照顾好一家人的生活起居，把家里整理得干净整洁、温馨舒适，处理好人情往来，等等。在子女教育方面，妈妈可以为孩子提供成长陪伴和心理支持。多数情况下，妈妈更清楚孩子的学习情况和身心状态，所以妈妈可以及时跟爸爸交流，然后共同采取措施更好地为孩子的成长提供帮助和支持。

一张桌子四条腿，少了任何一条腿桌子都不稳。在家庭中，丈夫和妻子是互补的、配搭的，少了任何一方，家庭生活、对儿女的养育都必定是有缺失的、不完整的。

夫妻双方各施所长、妻子和丈夫都担当好各自的责任，是幸福家庭、幸福养育的应有之意。

 感悟

家庭的梦想与使命

每个人都有自己的理想和目标。每个家庭，也应该有自己的梦想与使命。

理想与目标、梦想与使命，所起到的最基本的作用，是引领整个家庭前进的方向，明确家庭生活的意义之所在。

有人说，很多人是没有理想、没有信仰的。这种说法虽然并不客观，但也道出了某种现象。家庭生活更是如此。如果你随便问一对夫妻，你们家的梦想与使命是什么？可能绝大多数人不能全然回答出来。

对于大多数的家庭而言，梦想可能还是有的，比如：努力赚钱，实现财务自由；在大城市买房或换一套更大的房，使生活更加舒适；一家人一起旅行，增进感情、开阔眼界，等等，不一而足。那么使命呢？一个家庭的使命是什么？对于这个问题，能够回答上来的家庭，应该不多。

如果放在以前，很多大家庭、大家族的使命是"光宗耀祖"。但随着宗族文化的整体式微，这一家庭使命也就相应地淡化了。所以，当下有些家庭所面临的困境也就在这里：没有梦想、没有使命、没有方向。除了追求物质上更加丰裕、事业上更上一层楼、名誉声望更加显赫之外，还能追求什么？这是值得每一个家庭深思的。

我的家庭的梦想和使命是：从自身开始，让每个人都能做真正喜欢的事。

那么，你的家庭的梦想和使命是什么呢？

感悟

自我反省者

在家庭生活、家庭教育中，父母还有一个非常重要的角色，那就是自我反省者。对家庭的目标愿景进行反省，对自己的想法观念进行反省，对自己的言行举止进行反省。

日常生活中，我们很容易被各种具体琐事所淹没，被生活牵着鼻子走。如果不刻意停下来反思，我们事实上是生活在一种无意识之中，甚至是对自身的"无知"状态之中。

中国社会科学院心理学研究所主持的《全国家庭教育状况调查报告（2018）》中的调查数据显示：四年级孩子眼中父母的不良行为的前三位分别是："答应过孩子的事情做不到""与他人吵架"和"说粗话、脏话"。其他不良行为还包括随地吐痰、大声喧哗、乱扔垃圾、在排队的时候插队。我们为人父母的，平时有这些不良行为吗？扪心自问，虽然平时已经比较注意，但是否有"答应过孩子的事情做不到"的时候。如果没有自我反省，没有对当前的言行举止进行及时调整，那么这种不良行为可能会一直存在。所以，在家庭教育过程中，父母首先要做的，就是对自己的想法观念、言行举止进行及时反省。汪高公益创始人汪建刚的微信头像用的是小篆书法体的"吾日三省吾身"，并以此时刻提醒自己，这个提醒自己的方法值得参考借鉴。每天反省自己，反省在家庭教育中有没有什么不当的行为、反省有没有可以做得更好的地方、反省教育的根本目标和愿景是否明确，这是父母必须做的功课！与大家共勉！

感悟

用心观察者

在家庭教育中，父母要成为用心的观察者，去观察孩子的一言一行，去倾听孩子的表达与诉求，去思考孩子的言行所传达的信息，去感受孩子的喜怒哀乐，去记录孩子的成长经历和故事。要成为一名专业的观察者，需要经过一定的训练，比如心理学的训练、教育学的训练、观察方法上的训练。但在为人父母这件事上，只要足够用心，每一位父母都可以成为杰出的观察者。

我国著名的家庭教育学家陈鹤琴的名著《家庭教育》一书，事实上就是在对自己孩子观察的基础上所作的记录和分析。我的一位朋友，从孩子出生到孩子 7 岁，整整记录了孩子 7 年的成长，总共写了 100 多万字，哪一天孩子做了什么事、有什么变化，翻看记录就一清二楚。

教育的本质是因材施教，因材施教的前提是了解孩子，而观察是了解孩子的根本手段。只有通过细心观察，父母才能够深入了解孩子的所思所想、所作所为背后的心智、能力、情感和动机，才能进行有针对性的引导。

用心观察孩子，往往还会给父母带来意料之外的收获，那就是意识到自己的无知并学会谦卑。当父母愿意放下身段用心观察孩子时，可能会发现孩子在很多方面，都跟自己所认识、所预设的样子有所不同，可能会惊诧于他的思想早熟，也可能会真正地理解他的恐惧；可能会为他的成长感到骄傲，也可能会真正意识到孩子行为的危害性。可以说，当没有用心去观察孩子的时候，父母对于孩子是知之甚少的，这个时候所谓的"教育行为"，很大可能是南辕北辙并注定失败的。

所以，要想成为合格的父母，就要放下身段，用心地去观察孩子，这是一个基本前提。

感悟

公正使者

在与孩子互动的过程中，在处理孩子的事情时，父母想要得到孩子的尊重和敬佩，就必须做一名公正使者。有一位妈妈，性格偏柔弱卑微，每次她女儿与其他孩子发生争执时，她都会不分青红皂白地先把自家孩子数落一通，要求孩子向别人道歉。妈妈的这种行为，看起来好像显得很谦让、礼貌、有教养，但她在试图保全自己面子的同时，已经大大地伤害了孩子的自尊心。当孩子间发生争执冲突时，完全有可能是自己的孩子在理，错在其他孩子身上；也有可能是各有对错。公正合理的做法是，让孩子把事情的经过说清楚，父母认真倾听，厘清其中的是非曲直，跟孩子平等讨论，当自己的孩子做得没错时，就要坚定地站在孩子一边，肯定和表扬孩子；而当孩子做得不对时，该向别人道歉的，就让孩子去向人家道歉，该承担后果的，就勇敢承担责任。这才是公正的做法。

如果对于孩子遇到的每一件事情，父母都能公正地处理，孩子下一次遇到事情时才会愿意跟父母说，因为孩子相信父母是会公正处理的；反之，当孩子不相信父母会公正处理事情的时候，父母就别指望孩子会跟自己说实话、说心里话。当孩子不相信父母的时候，父母的一切所谓的教育措施，都完全发挥不了正面作用。所以，人间自有公道，而孩子是最单纯、最信服公道的。父母的一项重要职责，就是成为孩子成长过程中的"公正使者"，在必要的时候，坚定地站在孩子一边，成为孩子的底气和最坚实的后盾。各位父母，能做到吗？

感悟

赞赏者

在家庭教育中，如果说父母有一项必不可少的职责，那就是：赏识你的孩子。孩子在成长中的每一步，孩子的一言一行，都是在与外界互动的过程中得到反馈和强化的，这种反馈和强化部分决定了孩子的个性特征、行为习惯和道德品质。如果父母希望孩子养成良好的行为习惯，就要在孩子表现出良好行为的时候，及时地给予肯定、表扬和赞赏，这样一来，就会强化孩子的良好行为，久而久之，孩子就会形成良好的习惯。孩子的良好行为、良好习惯、良好品格，其实都是在与父母和外界的一点一滴的互动过程中，潜移默化地形成的。

父母是孩子生命中最重要的"他人"，父母给予孩子的反馈，往往也是最有影响力的。当孩子做得对的时候，如果父母视而不见，或出于各种原因不给予孩子积极正面的反馈，孩子下一次可能就不再做对的事，甚至故意调皮捣蛋，以引起父母的注意。相反，如果孩子做错的时候，父母没有及时批评纠正，孩子可能就认为这样做是被允许的，长此以往，坏毛病就日积月累成习惯了。

所以，在家庭教育中，如果有一件事是必须去做且收效最大的，那就是赞赏孩子的正确行为、优点特长、优秀品质，直到孩子获得内在的自信和自我价值感。赏识你的孩子，你会惊讶地发现，孩子的进步和成长会超过你的预期，并不断地给你惊喜。

感悟

父母是榜样

在孩子成长过程中，父母往往被孩子当作英雄，特别是爸爸，被孩子当成英雄的概率更高一些。孩子为什么会把父母当作英雄？因为在孩子眼里，父母是无所不能的。

其实，父母除了勤奋会给孩子带来很大的影响之外，更重要的影响，在于在价值观、道德品格方面能够给孩子作示范、作榜样。父母是孩子的第一任老师，也是孩子最重要的老师，特别是在行为习惯、思想观念、道德品质方面，父母对孩子的影响无疑是潜移默化、极其重要的。

这种影响，往往在日常生活之中、在无形之中便已经产生。所谓"言传身教"，身教的作用，远远胜过言传。从这个意义上说，如果父母希望孩子拥有好的行为习惯、积极乐观的品质、高雅的情操趣味，那么，最好的方式，就是以身作则，并持续精进。唯有如此，父母的教育才有坚实的基础，才有真正的力量。早睡早起，坚持运动，爱好学习，积极乐观，言行一致，有责任有担当，热心公益，这些好的品行，如果父母都做不到，又有什么理由要求孩子做到呢？

最好的教育，往往是于无形之中、无言之中施展的。

感悟

陪伴者

父母是孩子成长过程中最重要、最关键的陪伴者，是其他任何人都无法替代的。在孩子的成长过程中，父母的陪伴不但可以给孩子提供快乐的时光、美好的回忆，更重要的是，可以让孩子感到自己是重要的、宝贵的、有价值的，从而让孩子的情感需求和精神需要得到满足。

美国心理学博士乔尼丝·韦布和克里斯蒂娜·穆塞洛在合著的《被忽视的孩子》一书中，列举了12种忽视孩子情感的父母类型，包括自恋型父母、专制型父母、放纵型父母、离异/丧偶型父母、成瘾型父母、抑郁型父母、工作狂父母、完美主义型父母、照顾伤病家属的父母、反社会型父母、孩子即父母、"都是为你好"型父母。这些父母的所作所为，读起来让人心惊肉跳！是的，心惊肉跳！我在读这些案例时，能够想象到那些被忽视的孩子内心是多么痛苦。在成长过程中，除了吃饱穿暖等最基本的生理需求之外，孩子最重要的需求是情感需求，是希望得到父母的关注、支持和陪伴的需求。因此，当这些最基本的情感需求无法得到满足时，孩子的智力发育、情绪表达、人格特质、精神状况都可能受到极大的负面影响。

今天依然有很多父母，漠视孩子的陪伴需求、情感需求，把自己的工作、社会应酬、兴趣爱好甚至休闲娱乐，都放在孩子的需要前面。只能说，这种对孩子陪伴需求和情感需求的忽视，很多时候是父母习惯性、无意识的行为。但这种行为，恰恰折射出当前很多家长对于孩子心理需求和成长规律的无知。

学习，是消除无知的唯一方式。

感悟

帮助者

在孩子的成长过程中，父母还有一个非常重要的角色，即孩子的帮助者。

有一次，上小学二年级的小女儿从学校回家后，休息了一会儿，准备做老师布置的英语家庭作业。可一打开书，她的情绪就崩溃了。原来老师布置的作业是要孩子读课上教过的英文单词和句子，孩子记得怎么读，但根本不认识单词，以至于读不出来。但是孩子又觉得老师布置的作业不能不做，于是着急地在一边哭泣。遇到类似的情况，父母应该怎么办呢？

其实，孩子在不同的成长阶段，都会遇到自己解决不了的问题。有些问题，可能真的超出了孩子的能力范围，而变成难题；但也有些问题，是因为孩子信心不足才变成了难题。孩子有能力解决问题，只是缺乏一点鼓励和帮助而已。在诸如此类的情形中，父母的在场与帮助，就显得尤其重要：如果父母能够稍加安慰，鼓励一下孩子，并带着孩子着手去做，就能一点点地把事情推进，最终让问题得到顺利解决；相反，如果在孩子需要帮助的时候，父母不在场或无视孩子的困难，孩子可能会因为没有做完作业而不愿意去上学，这种受挫的经历和体验，严重时甚至会导致孩子自我否定、陷入抑郁的状态。其实，很多所谓的"问题"孩子起初的触发点往往是一件微不足道的小事。但是，对成年人来说是小事，而对于孩子来说，却可能是影响一生的大事。孩子的人生不能重来，也不容假设。在孩子成长过程中，一个看似极其普通的时刻，也可能是关键的时刻，父母的应对和处理方式，可能在无意中影响孩子的一生。这是每一位为人父母者需要充分警醒的。

后来，我耐心地开导小女儿，跟她说："不要担心，你只要跟着爸爸逐字逐句地读几遍，很快就可以自己读了。"果然，情绪稳定下来后，小女儿很快地完成了英语家庭作业。

 感悟

统筹者

"凡事预则立，不预则废。"对于家庭教育而言，更是如此：父母的规划统筹能力极其重要。在当下竞争越来越激烈的环境中，孩子未来的发展如何，是选择传统体系还是走创新路径，是在公立学校上学还是去国际学校，不管你愿不愿意面对，事实上你已经被捆绑上这趟急速行进的教育列车。这不是在制造焦虑，而是描述现实。即使我们说不跟别人"卷"了，准备走在国际学校成才之路，那也得认真考虑怎么做，也需要有一个规划。

在当今社会，只要有想法、善学习、肯努力，成才成功的路径确实有很多。但到底怎么走？要解答这个问题，就需要父母和孩子共同商量，需要父母有远见、有统筹能力，能够找到一条契合孩子的个性特点和时代的发展趋势的道路，并鼓励孩子坚定地走下去。

做父母容易吗？真的很不容易！这世界上哪有什么容易的事？越要做得好、越要有成果，就越要付出更多的努力。父母的格局、父母的远见、父母的统筹能力，在无形中决定了孩子的发展方向和人生前途。

感悟

规矩设立者

在家庭教育中，父母有一个很重要的角色，就是给孩子制定规则，帮助孩子形成遵守规则的意识。在家庭教育中，对孩子最大的伤害，就是让他随心所欲、为所欲为。

著名的犯罪心理学家、中国人民公安大学的李玫瑾教授最为人所熟知的观点之一就是：在孩子6岁前，一定要学会对孩子说"不"。对孩子说"不"，其实就是给孩子制定规则，设立安全边界。

当孩子不遵守规则，做规则不允许的事情的时候，就要自己吃亏、遭受痛苦、付出代价。比如：小孩子不能玩火，不能把钉子插进插座，红灯时不能过马路。生活中，很多规则并非如此一目了然，但仍然是必须遵守的，否则受伤害的只能是自己。

遵守规则是最好的自我保护，也是实现自身长期利益最大化的唯一路径。很多父母被社会陋习影响，很多时候觉得遵守规则才是吃亏，认为很多事情都可以走捷径，可以有潜规则。其实，所谓的潜规则，并不能长久，也不能让人心安，很多时候甚至没那么正当。要想让自己、让孩子真正地拥有自尊和长期价值，父母就要以身作则，遵守规则，做该做的事，帮助孩子树立规则意识。这是保护孩子、使孩子健康成长的重要保障！

感悟

情绪收纳师

有人说，在家庭教育中，父母的情绪稳定很重要。其实，更重要的是父母要能成为孩子情绪的收纳器，要能够接收孩子所有的负面情绪，并包容这些情绪，化情绪于无形之中，让自己成为孩子最强大的心理依靠。

众所周知，孩子的安全感很重要，那么，孩子的安全感来自哪里？其实来自父母的稳定情绪，孩子希望当自己有情绪时，能够被父母理解和接纳。坦白地讲，要做到这一点很难。在生活中，我常常能够观察到，一些心理能量和情绪控制能力都比较低的人，动不动就发火，大声训斥孩子。试想，这种情绪状态又怎么能够带给孩子安全感呢？有很多父母甚至不知道有"情绪障碍""心理创伤"的存在，所以他们也不能理解孩子是有心理需求的，是有自己的精神世界的。他们总觉得我辛辛苦苦赚钱供你吃好、供你穿好、供你上学，你还要怎样？你为什么不能体会爸爸妈妈的不容易？为什么还要闹情绪？当父母有此类认知的时候，他们的孩子大概率要很长时间甚至一辈子都活在某种心理创伤之中。所以，能完全接纳孩子的情绪、能引导孩子正确处理情绪的父母，一定是高段位的，这样的父母带出来的孩子不一定很成功，但一定会很有安全感和人生幸福感。

愿每一位父母都情绪稳定，愿每一位父母都能接纳孩子的情绪，愿每一位孩子，都能被温柔以待！

感悟

学习鼓励者

孩子在学习过程中遇到困难怎么办？孩子做某件事情坚持不下去了怎么办？孩子灰心丧气了怎么办？孩子对自己有负面评价、情绪低落怎么办？在孩子的成长过程中，父母或多或少都会遇到以上这些问题。那么父母应该如何处理呢？其实，这些问题都指向父母在孩子成长过程中必须承担的一个角色——鼓励者。

鼓励者的角色，要求父母在孩子遇到困难、信心不足的时候，帮助孩子发现积极、正面、有利的因素，为孩子的内心注入心理能量，从而帮助孩子重新获得面对困难、继续努力下去的勇气。当一个人陷入困境的时候，往往容易放大难处而忽视自己的能力优势，从而对自身、对事件形成不正确的认知。孩子更是如此。此时，父母为孩子提供正面的反馈，就显得非常重要。父母可以说："你想想还有没有其他方法。""只要认真练习，你一定能够熟练掌握的！""坚持做下去，总有一天你会成功的！""你之前都能做到，这一次，你也一定能够克服困难！""你要相信自己是最棒的，你是可以的！""没有拿到想要的结果，也没关系，你只要尽力去做就可以了，过程比结果更重要。"

有智慧的父母，能够留心观察孩子的状态，并在关键时刻用温柔而坚定的语气鼓励孩子。这种来自父母的认可、鼓励和支持，往往会给孩子带来无穷的力量，从而唤起孩子克服困难、解决问题所需要的决心和创造力。

感悟

亲密关系营造师

亲子关系的本质是一种亲密关系，而亲密关系的本质，是一种信息的分享、心灵的相通和精神的共振。从某种意义上讲，亲子关系是这世界上最天然、最紧密的一种亲密关系。在良好的亲子关系中，父母与孩子之间是无所不谈的，是心有灵犀的，孩子在父母面前，是没有恐惧的，因此也是不需要欺骗和隐瞒的。

遗憾的是，在当下社会，这种良好的亲子关系其实并不常见。在日常生活中，更常见的是，父母和孩子之间存在隔阂、矛盾、冲突甚至相互仇视。在家庭教育中，父母首要的任务，应该是构建亲密的亲子关系。而亲密关系只有在充满安全感的环境中才可能被建立。所以，无论从哪一个角度来说，父母对孩子无条件地接纳与认可，都是至关重要的。父母对孩子接纳与认可的程度，往往决定着亲子关系的密切程度。所以父母要学会与孩子沟通，接纳孩子不尽如人意的表现。但是这些技能属于人际关系中的高级技能，绝大多数父母在这项高级技能上的得分不高。

如何提升自己的沟通技能？如何提升自己的情绪智力？这是父母必须认真思考的问题。

感悟

终身学习者

每一位称职的父母，都应该是一个终身学习者。"活到老、学到老。"美籍华裔朱木兰女士，就是终身学习者的典型代表。朱木兰在50岁的时候，决定攻读纽约圣约翰大学亚洲研究所的硕士，在2年的时间里，朱木兰一节课都没有落下，最后如期拿到硕士文凭。她的6个女儿中，包括大家都熟知的首位美国华裔女性部长赵小兰女士在内，有4位曾经就读于哈佛大学，另外2位也都毕业于常青藤名校，事业有成，教养精深。

关于家庭教育的理念、知识和技能方法，可以说没有人是天生的专家，父母在孩子的成长过程中，都会遇到各种各样的困惑和难题，而不断地学习并用心思考探究，是解决这些问题的不二法门。父母闲暇时喜欢做些什么、爱不爱学习，在某种程度上可以预测孩子的学业表现和人生道路。如果父母养成了爱学习的习惯，不仅能提升自己的教育水平和整体能力，更能够以这种爱学习的姿态和精神给孩子带来极大的激励。从某种意义上讲，持续学习，是我们应对教育难题和人生各种困境的核心策略之一。

感悟

美好生活的榜样

教育即生活。在家庭教育中，父母有一个重要责任，那就是为孩子树立一个积极乐观的榜样。为什么许多孩子感到抑郁？感到生活平淡无奇？感到对未来没有期待？感到人生没有意义？其中一部分原因是，孩子在生活中没有感受到生活的美好。忙于工作的爸爸、催促作业的妈妈、繁重的学习任务、看不到尽头的竞争之路，这一切，让不少孩子早早地失去了对生活的希望、对未来的期待。

美好生活是什么？就是无论在何种生活境遇中，都能以积极乐观的态度面对，笑看人生，怀揣希望，永远相信生活会好起来的，并尽一切努力让生活变得更美好。

当然，每个人对于美好生活都有不同的理解，比如，父母关系亲密和谐，一家人共同分担家务，一起旅行，一起看书，共度休闲时光。美好生活可能体现在细微之处，但能否活出这种美好的模样，其实孩子是能感受到的。如果父母能够创造温馨美好的家庭生活，在无形中能够给孩子注入极大的能量，让孩子对未来生活有期待、有盼望。美好生活带来的内在幸福感，才是一个人一生中最重要的竞争力。

感悟

监督者

在家庭教育中，父母还有一个很容易扮演但却不太容易做好的角色，那就是监督者。当孩子定下一个目标而自律能力不足时，父母可以成为孩子行动过程的监督者，帮助他评估进展，监督过程中出现的偏差，并及时提醒孩子纠正，帮助孩子改变。

成为孩子的监督者有两个前提条件：一是事先跟孩子商量，征得孩子的同意，达成共识；二是主要目的是帮助孩子提升自律能力，而不是挑刺儿，当孩子拥有这种能力时，父母就要充分信任孩子，及时退出，让孩子自我负责。比如早睡早起，控制使用电子产品的时间，坚持运动，每天完成某一个固定的练习任务，生活方面的自理，等等，这些都是父母可以作为监督者，帮助孩子在自我管理、时间管理方面进行操练并最终提高自律能力的方向。

其实，很少有人喜欢被监督，孩子更是如此。在这个过程中，父母要始终保持"温和而坚定"的态度，消除孩子的对抗心理，耐心地陪伴孩子度过成长蜕变期。

感悟

批评者

没有人喜欢被批评。但当孩子做错事的时候，父母该怎么办呢？是直接批评指正，还是好言相劝，或者视而不见？

孩子做错了，父母的第一反应，当然是要批评指正！其实所谓的"孩子做错事"这个事，首先要搞清楚的是：孩子真的做错了吗？还是只是不符合父母的要求而已？这里的对错标准是谁决定的？孩子的一些需求或做的一些事情，可能完全正确合理，只是在父母看来是错的；其次，即使父母的对错标准没有问题，但是，父母了解孩子真正的需求吗？这里可能存在一种情况，父母根本就不了解孩子当时的实际情况、不了解孩子的需求，没有听孩子解释当时这么做的理由，就直接下结论；最后，即使孩子的行为确实不对，那么，父母除了批评指正，还有其他更好的解决办法吗？显然批评的目的是希望孩子意识到自己的错误并改正，但是在很多情况下，批评不但达不到让孩子改正错误的效果，反而会引起孩子的反感、反弹和对抗。

所以，我们需要对父母的"批评者"的角色有足够的警醒和反思！我们是否可以转换一下，把父母从"批评者"变成孩子的对话者、协商者、引导者。孩子的正确行为，只有是孩子自觉地发自内心做出的，才是真实有效的。而要让孩子心悦诚服地意识到自己做错了，就要根据孩子的个性特点，采取对症下药的处理方法，而不能简单地批评了之，逞一时口舌之快。批评是需要艺术的，是需要父母带着智慧去思考的，是需要父母反省自己的行为标准的，是需要父母对自己的三观和对错标准进行审视的。

感悟

保护者

在孩子成长过程中，父母还有一个很重要的角色，那就是孩子的保护者。

这里的保护，不仅仅指保护孩子的人身安全，更重要的是指保护孩子的心理健康，保护孩子的自尊心、好奇心和安全感，保护孩子不受外界的伤害。父母是孩子的天，关键时刻，就必须挺身而出，而不是畏惧权势、忍气吞声，任孩子受欺凌。比如，如果遭遇校园霸凌，要教会孩子保护好自己，留好证据，必要时及时报警。如果孩子在外面受了委屈，无论如何，都要关心过问，耐心细致地听孩子把事情的经过讲完，不着急作判断、下结论，先给孩子提供足够的心理支持，等孩子讲完了，是非对错自然也就显而易见了。如果孩子在与人发生冲突的过程中确实有做错的地方，父母可以自己先把责任承担下来，说"是我的问题，我们做父母的没把孩子教导好，责任在我们"，最大可能地保护孩子的自尊心，回家再复盘讨论，该认错认错，该道歉道歉，该担责担责。另外，父母千万不要在他人面前拿自己的孩子开玩笑，特别是那种揭短、伤自尊的玩笑。这种玩笑会影响孩子的身心健康。只有父母时时以公正的立场关爱自己的孩子，在关键时刻保护孩子的自尊，为孩子挺身而出承担责任，才能够真正赢得孩子的信任。

无论如何，父母应该永远做孩子坚强的后盾，成为孩子的底气所在，这样孩子才更愿意主动地靠近父母，形成密切的亲子关系，而不是越长大与父母的关系越疏远。

感悟

观众

在孩子的成长过程中，父母还有一个非常重要的角色，那就是成为孩子的观众。每一个孩子都会有属于自己的舞台。每一个站在舞台中央的时刻，都是孩子生命中至关重要的时刻。在这样的美好时刻，孩子最希望谁在场？最希望跟谁一起分享喜悦？毫无疑问，是父母。所以，在孩子的文艺演出、运动比赛、学生干部竞选、义卖活动、毕业典礼、兼职经历等特殊时刻，父母无论再忙，都要抽出时间，做孩子的观众，成为他成长过程中特殊时刻的见证者。

人一生中的绝大多数时间，都是平淡无奇的，但就是有那么几个特殊时刻，绚丽夺目、无比珍贵。在属于孩子的特别时刻中，如果父母能够成为其见证者，从而与孩子拥有共同的经历和回忆，那么这些经历和回忆将成为父母与孩子生命中的共同财富和情感资源。这些情感资源，也必将帮助父母和孩子消弭亲子之间的隔阂，使关系得以修复，成为一生中可以被不断提及的幸福来源。

所以，当观众也是一种幸福。当孩子成长经历的观众，更应该是为人父母者最幸福的时刻。好好珍惜、好好享受这样的幸福时刻吧！

感悟

示范者

　　家庭教育是什么？家庭教育如何进行？其实千条路万条路必将化为一条路，那就是言传身教。言传身教的本质，是做给孩子看，在言语行动上起模范作用。

　　父母要说给孩子听，但更重要的是做给孩子看。

　　德国青年志愿者卢安克，曾经在中国西部贫困地区支教17年，每天跟留守儿童生活在一起，陪着孩子哭，陪着孩子笑，带着孩子一起修路、筑水堤、做农活、拍电影。在卢安克看来，只有当你进入孩子的世界，带着孩子一起去做，教育才能够发生。对于父母而言，在家庭教育过程中，如果你希望孩子获得某种品质，你就要先获得这种品质，然后示范给孩子看，带着孩子一起去做。

　　其实，父母把自己正在做的事，包括做家务，耐心讲解给孩子听，示范给孩子看，然后让孩子练习，跟着一起做，共同完成家务，就是最高级的教育方式。家庭教育追求的并非高大上的东西，而是父母与孩子发生深度的联结，拥有共同的经历，这是父母与孩子之间最重要的情感纽带，也是孩子成长过程中最重要的力量来源。什么事都由父母包办、不让孩子参与的做法，是极端错误的。

　　孩子一生中，最重要的能力，是生存的能力，是营造美好生活的能力，而这种能力，是要父母言传身教示范给孩子的。因此，父母不能单单要求孩子学习，其他事都放手不管。

　　做给孩子看，这是父母影响孩子最重要的渠道，也是最有效的途径。

感悟

逗趣者

在家庭生活中，如何把生活过好，是父母需要思考的核心问题。如何把生活过好？抛开物质层面的因素不谈，父母在其中要扮演一个很重要的角色，那就是快乐的制造者。用积极心理学术语来讲，就是要拥有"逗趣"的品质。什么是逗趣？即积极的心态、乐观的精神、幽默的能力，再加上一点沟通的技巧。

大家可以想象一下身边的"开心果"，其实他们就是比较典型的拥有逗趣能力的人，也就是那些在家庭聚会时很会搞怪的、在公司团建和朋友聚会时很会搞氛围的人。我有一位福建老乡，他就是那种逗趣能力特别强的人，只要他在场，总能几句话就逗得大家开怀大笑。他夫人经常"抱怨"说，他经常一路开车一路高歌，"耳朵都要炸了"。话虽这么说，她的脸上却是满满的幸福神情。

在家庭生活中，其实父母也需要成为营造轻松快乐的家庭氛围的逗乐者。父母不要经常板着一张脸，或者表现出一本正经的样子，而是要让家庭成为充满轻松、温馨、快乐的地方。

逗趣的能力是可以通过学习获得的。父母可以留心一些有意思的故事、桥段、笑话，记在心里，在合适的时候，分享给家人，活跃一下氛围。汪高公益创始人汪建刚先生经常说的"想方设法经营好家庭"，在我的理解中，其实也是指要想方设法让家庭处在一种温馨愉悦的氛围之中。而这种氛围，与父母的逗趣能力密切相关。所以，爸爸妈妈们，把家庭氛围搞起来，让孩子拥有乐观、幽默、逗趣的品质。

感悟

真实的生活者

家庭教育作为一项活动，是真实生活世界的一部分。要做称职的父母，真心不容易：父母得是用心观察者、规矩设立者、学习鼓励者、情绪收纳师，而且还得是陪伴者、帮助者、监督者、保护者，还得是自我反省者、终身学习者，不一而足。但在这所有的角色之外，父母还有一个角色，那就是真实的生活者。

父母没有必要刻意地为孩子营造一个理想化的生活空间，将真实世界的压力、负担、不美好、丑陋都隔离在外，不必将自己的压力、焦虑、伤心、失望都隐藏起来，只展示好的一面给孩子。其实，生活总有起起伏伏，但每个人都在自己的位置上，努力把自己的生活过好。

所以，当孩子慢慢长大、越来越懂事时，父母是完全可以跟孩子讨论家庭的经济状况、家庭的整体目标、家庭的努力方向的。

父母完全可以把一个真实的自己、真实的生活面貌展示给孩子。与孩子分享生活中的成败得失，反而会让孩子感受到真实世界的力量，从而帮助孩子认识到什么才是最重要的事，让孩子发现生活的目标与动力所在。真实的生活、真实的父母，本身就拥有深沉的内在力量和巨大的教育意义。

感悟

被信任的权威

教育的本质是什么？

对于这个问题，德国著名哲学家雅斯贝尔斯在《什么是教育》一书中给出的回答是：被信任的权威是一种触及本质的真正的教育的唯一源泉。这个答案，其实更加适用于家庭教育中对父母角色的认定。父母是家庭教育中的天然权威，但真正的教育，来源于父母的智慧和行动，父母先凭此获得孩子发自内心的尊崇，而后成为孩子心中可信任的权威。

权威并不来自威权的行使，而来自发自内心的"认可、尊重与追随"。

所以，在这里笔者想说的是：父母的一言一行、父母的教育理念、父母的持续学习，尤为重要。父母怎么做才能够成为孩子心中"被信任的权威"？这样的父母需要有什么样的品质呢？我想，这样的父母，应该是理性、智慧的，是严厉而不失温和的，是谦卑、自律的，是具有反省精神的，是勤勉且愿意付出不懈努力的，是敢于承认自己的不足且愿意持续学习精进的。

这样的父母，或许才是理想中的父母。

你我能够做到吗？为了遇见更好的孩子，我们首先要成为更好的父母！与大家共勉！

 感悟

觉醒者

美国哈佛大学肯尼迪政府管理学院前院长罗伯特·帕特南在《我们的孩子》一书中指出："在正常情况下，只要照料者尽到自己的责任，那么孩子的大脑执行能力在其 3~5 岁就会有特别迅速的发展，但是，如果孩子在此期间受到虐待，长时间面临高度的精神压力，那么他们的大脑执行功能就有可能受到损伤……而一旦大脑的执行能力有所欠缺，孩子也就没有能力解决问题，应对逆境……孩童在其成长初期所获得的能力，是基础性的，这些能力越发达，他们今后的学习就越是高效，因此，孩童时代的成长经验是至关重要的。随着孩子的年龄渐长，他们的大脑也越来越定型，要改变也越来越难。"

孩童时期所形成的大脑执行功能，将对孩子此后的人生产生极其重大的影响，这是帕特南整个研究的起点。帕特南明确指出："恶性压力对大脑发育会造成负面影响，损害程度同样是骇人听闻的。长时期的高压，特别是没有辅之以关爱的高压，会干扰大脑最基本的执行功能……我已经总结了神经生物学最新的研究发现，如果说这些科学研究有何种社会意义，那么最根本的就是：美国儿童能否有健康的大脑发育，被证明同父母所受的教育、家庭收入和社会阶级密切相关。"

帕特南的研究揭露了一个残酷的事实，即"穷孩子从一出生就落于下风，他们的劣势是根深蒂固的"。这只巨大的无形的手在发挥作用，但并非无法突破、无法逃离。而父母的自觉反省与持续学习，是冲破牢笼最重要的途径。

只有那些觉醒的父母，才有机会给孩子一个不一样的未来。

 感悟

托底者

北京大学教育学院的林小英副教授在《县中的孩子：中国县域教育生态》一书中指出，或许，对于孩子来说，父母最重要的意义不是让自己免于走弯路，毕竟弯路有弯路的风景，更何况可能没有绝对意义上的直路和弯路。父母更重要的意义在于：让孩子学会独立做出选择并且要为自己的决定负责，以及不管他们做了什么决定，身后的家庭一直都在，父母一直都爱他们。

在亲子关系中，父母与孩子一直存在一种潜在的冲突与张力，那就是父母总是希望孩子能够听话，凡事能够按自己的意愿行事；而孩子则总是想摆脱父母的控制，自己的事情自己做主。从某种意义上来说，父母和孩子都没有错，关键就在于亲子间是否能够通过有效的沟通来达成共识，形成双方都满意的解决方案。

如果双方难以沟通或协商未果，那该怎么办呢？林小英老师在《县中的孩子：中国县域教育生态》中的观点，其实给出了一种解决思路。那就是：因为并没有绝对意义上的直路和弯路，父母或许可以适当放手，让孩子去走自己想走的路。毕竟是好是坏，本身就取决于当事人的内在感受，孩子真实的经历才是最重要的。很多时候，父母越是禁止孩子去做的，孩子反而越想尝试；而当父母允许孩子去做时，孩子做了之后是否可行自有结果。

所以，在孩子的成长过程中，父母更多的是一个支持者的角色，是一个托底角色。父母应该给孩子更多的底气。

 感悟

榜样

赫伯特·斯宾塞是 19 世纪英国著名的哲学家、教育家之一，他也是"快乐教育"思想的创始人，对美国教育革命产生了极大影响。美国哈佛大学校长埃利奥特称他为"一位真正的教育先锋"，认为"他的思想值得每一位家长和老师聆听"。

斯宾塞指出："在我看来，在孩子的成长过程中，父母的作用是不可替代的。孩子一旦降生，他既属于家庭，又属于社会。一个品行端正、有良好教养和技能的孩子，长大成人后会对社会产生积极的作用……相反，如果一个孩子品行不端、没有教养、无一技之长，只会给别人带来痛苦，对社会的发展会起到破坏作用……孩子就像家庭的一面镜子，能照出你内心的一切。你快乐，他也快乐；你烦躁，他也烦躁；你暴戾，他也暴戾……可以说，教育孩子的过程，也是父母自我教育的过程。或许，父母应该作出榜样，你希望孩子怎样，你自己就应该怎样。孩子的言行常常可以反映出我们的言行。"

以上这些斯宾塞的教育观点，写于 100 多年前，今天看来仍然极富启发性。可以说，我们今天对于家庭教育的理解，就是经由像斯宾塞这样的思想家一再阐释并不断沉淀下来的，已经成为一种教育资源。父母的作用是不可替代的；孩子的一言一行，都深受父母影响；父母要成为孩子的榜样；教育孩子的过程，也是父母自我教育的过程，这些观点，今天仍然值得每一位父母细细品味并努力践行。

 感悟

第二章

原生家庭

要想发现孩子的本真，首先寻找真实的自己。

——沙法丽·萨巴瑞

认识原生家庭

关于原生家庭，可能很少有人能够说清楚，但是每个人都会在有意无意中受到原生家庭极大的影响。

原生家庭，从根本上说，是指我们每个人成长的家庭环境以及成长经历的总和。我们之所以关注原生家庭，根本原因有二：第一，父母的所有的人格特征、教养方法与行为方式，都可以在原生家庭中找到根源或解释；第二，原生家庭对父母的影响，几乎完全是在无意识中就产生了，父母可能对此毫无觉察。

所以，如果我们要观察与反省自己的教养行为，要找出当下问题的根源，那么，最好的方式，就是回到我们成长的原生家庭，去寻找今天"行为之果"的"童年之因"。

为什么要求孩子主动跟人打招呼？为什么孩子不听话时我会情绪爆发？为什么孩子必须上学？为什么要求孩子学业拔尖？为什么对孩子有这么多的条条框框？这些要求来自哪里？作为父母，我们在担心什么？我们在控制什么？我们在恐惧什么？这一切的根源，到底在哪？我为什么是现在的我？

接下来的这一个月，我们将一起走进自己，剖析原生家庭在无意中给我们带来的巨大影响。只有回顾自己、看清自己，我们才能更好地处理当下的情绪与需求，才能更好地轻装上阵。

感悟

原生家庭的影响

关于原生家庭的影响，存在两种对立的观点。一种观点认为，原生家庭的影响是客观存在的，父母的性格特点、教养方式对孩子产生了深远而不可否认的影响。很多时候，在个体没有觉察的时候，有些负面影响已经产生了。

另一种观点认为，原生家庭对人的影响被夸大了，个体是有完全自主性的，完全可以自主选择应对方式和行为方式，而不被原生家庭的负面因素左右。

在日常生活中，我们常常也可以看到，在相同的原生家庭中，几个孩子的人生轨迹却截然不同。为什么会出现这种现象？如何解释这种现象？其实，这里的秘密在于：原生家庭的影响，只有经过个体的意识加工才会最终起作用。如果我们对原生家庭的影响没有觉知、没有觉察，它就可以在无意识中潜移默化地控制我们的人生；但当我们觉察到那些负面影响，并有意识地选择正确的人生道路和行为方式的时候，我们完全可以不受原生家庭的影响，而过上精彩的人生。

父母不懂得如何表达情绪，我们可以通过学习很好地掌握沟通技巧，成为人际沟通的高手；父母不知道如何表达爱，我们可以在生活中流畅地、自然地表达爱；父母对人生充满忧虑、悲观和恐惧的情绪，我们仍然可以选择凡事乐观面对，不杞人忧天。我们能不能摆脱原生家庭的负面影响，取决于我们能否觉察这些负面因素，并有意识地选择正确的道路、选择正确的方式应对生活中的各种挑战。

感悟

梳理自己的成长经历

当我们去梳理自己在原生家庭的成长经历时，我们看到了什么？我们的内心是感恩的、接纳的、理解的，还是不满的、愤怒的？每一个年代出生的人成长历程各不相同，但在童年的生活中，可能也有很多共同的经历。这其中，有一个非常重要的内容，那就是作为个体独立人格养成的缺失。

在过去很长一段时间里，生活艰苦、物资匮乏是几代人的共同经历，作为家庭顶梁柱的父母亲，主要的精力都被用于谋生了。他们认为孩子能够吃饱穿暖就不错了，哪里有精力、心思去关注他们的心理状况和精神需求。重集体轻个人、重身体轻心理、重物质轻精神，这些情况虽然不能说是绝对的，却是极其普遍的。每个从那些年代过来的人，往往都是自然生长的，甚至在某种意义上说是"自生自灭"的。

很多时候，我们可能不被认真对待，可能在各种情况下受到伤害，但是这些事件、经历并没被看到，也没有得到合适的处置，然后就这么过去了。

然而这些经历带来的伤害从来不会自己消失，它们只会埋伏在内心的某个地方，什么时候冒出来，完全不可预期、不受控制。所以，在物资匮乏年代成长起来的人，在整个成长的过程中的不愉快的经历，可能在无意识中就对他们产生了深刻的影响。很有可能，这就是他们在为人父母之后，在某一刻被某一件看起来微不足道的事激怒的内在根源。

感悟

父母的焦虑从何而来

父母当下的焦虑从何而来？当然，当下竞争激烈的社会环境是很重要的影响因素。但这只是外部因素中的一个。另一重要影响因素，可能就是在原生家庭的成长经历。对于普通工薪阶层家庭而言，我们的成长，往往伴随着对抗匮乏、贫困的经历。而在这一过程中，我们见证的是父母生活的艰辛、父辈的不易，看到过父母的纠结，见证过做对决定的普通家庭一夜暴富，也见证过做错决策的巨大代价，见证过生活的一地鸡毛，见证过各种冲突，见证过痛苦、压抑和屈辱。

对于绝大多数家庭而言，家庭经济条件的改善，是过去三四十年间发生的。在这个过程中，社会发展日新月异。于是，我们害怕落后于人，害怕做错选择，害怕希望落空，等等。我们被时代的洪流与个人的欲求裹挟，难以获得一种真正的内在笃定与安宁。

所以，当我们为人父母之后，这种血液中焦虑的基因，仍然无处不在并影响着我们的一言一行。很多时候，我们殚精竭虑地想去做对的事情，结果却仍然不尽如人意，在这种情况下，哪来的从容淡定？但是，我们需要觉察警醒的是：今天我们身处的环境还一样吗？我还需要像父辈那样生活吗？我的焦虑真的是必要的吗？这些问题，都是值得重新审视的。或许，我们从来没有像今天这样可以不必去焦虑。

省察那些让我们感到焦虑的念头，然后一个一个地揣摩它、击碎它。我们可以不再焦虑，可以走出被焦虑捆绑的生活，可以让自己和孩子生活在一个更从容、自在的氛围之中。

 感悟

父母的怒气从何而来

在家庭教育过程中，为什么有时候孩子做错了一件很小的事情，却会让父母怒火中烧，甚至失去理智呢？父母的怒气到底从何而来？我们是否能够觉察到这些怒气的根源呢？从某种意义上来说，愤怒来源于愿望不被满足，来自对人对事的无法控制，来自对某种状况的无能为力。现实生活中当然也有各种让人感到愤怒的事情，但这些事情一般很快就会过去，不会留下长久的影响。

相反，我们在童年或成长过程中的某些不被满足甚至已经无法被满足的愿望、无法被改变的事实，往往会留下长久的影响。童年中某次被错怪后的委屈，某次自己的意见不被听取，自己不被尊重、不被重视的经历，都可能在心里留下深远的影响，埋下愤怒的种子。其实，越是久远的经历、久远的事件，越难以处理，甚至由于人世变迁、物是人非，已经再也无从追究了。

那该怎么办呢？对于原生家庭中让自己愤怒的人和事，一种可行的解决方法，就是觉察、原谅和饶恕。这可能需要专业的心理疏导，需要通过持续的正念、祈祷、灵性修炼，让自己与过去达成和解。如果不放下、不原谅、不饶恕，伤害的只有自己和孩子。与过去和解，与自己和解，与世界和解。放下愤怒，便能收获平静、圆满和喜乐。

感悟

负面事件的记忆

一个人在童年及成长过程中经历的某些负面事件，往往会在记忆里留下长久的影响，进而对一个人的性格和行为产生影响。在笔者的记忆中，童年曾经受到的家族长辈的恶意对待、在学校经历过的校园暴力，都对自己性格中的某些方面产生过很深远的影响。

在社交场合的怯懦、在人际交往中的"讨好型人格"，都在很长一段时间里影响着我，我用了很长的时间去克服性格中的那些负面因素。

在我为人之父之后，我也试图觉察自己的童年经历究竟对我的家庭教育行为产生了什么影响。其中一个很重要的影响可能是，相对缺乏果敢、刚强的品格，在意志力的塑造方面，能够带给孩子的正面影响有限。这也是一种需要有意识去弥补的缺憾。

原生家庭的那些负面经历所带来的影响，不是说不能改变，而是说需要有意识地觉察、有意识地做出反应，才能够很好地克服。这需要父母在教育过程中，有更多的自我反省与自我觉知。

感悟

原生家庭中两个常见的问题

在原生家庭中，有两个常见的问题，那就是情绪表达与言语沟通。很多时候，父辈心里原本想对孩子表达的是关心，而嘴里说出来的却是责备、挖苦甚至是嘲讽，让孩子心里很受伤。"穿这么少，你是想被冻死吗？""再不去运动，你就要变成猪了！""摔这么严重，你没长眼睛吗？"等等，不一而足。类似这样的言语，在我们这一代人的成长过程中，几乎是司空见惯的。这就是"刀子嘴，豆腐心"。但即使是"豆腐心"，"刀子嘴"还是会伤人的。很多时候，孩子需要花很长的时间去修复这些言语带来的伤害。

父母缺乏语言沟通能力和情绪表达能力，孩子就会成为受害者。当我们从原生家庭的亲身经历去看语言沟通和情绪表达时，就能够切身感受到这二者的重要性，这也是我们持续学习的原因所在。

感悟

什么是爱

爱的能力的缺失，从某种意义上说，是上一代人的共同印记。外部环境的裹挟、现实生活的压力、教育机会的稀缺、心灵滋养的空白，让爱的能力成为一种奢侈技能。

如果认为爱是可以无师自通的，那无疑是天大的迷思。事实并非如此，我们的父辈或者更老一代人，很多人可能一辈子都不知道什么叫爱，在亲密关系中，更多的是抱怨、贬损、利用、控制。

爱是需要学习的，而我们的父辈，在生活的重压下，既没有学习爱的意识，也没有学习爱的条件。

什么是爱？

爱其实不仅仅是有颗愿意为对方牺牲的心，爱更重要的是要有行动。美国著名的亲密关系研究专家盖瑞·查普曼博士在《爱的五种语言》中归纳了爱的五种具体形态：肯定的言辞、精心的时刻、接受的礼物、服务的行动、身体的接触。别说父辈，就是现在"80后""90后""00后"的年轻人，也很少有人能够熟练运用这五种形态。所以，爱的能力的缺失，恰恰是我们在家庭教育中首先需要面对的问题。

感悟

主体意识与边界意识

缺乏主体意识与边界意识，是很多家庭在教养孩子时容易犯的错误之一。

缺乏主体意识，指的是很多父母没有把孩子当作一个有独立人格的个体对待，看不到孩子躯体背后的独立人格及其尊严与价值。

缺乏边界意识，是指很多父母总是习惯把孩子看作自己拥有的"东西"，可以随意支配，而不需要经过孩子的同意。

亲子之间的矛盾冲突、原生家庭造成的伤害，往往就在这两个方面频繁发生。

当父母不把孩子看作一个有尊严、有价值的独立个体时，当父母没有给予孩子足够的尊重和独立空间时，当父母随意处置孩子的物品、侵入孩子的生活空间，甚至随意评判、贬低、嘲讽孩子的时候，孩子内心受到的那种来自最亲近的人的伤害，那种矛盾、冲突和纠结，往往是难以估量的，也是很难自我消解的。这种做法，在很多情况下，给孩子带来的阴影和伤害是伴随终生的。

我们这一代人，或多或少受到过上一辈不当做法的负面影响。但我们可以阻断这种影响，把孩子看作有独立人格的个体，凡事尊重孩子，遇事与孩子商量，不专横独断，不强迫孩子做不愿意做的事，尽可能为孩子营造一个自由、安全的成长空间，努力让孩子感受到爱与温情、愉悦与幸福。

感悟

我的童年成长经历

这段时间，我一直在回顾自己在原生家庭中的成长经历。虽然有些时候不愿意去回忆过往，但当我试着去省察的时候，还不能确切地知道，这种省察到底能够给我带来什么。

我的童年成长经历中，给我留下最深印记的可能就是干家务、农活。从记事起，我似乎一直在主动、自觉地分担家务：4~5 岁开始帮忙喂鸡，6 岁已经开始做饭，8 岁的时候开始帮忙干农活，10 岁时开始帮家里挣钱。家里似乎有永远干不完的家务、农活，不管我付出多大的努力，不管我做了多少，前面总是还有很多事情在等着……在乡邻的眼中，我似乎是十里八乡难得的"懂事又能干的孩子"，但只有我自己知道个中滋味。

童年经历的那种负重感，过度地消耗了我对生活的应对能力，以至于在很长的一段时间里，我都有一种深切而强烈的疲惫感，总是觉得太累！不管事情是不是真的多，不管是不是真的忙和累，这仅仅是一种来自内心深处被生活透支的疲惫感。这种一直被生活追逐着、推着走的感觉，也成了我此后安排事情的风格之一，融入了我的日常行为模式。换句话说，我有时候做事缺乏条理和计划，工作和生活缺乏界限，感觉自己永远都有做不完的事，很少有真正休息的时间。

回忆起这段童年经历，如果你问我的感受是什么，可能是一种夹杂着无力与欣慰、无奈与自觉、愤怒与理解、遗憾与期待的复杂情感。

 感悟

孩子即父母

乔尼丝·韦布博士和克里斯蒂娜·穆塞洛在合著的《被忽视的孩子》一书中分析了 12 种孩子面临的情感忽视的类型，其中一种类型是"孩子即父母"。在这种类型的情感忽视中，由于各种原因，父母无法完成他们的职责，继而让子女替代他们成为照料者。这一类型的父母允许、鼓励或强迫他们的孩子表现得像是一个成年的家长一样，而不是孩子。有时这个孩子必须自己照顾自己，有时他必须照顾自己的兄弟姐妹。在极端情况下，他甚至必须像家长一样照顾自己的父母。

当我读到这些文字的时候，我的感受是什么？我仅仅是理解了自己的这种经历而已，理解像我这样的人其实并不少。但是，这种理解，对我的意义何在？它并没有让我感觉好一些。可以说，这种枯竭性的成长经历，到现在给我带来的影响仍然是巨大的，除了昨天提到的深刻的疲惫感、做事缺乏计划和条理、工作生活缺乏边界之外，可能还包括自己所没有意识到的缺失：亲密关系缺失所带来的情感空缺，表露问题与主动寻求帮助的意识和能力的缺失，童年阅读与信息摄入不足带来的知识和能力的缺失，童年游戏生活缺失带来的自卑感，等等。这些缺失与负面影响，一直伴随着我的整个成长过程，也影响着我在整个成长过程中的诸多重要决策。

谁都无法预测最后的决定是好还是坏，但有些决策确实是被自卑、恐惧、懦弱、愤怒等非理性因素所驱动的。所以，把那句著名的话稍微修改一下：幸福的原生家庭经历治愈一生，而不幸福的原生家庭经历需要用一生去治愈。

感悟

原生家庭的影响

在我们父辈那一代的很多家庭里面，有一种常见的现象，即父亲总是沉默、父母间缺乏心平气和的沟通交流，即要么不说话，要么说起话来像吵架。那种无话不说的恩爱夫妻似乎少之又少。

父母在沟通方面存在的问题，表面上是沟通的问题，但实际上绝不仅仅如此。"不沟通"的背后，是缺乏独立的人格，缺乏沟通和妥协的能力，缺乏对自己需求的必要尊重，也是对对方需求的漠视。这一切本质上都是个体人格没有得到正常发展的结果。

在我的印象中，我的父亲也是说话不多的老实人。我小的时候，父母也会经常因为各种生活琐事吵架，但我更多的是无能为力，当时也不知道他们为什么吵架。直到后来，对这些事情，慢慢地看明白了一些，也就慢慢地理解他们这种相处方式背后的原因。父母吵架的根源，其实就是不知道如何沟通，却又想要对方顺从自己的意思，那么结果就只能是"谁的声音更大"听谁的。简单粗暴，看起来有效，结果却极具破坏性。

我从小就一直试图逃避父母做事方式、互动方式的负面影响。但很吊诡的是，我似乎越用力逃避，越能够看清楚自己身上无处不在的父母的影子：很多时候，我也是习惯沉默寡言，特别是在与妻子的相处过程中，而这一点直到现在，还是会让妻子痛苦不堪。所以，走出原生家庭的影响，至少从我的亲身经验来看，并非一件易事。

感悟

把自己当作一个正常的人对待

我们的父辈，常有一个非常让人难以理解、难以接受的习惯，就是极度地否认、压抑自己的需求，甚至这种习惯已经融入他们的血液。正如一位益友在分享中提到的她的妈妈那样，"用压抑自己的需求来表示她是一个'成功'的、'无私'的、'伟大'的母亲"。其实，这位妈妈这样的做法，一点都不陌生。从某种意义上说，这种做法背后的本质仍然是一种控制，希望通过"自我牺牲"来要求孩子听话懂事，要求孩子也像自己一样节俭谨慎、处处小心。希望通过营造自己的"极度节俭"或者是"自我虐待"的方式，让孩子自觉内疚，然后就不好意思提出所谓的"不合理要求"。当然，"可怜天下父母心"，也不能排除有些父母确实是没有条件让自己过得更好，而且把仅有的一点好的东西全部给了孩子。

但这里的关键在于这种自我牺牲的底层逻辑。它包括两点：一是对自己的真实需求的极端否认和压抑；二是不知有更合适的沟通交流方法，不知可以协调和妥协。

其实，从孩子的角度来看，这种爱对他们来说是扭曲的、不舒展的、令人窒息的，是无法接受的，甚至很多时候，父母对于正常需求的否认，会让孩子觉得不可理喻、愤怒无比。所以，我们能够从父辈这种"自虐式"的爱中学到的最重要的功课，就是把自己当作一个正常的人对待，尊重自己的需求，也尊重孩子的需求。

感悟

为了孩子，学着强大

当我们把眼光投向父辈的生存状态时，我们不免会从心底涌起一种十分复杂的情愫。这种情愫包含感激、佩服、同情以及怜惜。总体来看，绝大多父辈、爷爷辈的那代人，生活得不容易。在生活的重压下，确实有人能够坦然面对，超越苦难。但更多的人生活在重压之下，生命能量和心理能量都十分低下，因而也谈不上能够给子女的成长提供多少关注和支持，甚至很多父母成为吸取子女生命能量的寄生体，让子女对生活悲观、恐惧、抱怨产生一种无力感、不安全感，甚至形成攻击型和反社会型人格。

如果我们这一代人，恰好遇到这样的父母，那么，很大的概率要在很长的一段时间里，同样陷入对自己、对环境、对社会的悲观、失望和恐惧的情绪之中。而这些情绪，负面作用远远大于正面作用。

试想一下，当我们刚处在懵懂好奇时期，看到爸爸妈妈经常唉声叹气，一副没有办法、有气无力的样子，那我们会在幼小的心灵中，对生活产生什么样的认识？这无从知晓！但有一点可以确定：我们可能是在有意识地极力逃脱父母带给我们的负面影响，结果却常常是无意之中活成了父母的样子。这是最无奈，也是最可悲、最值得警惕的地方。那些习惯悲观无力、心理能量低的父母，是很难带给孩子阳光灿烂、幸福美好的日子的。

所以，哪怕仅仅是为了孩子一生的幸福，我们也要学着强大、学着乐观！

感悟

别过度勤俭节约

勤俭节约是好事，但过犹不及。我们父辈还有一个很常见的习惯，就是过度节俭。剩饭剩菜舍不得倒掉，放了几天还一定要吃完；家里的电灯用的是功率最小的一款，一到晚上就昏暗迷离；东西坏了舍不得修，继续凑合着用；塑料袋、包装袋舍不得扔，藏得到处都是。如此种种，不一而足。

因为经历过饥饿和物资匮乏的年代，勤俭节约似乎已经成为父辈流淌在血液中的一部分，深刻地影响着他们一生的行为习惯。但对于在 21 世纪成长起来的新生代们而言，这种习惯让人理解不了、接受不了，甚至极度反感。

有的父母，明明经济条件已经大大改善了，在家里仍然是什么都不肯扔掉，旧的破的东西，仍然视如珍宝，把家里塞得满满当当，孩子稍微"大手大脚"一点儿，就会遭到批评指责。怎么说呢？这样真的好吗？其实不好。这样的生活空间，会让孩子觉得一点都不舒展、觉得无比压抑甚至随时都有想逃离的感觉。

勤俭节约可以，但凡事应适可而止，过犹不及。孩子希望在一个舒展的、明朗的、坦然的环境中长大，但这种过度节俭的习惯显然并不利于创建这样的环境。物质是为人所用的，而不是相反，人被物质捆绑着。过度节俭，从某种意义上讲，是仍然生活在过去的匮乏和恐惧之中，是一种封闭型人格的典型体现。

如果父母一直生活在匮乏之中、恐惧之中、封闭之中，又如何能够培养出精神富足、自信从容、开朗阳光的孩子呢？所以，正常一点，理性一点，不浪费，也不过度节俭，过一种自然而释放的生活，这样才好。

感悟

原生家庭带给孩子的力量和勇气

笔者有一位朋友，做起事情来总是雷厉风行、无所畏惧，颇有初生牛犊不怕虎的气魄。我很好奇她的这种性格是如何形成的。

她给我讲了这么一个故事：

小时候，她家就住在河堤边上。有一次发大水，把整个家都冲垮了，很多家具都被冲走了。妈妈一边从水里抢救东西一边抹眼泪，这时，她爸爸边安慰妈妈，边说出了她一辈子都不会忘记的一句话：只要人还在，钱可以再赚，一切都可以再来，人没事就好。

她说她现在仍然清晰地记得爸爸的那种乐观、坚定的神情，像一个百战不屈的英雄一样。所以，原生家庭同样能够带给孩子一生的力量和滋养，这种力量的来源在于：当父母以坚定的勇气面对生活的挑战时，同样会带给孩子巨大的能量与勇气。

相反，当父母总是以伤心、悲观、抱怨、绝望的态度面对生活时，无意中也会在孩子幼小的心灵里种下恐惧和怯弱的种子。作为父母，无论如何，无论面对何种情境，都要让自己变得积极、乐观、坚强，因为这样做不仅仅能够提升父母自身的能量和幸福，还会影响孩子的品格养成和获得幸福的能力。

感悟

打开狭隘的认知

认知的局限、封闭和狭隘，是我们某些父辈的共同特征。

我们的父辈，因为生活条件所限，一辈子待在本土本家，处在一个很小的生活圈子之中，对新事物、对外面的世界，要么充满恐惧，要么即使有心想了解，也力不从心，最终的结果就是认知和视野都被局限在一个很小的范围内，甚至与时代严重脱节。然而，过去的几十年，恰恰是中国经济社会发展最为迅猛的时期，相关变化又快又大。

根据渣打银行高级经济学家斯蒂芬·格林的测算，中国一年的发展变化相当于英国或美国3~4年间发生的变化。换句话说，中国过去40多年的变化，相当于发达国家过去120多年发生的变化。这是一个典型的"后喻文化"时代，也就是说，孩子接触到的信息、了解到的事情、掌握到的知识，可能远远超过父母。或者，至少有很大一部分信息，是父母所不了解、不知道、不清楚的。在这种情况下，如果父母还是固守传统的认知和观念，亲子间的沟通隔阂、矛盾冲突就会不可避免。

试想一下，如果父母按照传统认知中的观念和行为习惯去强制要求孩子，会发生什么事情？可以预知的是，冲突无所不在：不管是言行举止、行为方式、卫生习惯还是职业选择，孩子可能根本就不愿意听父母的。

那怎么办呢？

父母首先只能是以成长型的心态，保持持续的学习和改变，跟上时代发展的步伐，这样才有可能取得孩子的认同，才可能有好的亲子沟通。固执己见、自以为是的人，不仅会被时代抛弃，也必然在不知不觉间被后辈疏远。

 感悟

放下面子

父辈还有一个很常见的行为习惯，即好面子，不太容易认错。这种做法，其实是很容易引起孩子的反感甚至是愤怒的。父母这种封闭型的心态，或许有着很简单却深刻的根源：父母生活中遇到的那些非常艰难的生活境遇，已经消磨掉了他们大部分的人格尊严，为了维护自己仅存的一点尊严，父母便在仅有的一点机会和空间中，体现自己的话语权和掌控力，或者说维护自己的面子。因而在家庭这样一个小的空间中，父母要展现自己的面子、架子。而这种面子和架子，恰恰是孩子所反感的，所以矛盾冲突就会发生。

因此，这里的关键在于父母是否能够顿悟。如果父母能够顿悟，放下自己的面子，承认自己的不足和错误，虚心以对，就能够给孩子创造一个更加温馨的生活空间，亲子关系也能够缓和。

当我们亲身感受到其中的利害之后，我们就可以认清好面子的本质，放下这些面子，在自己的家庭教育中，更加开明、开放。做错了，就坦然地向孩子承认错误，放松、自然、就事论事，孩子希望看到的、喜欢的，是真实的父母。人无完人，做错的时候，大胆向孩子承认错误。这样做不仅不会降低自己的权威，相反，还会在孩子心中树立起更加真实、值得信任的父母形象。

感悟

取笑孩子的陋习

　　父辈那一代人，有一个非常糟糕的行为，就是喜欢拿小孩开玩笑，而且往往是非常低俗的、让孩子感到难堪的那种玩笑。"你的裤子掉啦！""你爸妈不要你了！""这个孩子长得像×××。"诸如此类，不一而足。开玩笑的大人，可能觉得这样做并无不妥，一笑而过，但是对于被开玩笑的孩子来说，却会感到很受伤，甚至可能留下严重的心理创伤。

　　应坚决反对取笑孩子的行为，可能有人觉得这是大惊小怪，但其实它是一种性质极其恶劣的陋习。这种行为的本质，是大人们从贬低他人的行为中、从观看孩子的难堪之中获得一种心理优越感和满足感。尤其糟糕的是：父母一般为了大人之间的和谐和面子不愿意进行阻止，甚至默许或者参与其中。孩子在遇到这种情况的时候，心里感受到的往往是非常强烈的被羞辱感、无助感和愤怒感。

　　这种行为，其实也会让孩子形成对大人的负面认知，从而反感、抗拒父母乃至大人们的所谓的教育行为。当然，"80后""90后"等新生代的父母，在这一点上可能会好一些，但仍然需要时时警惕，千万不要随意取笑、戏耍孩子，不但自己不要这么做，在遇到身边有大人这么做时，我们也要站出来制止，因为这可能是在挽救一个孩子弱小而无助的心灵。

感悟

父母不讲信用

说话不算数，不讲信用，是父辈们在家庭教育过程中经常会犯的另一个严重错误。中国青少年研究中心开展的一项全国调查发现：中小学生最不满意父母的 12 种行为中，"说话不算数"占比 43.6%，排在第一位。"如果你这次考到多少分／多少名，我就带你去×××。""你这次×××，我就给你买×××。""爸爸没带钱，下次给你买。"诸如此类，不一而足。

当父母答应过孩子却最终没有做到时，孩子会有强烈的不被重视、被欺骗、被戏耍的感觉，心里往往留下的是满满的失望甚至是极度的愤怒情绪。当这样的事多次发生之后，孩子就会对父母说的话失去信任，之后父母再说什么孩子也不愿意听、不会当真了。

为什么父母答应孩子、承诺孩子的事，却没有做到呢？究其根源，主要有两个原因：第一，很多时候，父母根本没有把答应孩子、承诺孩子的事当作一回事，甚至只是随口一说、哄哄孩子而已。父母缺乏把孩子当作有尊严的独立个体对待的意识，觉得孩子可以糊弄、先骗过去再说。第二，父母即使意识到答应孩子、承诺孩子的事应该说到做到，但并没有给予足够重视，也没有付诸行动。当兑现承诺的条件达到，才发现自己并没有提前做好准备，或者已经是做不到了。

我们这一代人，在成长过程中或多或少都有过这种经历，也受过或大或小的创伤，其中一部分人变得很难信任他人、很难建立亲密关系。所以，有因必有果，原生家庭的负面影响，可能在我们还未意识到的时候就已经产生了。答应孩子的事、给孩子的承诺，要当作比天还大的事，要全力以赴去做到。如果真做不到，要跟孩子提前说明，商量补救方案。唯有如此，父母可靠、值得信任的形象，才能够在孩子心里被建立起来，孩子的自我尊严感、价值感也才能一点点地建立起来。

感悟

控制好自己的情绪

"父母"一词，天然带有一种爱与奉献、美好与温情的韵味。但是，当越过这个词语，去看一个个具体、真实的父母以及他们的教养行为时，我们很快就会发现这个词的另一面：自私、脾气暴躁、自我控制能力差，把孩子当作出气筒，对孩子乱发脾气、辱骂孩子，甚至殴打孩子、虐待孩子，等等，不一而足。

所以，并不是所有的父母都是孩子的守护天使，有些父母更像是魔鬼；父母也并不是在所有的时候都能够保持温柔和耐心，平时看来脾气很好的爸爸妈妈，发起火来的时候也像是换了一个人似的。每一个为人父母者，他首先是一个有脾气、有优点、有缺点的普通人。但也正是因为父母有脾气、有缺点，在他们情绪失控的时候，就有可能什么事情都做得出来，例如对孩子乱发脾气、贬低羞辱甚至是辱骂殴打。而这样的经历，对于孩子而言，恰恰如噩梦一般。在我小时候，也被妈妈骂过，具体是因为什么事早已忘记，但妈妈发火时那种表情至今在我心里挥之不去。

时至今日，我想我早已经与过去的经历和解，只是从小到大这一路走来，心里总是与妈妈有一种莫名的疏离感，而我在面对生活和人生的诸多困境时，常常也会因为有无助感、无力感而信心不足，甚至是萌生退意。也许我们不能要求普通人始终如一地做到不对孩子发脾气、不打骂孩子，但是，我们同时也要清楚地意识到，父母每一次对孩子发火，对于亲子关系而言，其结果都是极具破坏性的。

拥有性格平和不乱发脾气的父母，对孩子而言，是一生的福报；同样，如果我们能控制住自己的情绪，对待孩子始终心平气和，也会在孩子心里种下幸福的种子。

感悟

不讲原则

教育过程中不讲原则、没有定性，是老一辈父母乃至新生代父母都经常会犯的错误。我们的父母辈，也就是目前爷爷奶奶辈的这代人，在与孩子的互动中，往往是没有界限、没有原则、没有规则的，凡事不管对不对，都顺着孩子。小孩子不自己吃饭，大人就追着给他们喂饭；明明糖吃多了不好，孩子一哭闹就给了；明明有些事情是不可以做的，孩子一不开心就让做了；明明有些好习惯是要养成的，孩子一耍性子，就又随他们去了。这样一来，孩子慢慢就养成了不讲道理、任性刁蛮甚至是横行霸道的习气。"80后"独生子女这代人，其实长大以后已经出现不少自私的、不顾及他人感受的、缺乏同理心的"巨婴"。

那种不讲原则的做法，其实不是在爱孩子，而是在害孩子。被以这种方式教养出来的孩子，如果没有及时地自我觉醒，有可能要吃亏，同时也可能会祸害他人。在不讲原则的环境中长大的孩子，长大以后还要花费很大的精力重新学习规则、适应社会，这往往也是要付出巨大代价的。

到底该不该答应孩子的要求？什么情况下应该答应，什么情况下不应该答应？其实有一个非常简单的原则，就是跳出当时的情境，问一个问题：站在天地人心的立场上看，这件事这样做对吗？如果你认为对，那么就可以答应；如果你自己也认为不对，那么就要引起警惕并及时付诸行动去制止，让他们去做对的事情。但事实上人是超越不了自己的认知范围去做事情的，父母也只能基于自己的认知去判断对错。所以，我们这一代人，最大的使命，就是抓紧机会学习，提升自己的认知和格局。学习是对付无知和愚昧最好的、代价最小的工具。

感悟

少替孩子做决定

处理与孩子相关的事情时简单粗暴、不提前跟孩子沟通协商，而是直接替孩子做决定，这是父母在亲子互动过程中经常会犯的错误，往往也会给孩子带来不可预估的伤害。擅自处置孩子喜欢的玩具、宠物或物品；没有事先跟孩子商量就替孩子报补习班或活动；没有听孩子具体解释就否定、拒绝孩子的想法；在个人生活、交友、兴趣爱好、择业、择偶方面否认孩子的选择，等等，不一而足。遇上固执、不讲道理、粗暴霸道的父母，往往是孩子一生不幸福的根源。

父母为什么会粗暴地处置或决定与孩子相关的事宜呢？究其根源有二：首先，在观念上认为自己天然是家里的绝对权威，当然无须孩子同意就可以自主决定孩子的事情，父母替孩子做主，孩子服从父母，天经地义；其次，在家庭教育方法上，缺乏对孩子心理的了解，缺乏沟通交流技巧，遇到事情只会简单粗暴地处理。事实上，在亲子关系中，要让父母意识到自己行为的不当和错误之处，往往是非常困难的。而且在实际情况中，这种不当或错误之处，还比比皆是。

一位初一学生的妈妈跟我说，她查看了孩子加入的同学微信群的聊天记录，觉得群里聊的都是些"真不像话"的话题，于是她就自作主张"登了她的微信，退了群"。这种做法，其实是非常不妥的，不但不能解决问题，反而会进一步激发亲子间的紧张冲突。而孩子在这一过程中，往往也会感受到巨大的不被尊重和伤害。所以，新生代父母，应该有一个基本品质，就是把孩子当作一个有尊严的独立个体，凡是与孩子有关的事都要跟孩子沟通商量后共同决定。唯有如此，才能最大程度减少对孩子的心理伤害，才能拥有更加亲密融洽的亲子关系。

感悟

自我价值感

由于条件所限，父辈在一生中的绝大多数时间里，都是在与匮乏和贫穷作斗争，消耗掉了绝大部分精力。因此，能将就就将就，能搪塞过去就搪塞过去，没有仪式感，不讲礼数，是我们父辈行为方式中很常见的一种特征。

在我的印象中，整个童年和青少年，似乎没有真正拥有过属于自己的玩具或礼物，也从未办过一个像样的生日派对；直到上大学的时候，穿的都还是哥哥剩下来的或别人送的衣服；结婚时在家里办的婚礼，其实就是摆了酒席，其中让人难堪和尴尬的场景简直不堪回首。

自从我懂事开始，很多时候总希望事情能够办得得体一些，但在父母那里，特别是母亲那里，则是能将就就将就，把事情办了就行，至于办得好不好、到位不到位，似乎一点都不重要。父辈中这种将就、过得去就好的行为方式，背后的实质是对自己的漠视或无视，是对自己的不尊重，是对人格的自我贬低，缺乏足够的自我价值感。

而我一路走来，经历辛酸苦楚与努力挣扎，个中滋味冷暖自知。其实，父辈这种将就的生活态度，到现在仍然在某种程度上深深地影响着我，如果没有主动觉醒、主动对抗，可能在很多事情上，我也是会将就过去的。

所以，现在生活条件已经变好，在生活中、在与孩子的互动中，该讲究的，还是要讲究一些；该有仪式感的，要用心营造；该做到位的，就不要怕麻烦。毕竟，这就是生活，这就是点滴的幸福。

感悟

"为了你好"的伤害

纪录片《人间世》第二季第六集《笼中鸟》，是在上海某精神病医院拍摄的。影片中，有一位还在上大学的法学院女生，她自诉发病的原因之一是"从小什么都要听爸爸的，而自己的想法，爸爸从来一句都不听"，自己的生活完全在爸爸的安排和掌握之中。遇到强势的父母，孩子的心声从来不会被听见，其结果之一，便是孩子的独立人格受到极大的压抑，甚至会导致精神失常。更为可悲的是，直到孩子发病住进医院，父亲都还丝毫没有意识到自己的错误。

很多时候，父母总是以"为了你好"的名义自作主张，实质上却给孩子带来极大的、难以评估的伤害。父母能够给孩子最好的礼物，就是让孩子成为他自己，而不是成为父母想让他成为的样子。真正好的家庭教育要求父母在某种意义上放空自己，放下自己的预期和成见，抱着开放的心态，去发现孩子的天赋，去成全孩子。专制的父母，带给孩子的更多的是伤害。

孩子是一个独立的生命体，这是父母首先要意识到的，也是任何教育影响得以展开的前提。令人稍感欣慰的是，这位女大学生的爸爸最后意识到了自己的错误，并真诚地向女儿道歉，孩子也原谅了爸爸，父女关系重归于好，女孩的病情，也得到了极大的缓解。作为父母，我们能从中得到什么启示呢？其实很简单，就是要放下执念，尊重孩子的想法，尊重孩子的选择。唯有如此，孩子才可能是身心健康的、才可能是幸福的。

感悟

如何面对生活中的变故

如何面对生活中的变故，可能是我们每个人都要学习的功课。然而，我们的父辈在苦难面前，往往表现出来的更多的是无奈、悲观、痛苦、逆来顺受。苦难就是苦难，在绝大多数人看来，并没有所谓的正面意义。所以，父辈在苦难面前的隐忍也好，无力感也好，都会潜移默化地影响孩子。

坚强勇敢、积极乐观的父母，无形中会带给孩子极大的安全感和力量感，让孩子不会对生活感到恐惧和不知所措。相反，如果父母悲观消沉、指责抱怨、怨天尤人，孩子无形中也容易形成悲观消极、胆怯懦弱的性格。

我 12 岁那年，父亲生了一场大病，很庆幸后来康复了。由于干不了重活儿，父亲便尝试做各种各样的小生意养家糊口，费尽心力总算也把我们兄弟姐妹 5 个拉扯大了。所以，在很长一段时间内，我对父亲是非常崇拜的，他老实本分、勤劳肯干。他的这些品质，也或多或少地在我们兄弟几个身上留下了印记。当然，童年经历的影响总是复杂而纠缠在一起的。

现在看来，童年的艰辛，带给我的影响，负面的可能要偏多一些。至少，在前半生的 30 多年时间里，我一直在与物质上的匮乏与心理上的耗竭对抗着，身心俱疲。或许，一个人理想的生活状态，就应该像古代一位哲人向上天所祈求的那样"使我不贫穷也不富足"。在当下的社会生活中，对抗贫穷毫无疑问会消耗人们绝大多数的精力。所以，这也是我们这一代人如此拼命、内卷的原因所在，我们都太渴望摆脱贫穷，拥有强大的应对风险的能力，以为孩子创造一个更好的成长环境。

感悟

偏爱的问题

在多子女家庭中，父母往往面临一个不可回避的问题，那就是偏爱的问题，也就是俗话说的如何把"一碗水端平"的问题。由于孩子在性别、性格特征、行为习惯、学业表现乃至事业成就等方方面面存在不同，父母在某个孩子成长的过程中，在精力上给予更多的关注，或在心理上给予更多的偏爱，其实是很难避免的。但这种哪怕是一点点的差别对待，都可能被其他孩子极其敏锐地感知到，并提出疑问、质疑甚至是抗议。"为什么姐姐可以……""弟弟有，我也要。""你们为什么这样对我，不公平。"等等，不一而足。对于子女教养中客观上的差别对待，即使是合理的，也是需要跟孩子说清楚的。

问题往往出现在：父母的一方或双方确实对某个孩子有所偏爱，却又根本没有意识到这样做会有问题，以至于等到亲子关系紧张或孩子之间出现冲突时才意识到问题的严重性。感受到被区别对待的孩子，内心往往会有强烈的不公平感，甚至表现出强烈的愤怒。这种情绪不一定很常见，但往往是极具破坏性的，甚至是毁灭性的，需要引起高度重视。

那么，到底该怎么处理这一问题呢？简单地说，这里有两个原则可供参考：一是尽量做到公平对待所有孩子，不明显偏爱或偏袒，爱是没有区别的；二是在日常生活中，明确告诉孩子，每个人都有不同的生理特征、特点专长，也有不同的需要和目标，父母所能做的，就是为孩子各自的需要和发展提供相应的物质支持。

感悟

丧失人性的父亲

把孩子当作摇钱树，拼命从孩子身上压榨哪怕是可怜的一点点价值，是某些父母对待孩子的方式。虽然这种现象并不常见，却是不可否认的存在。

2002年3月，发生在山东烟台的"赵庆香事件"就是一个典型的案例。作为家中长女的赵庆香，从小就不受重男轻女的父亲待见。但赵庆香自幼懂事、吃苦耐劳，上大学时更是省吃俭用，每年把奖学金、助学金和打工挣来的钱都如数寄到家里。但赵庆香的父亲并没有因此而满足，相反，当赵庆香没有答应出钱为弟弟买房时，恼羞成怒的父亲竟趁女儿和女婿熟睡时残忍地将他们杀害了，事后还振振有词地说"再来一次我还杀"。

在这样丧失人性的父亲看来，女儿就是一棵摇钱树，向她要多少钱都是天经地义的。然而，有着这样观念的父母，绝不鲜见。

作为后辈，如果遇到这样的父母，在确保自己安全和拥有基本生活保障的情况下，能尽的孝道尽了就行。血缘最亲的人未必感情最亲，凡事要学着自己强大，人生的路，总有自己走的时候。

感悟

第三章

教育理念

人与人之间所以千差万别，都是出于教育的不同。

——约翰·洛克

好的教育理念帮助父母更好地理解孩子

提及教育理念，古今中外门派林立，各有各的体系、各有各的道理。不管是曾经风靡一时的卡尔·威特的天才式教育理念，还是玛丽亚·蒙台梭利的以儿童为中心的教育理念，都有值得学习和借鉴的地方。而广大父母，在学习这些教育模式的基础上，加上各自的理解，又形成了新的理念和做法，实在是无比丰富多彩。

显然，世界上从来不存在唯一正确的教育理念，也不存在最好的教育理念。所谓好的教育理念，都是由家庭和孩子具体情况决定的。没有比"因材施教"这四个字更能体现这一点的了。

所以，教育理念是用来指导行动、发挥实际作用的，而不是用来炫耀的。

好的教育理念，往往能够帮助父母更好地理解孩子，理解孩子的个性特点和成长需要，从而也就能够帮助父母抓住孩子成长的关键因素，帮助孩子更好地发展。

同时，父母在学习不同教育理念的基本思想和具体做法的时候，也能够根据自身的情况从中吸收不同的养分，并形成自己的教育理念和具体做法。一种好的状态是：当父母学习得越多，越能优化修正自己的教育理念，进而越能坚定自己的选择。而在这一过程中，孩子也能够得到正确的对待，从而保持身心健康并成长成才。

感悟

蒙台梭利教育法

蒙台梭利教育法，可以说是过去 100 多年来，世界上影响最广、内在成效最好的教育理念。其创始人玛丽亚·蒙台梭利出生于 1870 年，是意大利第一位女医学博士。在蒙台梭利看来，儿童具有一种与生俱来的"内在生命力"，教育的任务就是激发和促进儿童内在潜力的发展，使其按照自身规律获得自然的和自由的发展。自由自在、不受任何约束的儿童，是整个教学活动的起点。科学教育学的基本原理就是学生能够得到足够的自由，那种自由是允许儿童个性发展，可以让他们无拘无束地展露自己的个性。

在这一理念指导下，所谓的"教育"，其实是孩子内在心灵和能力的自由生长。作为教育者，所扮演的最重要的角色，是一个旁观的协助者的角色，即在孩子需要的时候为孩子提供必要的协助，以确保孩子能够自主地完成他的"工作"。

工作，是蒙氏教育法中最基本的元素，指的是儿童使用教具的活动。在蒙台梭利看来，工作才是儿童最主要和最喜爱的活动，能培养儿童多方面的能力，并促进儿童的全面发展。

儿童在工作中有一种对秩序的喜爱与追求：他们要求独立工作，排斥成人给予过多的帮助；他们自由地确定工作时间；在工作中非常投入，专心致志；他们对于能够满足其内心需要的工作，能反复进行，直到完成内在的工作周期。

在这里，我们可以非常清晰地看到，当孩子进入工作状态时，事实上也进入了一种"心流"的状态之中。正是在这种心流状态中，孩子的认知能力、动手能力、创造力等整个心智体系，得到了深入而全面的训练和有效的提升。

感悟

以孩子为中心的教育理念

蒙台梭利教育理念有以下几个特点：

一是以儿童为中心，强调孩子的主体性，强调孩子内生力量的生长，而不是强调成人视角的经验灌输，更不要求以教师为中心。

二是尊重孩子内在的节奏，把握孩子成长敏感期。在蒙氏教育环境中，并没有整齐划一的上下课时间，也不追求统一的课程进度，甚至不按孩子的年龄来分班，而是采取混龄编班的方式分班。每一个孩子都可以有自己的时间表，可以长时间专注地练习自己的工作内容。

三是提供必要的教具和环境支持。教具并不是教师用来教孩子的，而是儿童工作的材料，旨在诱发儿童由浅入深地自我重复操作，以达到自我教育、获得训练和成长的目的。

在蒙台梭利的封笔之作《有吸收力的心灵》一书中，她指出，教育结出硕果并非由于老师做了什么，而是人类自身自然发展的结果；孩子的知识不是通过教育得到的，而是儿童通过在他们特定的环境中吸取经验得来的。这样的理念，即使在今天，仍然是极其超前、极具革命性的。

蒙台梭利这种全然尊重孩子、以孩子为中心的教育理念，看似平常，却能够产生巨大的能量。当孩子的内在生命力迸发出来之后，呈现出的是极其惊人的成效和创造力。杰夫·贝佐斯、马克·扎克伯格、比尔·盖茨、彼得·德鲁克等，都曾受益于蒙台梭利的教育法。

感悟

赏识教育

　　周弘先生提出的"赏识教育"，在 20 多年前席卷全国、风靡一时，成为影响力极大的网红级的家庭教育思潮。然而，周弘先生并非学缘深厚的知名专家，而是一位只有初中文化的普通工人。作为一名先天失聪孩子的父亲，周弘以无限的父爱和智慧，帮助孩子走出了先天残疾的阴影，走上了一条不输给身边所有健全同龄人的辉煌道路，成为全国十佳少先队员、第一位少年聋人大学生、留美硕士、中国妇女十大时代人物等。

　　在周弘看来，每个孩子的幼小心灵都蕴藏着宇宙般巨大的潜能，每个孩子都可能成为天才。孩子的心灵是否舒展，是教育成败的关键。心灵舒展的孩子，必然会欢乐而轻松地飞，心灵压抑的孩子，只能痛苦而缓慢地爬。人性中本质的需要就是渴望得到尊重和欣赏。因此，没有赏识就没有教育。每个孩子都是为了得到赏识而来到人间的。赏识是孩子精神生命中不可缺少的阳光、空气和水。

　　赏识教育的特点在于注重孩子的优点和长处，对其予以充分肯定，不断强化它，逐步形成燎原之势，让孩子在"我是好孩子"的心态中觉醒。赏识教育的奥秘在于唤醒"好孩子"，而每一个"好孩子"的生命觉醒所呈现的力量都是排山倒海、势不可挡的。

　　周弘的赏识教育的可贵之处在于其理念极其清晰、操作极其简单，通俗易懂，一学就会。赏识教育的关键，就是发自内心地认可孩子、赞赏孩子，发现孩子想法、做法中的每一个闪光点，并给予真诚、热烈的赞赏，从而不断增强孩子的自信心，激发孩子内在的生命力，帮助孩子在自信阳光、舒展愉悦的状态中，实现能力与生命的全面发展。

感悟

远离打压式教育

与赏识教育相对的教育模式，是打压式教育。

赏识教育发挥作用的逻辑在于：受到父母赏识的孩子，身心能够处于十分积极愉悦的状态之中，能够形成对自己的正面认知并增强自信心，而这种正面认知和自信心，能够进一步激发孩子的潜能，让孩子在学习和做事中得到积极的反馈和成功的体验，积极的体验能带来更加良好的行为表现，进而形成积极向上的正向循环。

相反，在打压式教育中，父母往往只会看到孩子的不足和缺点，并不断地批评、贬损甚至是打压孩子，让孩子处于一种挫败、伤心、失望、自卑、自我否定的状态之中。而这一系列的负面情绪和体验，不但会抑制孩子的优点的正常发挥，更重要的是，会让孩子在深深的自卑感和自我否定的状态中丧失应有的生命活力，甚至会导致生命之花的枯萎凋谢。

如果说赏识教育是一名充满智慧的园丁的养育之道，那么，打压式教育可以说是愚蠢的父母摧残生命之苗的凶器。正如日本著名早期教育专家多湖辉在《幼儿才能开发》一书中提到的，"每个孩子都是天才，宇宙的潜能隐藏在每个孩子心中。尽管在他们双亲无限爱心的摧残之下，仍然有些孩子成了材"。

其实，父母完全可以放下身段，用真正欣赏的眼光，去发现孩子的优点和长处，唯有如此，才能够培养出一个身心健康、积极向上的孩子。

感悟

无条件养育

无条件养育的教育理念，是由美国知名育儿专家艾尔菲·科恩先生提出的。无条件养育的核心理念在于父母所给予孩子的，是无条件的爱，是不附加任何条件的爱。在无条件养育理念中，父母爱孩子，不是因为孩子"做对了什么"，也不是因为孩子听话，而仅仅因为孩子是父母的孩子。有条件的爱，是孩子在做到家长期望的事或者达到了家长所规定的某些标准之后才能得到的爱，而无条件的爱，与孩子做了什么毫无关联，是无论他们成功与否，无论他们是否乖巧，父母都会毫无保留地给予他们的爱。

在无条件养育模式中，父母需要时时反问自己：我刚才对孩子的所作所为，是否可能与我的需要、我的恐惧和我的成长经历有关，而未关注他们真正的兴趣和需要？父母最应该关心的问题是"孩子需要什么——我如何能够满足孩子这些需要"，而不是如何让孩子听我的话。科恩认为，可以通过向孩子表达无条件的爱、给予孩子更多做决定的机会、从孩子的角度看问题三种具体手段来表达对孩子的重视。

科恩提出的13条无条件养育原则为：（1）深思熟虑；（2）重新考虑你的要求；（3）专注长远目标；（4）将亲子关系放在第一位；（5）不仅改变行为，而且改变视角；（6）尊重、尊重、尊重；（7）真实可信；（8）少说、多问；（9）记住孩子的年龄；（10）在符合事实的前提下以最好的可能性看待孩子的动机；（11）不说没必要的"不"；（12）不要那么死板；（13）不要匆匆忙忙。这13条原则，归结起来其实只有一点：父母对孩子真正的爱，是建立在父母的每一个言行都是从对孩子有益的立场出发，为孩子提供来自父母的反馈、支持、鼓励和帮助上的。父母要彻底放下自己的控制欲，放下自己的恐惧、忧虑，直面现实，保持觉醒和反思的姿态，与孩子共同探索出真正有益于孩子身心成长的路径。

感悟

无条件养育的要点

哪怕对于那些最开明的父母来说，无条件养育也是一种颇具挑战性的教养模式。其中的难点就在于：父母必须放下控制孩子行为与未来的冲动，把人生的主导权还给孩子，这样一来，父母就必须时时与一种巨大的不确定性同行共处。

对于那些计划精准地规划孩子发展每一步的父母而言，这是根本不可能做到的。在《无条件养育》一书的序言中，知名育儿专家小巫写道："天下没有生来'听话'的孩子，每一个孩子都具备独一无二的人格，都会给父母带来无尽的挑战，尤其是挑战我们的耐心。因为我们所有人都有一个基本的需求，即做我们生活的'主宰'，而非'小卒'。经历自主感很重要，即一种我们是自己行为'创始人'的感觉。事实上，我们做了什么选择往往比没有选择这个行为本身更有意义。孩子学会做正确决定的方式就是自己做决定，而不是遵循安排。"在无条件养育中，父母面临的主要挑战也在于此。越是控制欲强的父母，越是缺乏安全感的父母，自信水平越低、能力越差的父母，采取无条件养育模式的可能性越小。

那些能够采取无条件养育模式的父母，是家庭教育中真正的智者。他们发自内心地爱孩子、尊重孩子，愿意真正地了解孩子的个性特征和内在需求，能够站在孩子的角度去思考问题，去帮助孩子做他们真正想做的事情，即使这些事情并不是父母所认为的"最佳选择"。事实上，在采取无条件养育模式的父母眼中，无所谓预设的最佳选择，因为孩子的选择，即使可能令自己走弯路，也是成长过程中必要的代价。从某种意义上说，犯错是孩子学习的机会，也是孩子真正成长的机会。爱孩子，就要放手让孩子去经历，这正是采取无条件养育模式的父母真正的伟大之处。

感悟

虎妈模式

虎妈模式几乎是过去 10 多年来最富争议的家庭教育模式。赞成的一方认为，父母比孩子更清楚怎么做是对的，父母所做的一切都是为了孩子好；而反对的一方则认为，这种不顾及孩子感受的教育，只会摧毁孩子对于学习的兴趣和孩子的身心健康，得不偿失。

2010 年底至 2011 年初，耶鲁大学法学院终身教授蔡美儿女士的《虎妈战歌》英文版和中文版同步发售，在全球范围内引起极大的争议。要厘清关于虎妈模式的种种争议，首先必须回到这种教育模式之所以能够有效的前提条件。

首先来看虎妈模式的"代言人"蔡美儿，她的父亲是麻工理工学院的博士，加州大学伯克利分校的教授，研究混沌理论的国际知名学者；母亲则以全班第一的成绩毕业于圣托马斯大学；她本人是哈佛大学法学学士、法学博士，后来成为耶鲁大学法学院的终身教授——这是全球顶级的法学院；她的先生杰德则比蔡美儿更早成为耶鲁大学最为年轻的终身教授。

在《我在美国做妈妈》(《虎妈战歌》中文版书名)一书中，蔡美儿指出，"中国父母深知这样的道理：成为行家里手的过程，其实毫无乐趣而言。要掌握任何高超的技艺，必须付出艰苦的努力。而孩子们从本性来讲，绝不会爱好努力。因此，一开始就不给他们选择'不努力'的机会，便显得至关重要"。这正是虎妈模式的底层逻辑。一个人只有付出艰苦卓绝的努力，才可能达到专业精湛的水平，才能够取得成功、获得荣誉。而蔡美儿自己就是这样以身作则的。"我在哈佛法学院成绩优异，是因为我近乎发疯般地努力。"如果从教育的本质是"言传身教"这一意义上来看，蔡美儿在自己的"虎妈模式"中当然是做到了这一点。

这是虎妈模式得以成立的最基础也是最根本的前提条件。

✿ 感悟 ....

虎妈模式的斗智斗勇

在《我在美国做妈妈》一书中，蔡美儿详细地描写了与两个女儿特别是小女儿露露斗智斗勇的过程，她和女儿"甚至总是处于战争的边缘"。在这种关系中，蔡美儿和小女儿都是极度痛苦的。值得注意的是，书中不止一次地描写了在冲突的最后，都是妈妈选择作出让步，这其实是有着极其深刻的意义的。蔡美儿写道："或许是因为我最终允许自己对露露无法动摇的力量作出让步，即便是我极为痛苦地不认同她的选择。"

在虎妈教育模式中，虎妈始终是站在帮助孩子极致地追求卓越的立场上的，因为虎妈清楚地知道，孩子的力量、自信与尊严，都来自通过超强度训练而获得的精湛技艺。

蔡美儿尖锐地提出，"西方父母竭力去尊重孩子的个性，鼓励他们追求自己真正的激情，支持他们自我的选择，给他们提供积极的肯定和成长的环境。而中国父母确信，保护孩子的最佳方式，就是帮助他们为未来做好准备，让他们看到自己的能力，用实用的技术、工作的习惯和内在的、没人能够带走的自信来武装他们"。

"西方父母对孩子的自尊担忧颇多，但作为父母，最不利于保护孩子自尊心的行为，就是你眼看他们在困难面前放弃努力而不作为。"

所以，即使在虎妈模式中，有着无处不在的亲子关系的冲突与紧张，但在蔡美儿看来，与最终的目标相比，这算不了什么。亲子关系紧张是一时的，孩子取得优秀成绩时所带来的成就感，则是长久的。在书中，蔡美儿也写道，自己与小女儿上一秒钟还处于剑拔弩张的氛围中，下一秒就愉快地打闹在一起。或许，这正是虎妈模式本身所具有的内在张力和高超智慧的平衡术。

感悟

虎妈模式与鸡娃模式的区别

从表面上看，虎妈模式与鸡娃模式好像是一回事，都是对孩子有很高的期望，严格要求，极其注重孩子的学习表现。其实，虎妈模式与鸡娃模式有着微妙的区别。这一区别的关键就是：重点在哪儿。

虎妈模式的重点放在"妈"，在父母，在以身作则。蔡美儿为了给孩子找一个好的老师，两天内驱车来回18小时去拜访老师；在女儿学琴的时候，蔡美儿在边上边听边做笔记，前后竟然做了上千页的笔记。蔡美儿对自己严格要求，追求卓越，以身作则，对孩子也是严格要求，因为在蔡美儿看来，这才是人生的正确的打开方式。

反之，鸡娃模式的重点在"娃"，在孩子，在要求孩子做到。很多鸡娃的父母的典型情况是：自己以前没好好读书，没能上大学、学钢琴、学画画、学围棋，自己以前有遗憾，所以就对孩子抱有很高的期望，希望孩子能够做到。这类父母在鸡娃模式的过程中，既不清楚要实现目标到底有多难，也不清楚实现目标的方法，因而在孩子遇到困难时，既无法在具体方法上提供帮助，也无法真正在情感上与孩子产生共鸣，而只是一味地要求孩子，甚至是强迫孩子，这种鸡娃模式，根本无法获得孩子的认同和心甘情愿的听从。

如此一来，虎妈模式都尚且有如此强烈的冲突，更何况一味要求孩子做到的鸡娃模式呢？自己做不到，却要求孩子做到，很多时候不过是一厢情愿、痴人说梦而已。

所以，在这里，虎妈模式已经与根本有效的教育原则达成了某种内在的一致性。虎妈模式之所以奏效，原因有三个：父母以身作则、对孩子严格要求、拥有良好的亲子关系。这三点缺一不可。很多时候，我们看到的鸡娃模式，除了对孩子要求严格之外，既没有父母的以身作则，也没有良好的亲子关系，那怎么可能有好的结果呢？

感悟

南怀瑾的教育思想

国学大师南怀瑾先生博学多才，不仅专精诗文、儒学、佛学、医学等多个领域，对家庭教育也有独到的见解。在 90 岁高龄之际，南怀瑾先生创办了"吴江太湖国际实验学校"，并在多个场合向老师和家长系统阐述了自己对教育的理解。南怀瑾的教育思想主要包括以下几个方面的内容：

第一，教育的关键在于家庭教育，父母的一言一行，对孩子有极其重要的影响。南怀瑾强调，孩子出生之后，"教育不光是嘴巴里教，也不只是读书，父母、老师的行为、思想、情绪和动作，孩子们无形中都学进去了。这个教育叫'耳濡目染'"。整个的天地，自然的环境，统统都是教育。

第二，教育的起点，在于了解孩子的禀赋。

第三，放手让孩子自由成长。南怀瑾结合自身及家族四代人的亲身经历，引用古诗表述教育的样态，"寻常岂借栽培力，自得天机自长成"。南怀瑾先生说道："我这一辈子可说所有的教育都受过了，我个人的结论下来清清楚楚，教育无用论。教育是教不好一个人的。以我的经验，人不是学校教育能够改变的。一个了不起的孩子，就算你不给他读书，把他按在泥巴里头，他都会站起来，成为一个有用的人；站不起来的孩子，无论你怎么培养、怎么教育，也只能成为一个平庸的人，所以我几十年来总结的就是教育无用论。"

第四，家庭教育主要教孩子生活的能力、谋生的本领，生活的本领，职能技能。

第五，今天真正要受教育的，不单是孩子。家长更要受教育。南怀瑾先生指出，"我认为古今中外的教育，大部分都犯了一个错误，父母往往把自己一生做不到的愿望，下意识地寄托在孩子身上，却忘记了自己子女的性向与本质"。

感悟

"教育无用论"的大教育

南怀瑾关于"教育无用论"的观点，背后大有深意，应该放在他的整体教育思想体系中来加以理解。

教育无用，并非真的无用，而是指正式的学校教育在改变人的禀性方面其实作用有限，不应过分强调教育对于改变人的命运的作用。应该特别指出的是，南怀瑾这里说的教育，主要是指狭义的教育，即正式的学校教育。对于父母的言行和环境对孩子的行为习惯所造成的影响，南怀瑾也是高度认可的。而这就属于广义的教育。

纵观南怀瑾的教育理念，可以看到其中有很深的道家思想元素。无为而无不为；看似无用，实则大用；刻意为之的教育常常无效，而潜移默化的影响却有大用。

或许，南怀瑾先生一生学养深厚、功力无边，所以当他说教育无用的时候，一般人并非有同等的功力能够接得住。教育到底是顺其自然，还是极力营造？每个人可能都有自己的理解，但并非每一个人的理解都是正确的。

复杂教育现象的唯一公约数，是因人而异，一切都要视情况而定。因此，南怀瑾的观点听起来再有道理，也仅仅是一种观点而已，孰是孰非，全靠父母自己判断。

父母所能做的，就是不断地提升自己的认知和修养，最终拥有更为高远的人生境界。当父母的认知和修养足够高远时，或许，就真觉得教育无用了。

感悟

陈鹤琴的《家庭教育》

陈鹤琴先生是我国现代著名教育家、儿童心理学家、儿童教育专家，现代幼儿教育的奠基人。100 年前他写的《家庭教育》一书，是我国现代家庭教育理论与实践的开创性著作。2006 年，华东师范大学出版社重新出版该书时，所撰写的推荐语是："这是一本影响了几代中国人的家教经典，今天仍然散发着迷人的魅力。"

著名的教育家陶行知先生对该书评价极高，认为"此书系近今中国出版教育专书中最有价值之著作。这本书出版之后，小孩子可以多发些笑声，父母也可以少受些烦恼了。这本书是儿童幸福的源泉，也是父母幸福的源泉。著者既以科学的头脑、母亲的心肠做成此书，我愿读此书者亦务须用科学的头脑和母亲的心肠去领会此书之意义。我深信此书能解决父母许多疑难问题，就说它是中国做父母的必读之书也不为过"。

《家庭教育》一书共有 13 章，论述了 100 条家庭教育原则。那么，在这本书中，陈鹤琴主要表达了哪些思想？首先，最核心的观点是：家庭教育必须以儿童的心理特征为依据始能行之得当。陈鹤琴认为，儿童教育是一门科学。只有了解儿童，才能教好儿童，实践出真知，要从实践中摸索教育儿童的规律。因此，他在书中引用的例子，大多是他教育自家孩子的真实场景、真实案例。

那么，儿童都有什么样的心理呢？陈鹤琴在全书的第一章，就总结了孩子七个方面的心理：小孩子是好游戏的，是好模仿的，是好奇的，是喜欢成功的，是喜欢野外生活的，是喜欢合群的，是喜欢别人赞许他的。

陈鹤琴的这些观点，现在看起来好像没有什么特别，却以最平实、最通俗易懂的语言总结了孩子最重要的心理特征，因而也是最值得细细玩味的。

 感悟

陈鹤琴教育理论的两个特点

陈鹤琴在《家庭教育》一书中所论述的 100 条教育原则，基本是与亲子互动及孩子的日常行为紧密联系在一起的。虽然其中的部分生活场景今天已经不再适用，有些生活习惯今天也已经司空见惯，但这些原则背后的理念和思想，仍然值得细细揣摩。

陈鹤琴的教育理论有两个非常明显的特点：一是尊重科学。教育不主观臆想，而是建立在对孩子的深入观察的基础上。而且，他的观念极其朴素、务实。他提到孩子喜欢称赞的心理特征时写道："两三岁的小孩子就喜欢'听好话'，喜欢旁人称赞他……一鸣（陈鹤琴的儿子）画图，若画得好，我就称赞他几句，鼓励他几句，并且替他在图画上写'很好'的字样，他就会显出很快乐的样子……这种赞许心，我们做父母的教育小孩子时应当利用，然而不可用得太滥，一滥就失掉它的效用，反不若不用为妙。"

二是正面管教。这 100 条教育原则的前三条，分别是：对于教育小孩子，做父母的最好用积极的暗示，不要采用消极的命令；积极的鼓励比消极的刺激好得多；小孩子既好模仿，做父母的一方面要以身作则，另一方面还要替他选择环境以支持他的模仿。此外，像"做父母的应当利用儿童的好问心，以作教育儿童的一种良好动机""做父母的不应当迁怒于子女"等原则，也处处以循循善诱、积极引导的方式教育孩子。

教育原本就应当似春风化雨。在陈鹤琴的文字中，我们可以真切地感受到这种情怀。"总而言之，做父母不是一件容易的事，实在负有极重大的责任，唯有能好好教养儿女的人，才配得上做父母的资格。"陈鹤琴先生这百年前的拳拳劝诫，放在今天仍然毫不过时。

感悟

好妈妈胜过好老师

这世间的事，最怕认真二字。教育学者尹建莉在《好妈妈胜过好老师》一书中，我们可以看到一位理性而充满爱心的妈妈，用心地记录了孩子成长过程中的点点滴滴，用心地记录了自己的观察与思考。著名学者钱理群先生是这样评价《好妈妈胜过好老师》一书的：这是一本有勇气、有思想、有智慧的书，是难得的家教读本，既敢直面教育问题，又深入思考；有独到的教育观念，更有教育智慧，最重要的是还有无处不在的爱心。

尹建莉在书中指出，人生来不是为了让别人去"管"的，自由是每个人骨子里最珍爱的东西。儿童尤其应该舒展他们的天性，无拘无束地成长。儿童是一个完美独立存在的世界，他们幼小的身体里深藏着无限蓬勃的活力，他们在生命的成长中有一种自我塑造、自我成型的表达潜力，就如一颗种子里藏着根茎、叶片、花朵，在合适的条件下自然会长出来一样。家长如果有农人的信念和适度的管教，孩子一定会成长得更好。

尹建莉的教育理念中，同样有对人性深刻的理解，对孩子的内在力量，有着应有的敬畏和尊重。在这么多不同的教育理念之中，我们发现有某些被一而再、再而三地提及的重要因素或关键原则。对孩子的人格怀有真正的尊重，对孩子的潜能抱有坚定的信任，这或许是成功的家庭教育不可或缺的前提。

"教育中许多看来司空见惯的做法，背后其实有很多人们看不到的错误。"尹建莉在书中有很多不厌其烦的情景描写，就是为了把那些家庭教育中的错误做法呈现出来，从而唤起父母的觉醒与反思。

感悟

爱弥儿

《爱弥儿》是近代以来重要的教育学著作之一。这本书的作者是法国近代大思想家卢梭。卢梭在《爱弥儿》一书中，分五卷对从新生儿到20岁青年的教育问题进行了全面深入的阐述。这本书不仅是一本教育学著作，在某种意义上，也是一本经典的哲学、伦理学作品。阅读这本书时，千万不能求快，而是要慢慢地读，慢慢地悟，慢慢地进入人类历史上最伟大的思想家的理念世界之中。

卢梭的教育思想，被概括为自然主义教育。卢梭首先认为，在自然秩序中，所有的人都是自由、平等的。所谓的自然主义法则，就是要服从自然的永恒法则，听任人的身心自由发展。真正的教育不在于口训而在于实行。自然教育的手段，就是生活和实践，让孩子从生活和实践的切身体验中，通过感官的感受去获得所需要的知识。

《爱弥儿》一书中，处处体现了卢梭关于人性、对人生、对社会、对历史的深邃思想。"在探索自然的法则的时候，始终要从最普遍和最显著的现象开始探起，要常常教导你的学生不要把那些现象当作原因，而要当作事实。"

"所有的人都希望得到幸福，但为了取得幸福，就必须首先知道什么是幸福。自然人的幸福是同他的生活一样简单的。幸福就是免于痛苦，也就是说，它是由健康、自由和生活的必需条件组成的。"

读《爱弥儿》一书，我们可以慢慢地思考，可以触及关于自由、幸福、能力、秩序等人类社会几乎所有最重要的议题，而当我们对这些问题深入思考之后，再来看家庭教育，我们便能够获得一种前所未有的深度与广度。这就是阅读经典的意义所在。

感悟

教出乐观的孩子

马丁·塞利格曼博士是"习得性无助"理论的提出者，也是积极心理学的创始人，1998 年，他以史上最高得票数当选美国心理学会主席。在《教出乐观的孩子》一书中，塞利格曼通过十分严谨的科学实验告诉父母到底什么是"乐观"与"悲观"，并试图教会父母如何正确地批评孩子，教出乐观的孩子。

塞利格曼指出，悲观是"在遭受挫折时滞留在任何最具毁灭性的原因中不能自拔"，因而会严重侵蚀孩子的活动与乐观的天性。他十分严肃地指出，如果不能改变悲观，我们的自由、财富和权利都毫无用处，我们的孩子们将深陷消极与黑暗中。因此，作为父母，最重要的就是防止孩子们对世界悲观认识的盛行。

塞利格曼认为，要防止孩子悲观，要有效地对付习得性无助，最重要的方式就是"征服"，即让孩子停留在造成挫折和失败的情境中，采取行动来改变情境，从而终止沮丧的情绪。防止孩子悲观，并非要让孩子避免失败，相反，"要使你的孩子经历征服，必须先让他经历失败、心情沮丧以及不断尝试直到成功"。

塞利格曼通过《教出乐观的孩子》一书，想告诉我们的道理是：乐观不是万灵丹，乐观只是一种工具，是一种强而有力的工具。这个工具，能够帮助孩子获得更加幸福快乐的人生体验。很多时候，往往是在极细微之处，藏着决定孩子一生是否幸福的密码。而获得这个密码的钥匙，恰恰被父母抓在手中。因此，父母是否掌握教出乐观孩子的方法，便显得至关重要。正是在这一意义上，塞利格曼的书，值得所有父母认真阅读、仔细对照，而后努力改善自身的教养方式。

感悟

教育漫话

在人类教育思想史上，很少有一本书，能像约翰·洛克的《教育漫话》那样产生如此深远的影响。如果说新手父母只能带一本书陪伴自己教养孩子的全过程，那么我的推荐一定是洛克的《教育漫话》。

《教育漫话》全书分为健康教育、品德教育与知识和技能教育三篇，这也是洛克对于教育内容的重要性排序。

首先是健康教育。在洛克看来："健全的心智寓于健康的身体""要有自己的事业，要得到幸福，必须先有健康的身体"。因此应当把培养孩子强健的体魄放在教育第一位，身体是一个人及其精神的基础。

其次是品德教育。精神品质的培养在洛克的教育思想中占有重要的地位。在洛克看来，教育的主要任务乃是塑造一个人整体的精神品质，包括培养德行、智慧、教养以及坚忍等各种美德。而贯穿所有美德的本质则是，听从理性的指导而克制欲望，"一切美德和价值的伟大原则和基础在于：一个人能够克制自己的欲望，能够不顾自己的爱好而纯粹遵从理性"。

最后是知识和技能教育。在洛克看来，学问当然得有，但只能作为辅助更重要的品质之用；尽量保持孩子的纯真、爱护并且培养他的优点、温和地改正与消除他的任何不良倾向，使他养成良好的习惯才是要点所在，有了这一点，我觉得学问是可以用各种方法非常容易地获得的。

洛克的这些产生于 300 多年前的教育思想，直至今天仍然熠熠生辉，闪耀着思想的光芒。我们很长时间以来强调的"德智体全面发展"，发源于英美大学里的"通识教育""博雅教育"，都可以在洛克的思想中找到渊源。

感悟

杨东平的教育思想

杨东平先生是当下中国教育学界为数不多的"社会良心"。最近二三十年来，杨东平先生一直在为中国教育事业的改革摇旗呐喊。关于家庭教育，杨东平先生也在不同场合表达过立场坚定的教育理念，从《告别"虎妈"做"兔妈"》《我们今天应该怎么做父母》，到《展现孩子的个性是家庭教育的终极使命》等文章，我们可以看到杨东平先生的拳拳之心。

杨东平明确指出："到今天为止，我们对于教育的真谛已经可以非常清晰地认识和表达，那就是促进人的自我发现、自我实现，而不是把孩子按照某一种理想，按照某一种规格和统一标准进行培养。""首先要做一个好人，做一个健全的公民。让孩子做最好的自己，有家庭的责任，家长可以做出力所能及的改变，这是我最想对中国家长们说的。在大环境暂时无法改变时，面对'是给孩子提供一个避风港还是第二战场，是让孩子多睡一小时还是多上一门课'的问题，家长们的选择至关重要。"

关于家庭教育，杨东平其实是站在整个人类文明发展的高度来思考的，他把最宏大的目标与最微观的行动联系起来。"每一个人的独特个性构成了人类的丰富性、多样性，是人类精神文化的财富。而最终能够改变世界的，就是那些能够用独特的观点来认识世界的人。""孩子都是一颗没发芽的种子，最后长成什么，不完全是由家长的意志决定的。每个儿童都是独特的个体，善待儿童最好的做法是顺应自然，家长的智慧应该在这里。"

在某种意义上，杨东平与洛克的教育思想，是有着内在一致性的。当我们一再与这些杰出的学者对话的时候，我们便能够更加清晰地认识到家庭教育的本质所在。

感悟

培养乐观

　　爱德华·哈洛韦尔是一位伟大的儿童心理学家。他的伟大之处，并不在于他毕业于哈佛大学，不在于他曾在哈佛医学院任教 22 年，不在于他曾出版超过 18 本关于儿童成长的畅销书，而在于他虽然出身悲惨却不为之所困，找到了从困境中突围并获得幸福人生的方法，从而也为所有同样身处困境的人提供了一个极其鼓舞人心的榜样力量。

　　哈洛韦尔 4 岁时父亲被送进精神病院，6 岁时父母离异，8 岁时母亲嫁给了一个酒鬼，10 岁之前，他每天与继父吵架，之后便被送到了寄宿学校，被诊断为患有两种学习障碍。哈洛韦尔写道："无论经历了多少苦难，我还是在童年里找到了快乐。我学会了如何应对逆境、如何创造永恒的快乐。"哈洛韦尔的伟大之处正在于此，他以自己的亲身经历告诉大家，童年是一生幸福之源：我在那时学会了怎样创造幸福、保持快乐，这才是最重要的技能。

　　在《童年，人生幸福之源：培养乐观的方法》一书中，哈洛韦尔系统地阐述了如何培养孩子的乐观品质，从而为孩子一生的幸福奠定坚实的基础。哈洛韦尔直截了当地指出，每一个父母都很爱自己的孩子，都希望孩子能够幸福，"但要想把一份强烈的爱转化为有效的行动，这绝非易事"。

　　那么，到底什么力量才能让我们拥有一生的幸福？哈洛韦尔总结了联结、玩耍、练习、精通和认同这 5 种力量。这 5 种力量的结合，可以帮助孩子应对逆境，创造永恒的快乐。其中，联结的力量是整个闭环的第一步，也是最重要的一步。哈洛韦尔指出，联结赋予孩子坚强、乐观、充满求知欲、热爱生活的品质，使他们获得幸福快乐的一生。联结感，是从属于比你更强大的群体的内心感受，它永远是人生最强大的一股力量。

感悟

朱子家训

明末清初的著名理学家、教育学家朱用纯所著的《朱子家训》（又名《治家格言》），是传统中国家庭教育思想的典型代表之一，全书共28句、524字，从勤俭持家、为人处世、修身养性等方面进行系统论述，文字通俗易懂，内容简明扼要，已成为家喻户晓、脍炙人口的经典家训。

《朱子家训》前三句，分别是："黎明即起，洒扫庭除，要内外整洁；既昏便息，关锁门户，必亲自检点。一粥一饭，当思来处不易；半丝半缕，恒念物力维艰。宜未雨而绸缪，毋临渴而掘井。"第一句想表达的是，人应该勤勉努力、吃苦耐劳，而不应好逸恶劳。第二句是大家耳熟能详的，这一句所表达的是：人应勤俭而不应奢靡，感恩所拥有的。第三句表明凡事要提前准备，不要临时抱佛脚。

《朱子家训》的最后两句，典型地体现了儒家思想中的圣贤之道："读书志在圣贤，非徒科第；为官心存君国，岂计身家。守分安命，顺时听天；为人若此，庶乎近焉。"读书不是为了名利，而是为了修身养性，追求圣贤之道。

笔者年轻时，读这些传统经典，往往会不经意地带着一种"批判"的眼光去看待，轻看文字背后的思想和精义，然而，随着年岁增长，越发觉得其中的智慧深邃，其文博大精深。很多时候，我们根本就没有真正理解我们所要批判的对象，更别说按照其中的良言去做了。《朱子家训》中很多关于做人做事的教导，在今天仍然适用，仍然具有极大的实践价值，仍然值得我们去努力践行。而与这样的传统经典对话，能够帮助我们更好地理解我们的文明根基与传统美德。这些文明根基与传统美德，是我们身为中华儿女不能不知、不能不学的。

感悟

颜氏家训

南北朝颜之推所著的《颜氏家训》，是我国古代第一部系统阐述家庭教育作用、原则、方法和内容的家庭教育之作，是我国古代家庭教育理论的奠基之作和代表作。《颜氏家训》全书共有 7 卷 20 章，内容涵盖历史、文学、伦理、教育等，其中涉及的不少道理，对今天的父母进行家庭教育，仍然有一定的参考价值。

在《颜氏家训》的开篇，颜之推就指出："夫同言而信，信其所亲；同命而行，行其所服。禁童子之暴谑，则师友之诫，不如傅婢之指挥；止凡人之斗阋，则尧舜之道，不如寡妻之诲逾。"这里的核心观点是，在以"差序格局"为核心特征的家庭伦理关系中，越是亲近的人、越是有威望的人说的话，越能让人信服和听从，这也是人们之所以重视家庭教育的根本原因和逻辑起点。

在颜之推关于家庭教育的丰富训诲中，有两个观点是值得注意的。一是家庭教育要趁早，甚至要从十月怀胎开始。"古者圣王，有'胎教'之法：怀子三月，出居别宫，目不邪视，耳不妄听，音声滋味，以礼节之。""人生小幼，精神专利，长成已后，思虑散逸，固须早教，勿失机也。"二是父母长辈要严以律己，以身作则。在《治家第五》篇中，颜之推指出，"夫风化者，自上而行于下者也，自先而施于后者也。是以父不慈则子不孝，兄不友则弟不恭，夫不义则妇不顺矣"。教育者也，春风化雨。很多时候，教育不是高高在上地对他人的言行指手画脚，相反，是自己严格要求自己，追求成为君子与圣贤之道，在这个基础上感化、教导后辈。唯有如此，才能实施真正有力量的教育。

阅读传统经典的意义在于，从中找到共通之处，在共通之处中坚定我们的教育理念与做法。

感悟

钱氏家训

吴越钱氏是一个绵延千年、英才辈出的显赫家族。吴越钱氏的开创者钱镠生于唐末，弃商从戎之后成为两浙十三州的统领，被中原王朝封为越王、吴越王、吴越国王。据统计，自宋朝至清朝，吴越钱氏家族出了350个进士。文化名人有宋代的钱易；宋末元初的钱选；明代的钱德洪；清代的钱谦益、钱大昕、钱松、钱棨等。近现代更是涌现出国学大师钱穆、钱玄同、钱钟书，科学家钱学森、钱三强、钱伟长、钱永健等各个领域的大师级人物。

钱氏家族之所以能够英才辈出，与钱氏家训的精神传承是密不可分的。《钱氏家训》共635个字，从个人、家庭、社会和国家四个方面进行阐述。2021年，《钱氏家训》被列入第五批国家级非物质文化遗产代表性项目名录。

在个人篇的开篇，《钱氏家训》开门见山、立意高远地陈明："心术不可得罪于天地，言行皆当无愧于圣贤。"而其家庭篇中提到，"祖宗虽远，祭祀宜诚；子孙虽愚，诗书须读。娶媳求淑女，勿计妆奁；嫁女择佳婿，勿慕富贵"。从这里，我们可以看到《钱氏家训》与《朱子家训》和《颜氏家训》有异曲同工之妙。在社会篇中，有"兴启蒙之义塾，设积谷之社仓"，可以看到《钱氏家训》对钱氏后人有热心公益、造福乡里的教导。而在国家篇中，《钱氏家训》更是道出了钱氏家族的家国情怀："利在一身勿谋也，利在天下者必谋之；利在一时固谋也，利在万世者更谋之。"

"道德传家，十代以上。"钱氏家族为后人留下了精神财富，为社会贡献了大批国家栋梁之材，实在是可钦可敬！

感悟

"好的家庭教育" 二十字诀

什么是好的家庭教育？好的家庭教育来自哪里？是否存在公认的好的家庭教育理念？在讨论这些问题之前，我们首先要清醒地认识到，对于如何来评判"好的家庭教育"，不同立场、不同价值观的父母持有不同的看法。崇尚自然主义理念的父母，很少会认为对孩子严加控制的教育是好的教育；而擅长采用"虎妈""虎爸"教育模式的父母，也很少会认为完全尊重孩子想法的教育是好的教育。什么是好的家庭教育，答案取决于父母的认知、价值观和格局。

父母的教养模式对孩子成长的影响是极其复杂的。所谓好的教养模式，往往并不是由外在的孩子与父母之间的环境与互动决定的，而是由一个个独特的亲子关系及其所依存的客观条件所决定的。换句话说，这世界上的每一对亲子关系都是独一无二、不可替代、无法重来的。这样一来，讨论什么是好的家庭教育的结果便是：具体情况具体分析，一切视情况而定。

当我们要讨论什么是好的教育的时候，首先要了解这个孩子是什么样的，有什么性格特征，有什么人格特质，有什么兴趣爱好，有什么样的行为习惯。了解孩子，尊重孩子，是家庭教育理论的"公理"，是一切好的家庭教育得以开展的基本前提。

在此基础上，才有接下来的因材施教、以身作则、正面管教。一切教育行为的展开，都是建立在对孩子基本情况的深刻理解和精准把握上的。有些孩子，更容易积极主动，好奇心强；而有些孩子就是不愿意与人打交道，对什么都没有特别的兴趣。

总而言之，了解孩子，尊重孩子，因材施教，以身作则，正面管教，这 20 个字，在某种意义上可以被视为"好的家庭教育"的形态之一。

感悟

父母的爱与智慧

良好的家庭教育到底来自哪里？毫无疑问，来自父母的爱与智慧，来自父母的谦卑、自我反省与持续学习。

爱，听起来很简单，哪个父母不爱孩子？但事实上，以爱之名义行伤害子女之实的父母，在爱的名义之下饱受摧残的孩子比比皆是，由受害者组成的"父母皆祸害"社群甚至一度成为互联网上的热门事物。有些父母以爱的名义强迫孩子、控制孩子，把自己的意志强加给孩子；有些父母则是披着爱孩子的外衣，内里却将自己对生活、对社会的恐惧映射在孩子身上，要么对孩子过度保护，要么溺爱孩子，这些做法都不是真正的爱孩子。

真正的爱，是自然、舒展、饱含情感的，是为了孩子能够健康、快乐、实现自由而全面的发展的。

智慧的内核是追求真理，合乎理性，得体从容。真正有智慧的父母，愿意学习并掌握孩子的成长规律，在与孩子的互动中尽量合乎理性，不偏激、不恐惧、不抓狂，能够顺其自然，因势利导。

父母要达到智慧的境界，在笔者看来，需要做的最重要的三件事就是：保持谦卑、自我反思与持续学习。保持谦卑，就会更加尊重孩子、尊重客观规律，不会自以为是；自我反思，就能够及时地意识到自己的局限、不足和错误之处，并积极地加以改进；而持续学习，则是提升教养格局、改进教育方式的根本途径，通过不断的学习，在家庭教育理念、方法、经验等方面，就会有更系统全面的理解认识，从而也就能够更好地与孩子进行互动，帮助孩子实现自由全面发展。

感悟

成功的家庭教育都是独特的

1万个人可能有1万种关于家庭教育的理念，那么，是否存在统一的好的家庭教育理念？

要回答这个问题，我们需要回到家庭教育的事实中来：由于每一个孩子都是独一无二的，每一个成功的家庭教育都是独特的，众多独特的家庭教育模式组成了一个丰富多彩的多元教育生态。因此，从这一意义上说，并不存在统一的成功的家庭教育模式。既然成功的家庭教育的样态是多种多样的，决定这些成功的家庭教育样态的教育理念，也同样必将是多样的。

如果非要在这百花齐放、美美与共的家庭教育模式中找到一种共性，那么，这个统一的教育模式应该就是"因材施教"。所以，什么是好的家庭教育？适合孩子的教育就是好的教育，愿意根据孩子的实际情况来选择教育模式的理念，就是好的教育理念。

这样一来，就又回到了我们一再强调的基本点：认识孩子、了解孩子。一般情况下，很少有人能够比父母更有机会了解孩子。只要父母愿意，是可以成为孩子最好的老师的。

可惜的是，不少父母都忽视或浪费了这样的机会，让孩子在孤独、无助、恐惧、迷茫甚至是愤怒中长大，这实在是一件令人遗憾的事。

感悟

孩子终将成为一个普通人

正确看待孩子的未来，是父母面临的主要的挑战之一。一般情况下，父母最关注的事情，就是孩子的未来。很多父母总是担心孩子的未来，希望孩子能够有好的前景。

当孩子来到这个世界的时候，父母总是对孩子抱有很高的期望，然而，孩子却终将成为普通人。父母越早认识到这一点，越能够从容地面对孩子的真实状态。

所以，父母要放手让孩子去成为他自己，这样也能够从过高的期望中解放出来，陪伴孩子成长。

父母越放得开手，孩子越有可能超越预期，释放他的潜能，成为一个舒展、释放、全面发展的孩子，这个时候，父母所需要做的，就是多鼓励孩子、接纳孩子，让孩子成为他自己。

感悟

用正确的方式实施家庭教育

当我们以一个完整生命历程的视角来看待一个人时，看他从婴孩、童年、少年，再到青年、中年、老年，看他这一生所要经历的喜怒哀乐、生老病死，看他上学、学习本领掌握技能，然后毕业走上社会，或找工作或创业或做一个自由职业者，成家立业，看他在这个社会的千行百业中找到所处的位置，承担各种社会角色所赋予的职责，与各色人等打交道，经历各种困难挑战，承受种种打击和变故，作为父母，我们应当在孩子还小的时候，教给他何种生存技能和生活本领？应当给予他什么样的生命底色？孩子的童年应当怎样度过？

当我们以这样的视角看待孩子的教育问题的时候，我们可能会获得一种不同的认识。显而易见，为了让孩子能够更好应对、适应甚至驾驭未来的人生历程，孩子所需要的是健康的体魄、积极乐观的心态，知道怎么跟人打交道，言行举止、待人接物要恰当得体，要善于观察、勤于学习、精于做事，要求再高一些，还要有点兴趣爱好和艺术修养，要有服务他人、奉献社会的雄心和抱负。这些其实并非多高的要求，一个正常的教育体系本应如此。

反观当下的社会现实，我们不得不清醒地看到：绝大多数父母被捆绑在追逐学业成绩的战车上，无法脱身；全社会存在追求文凭、轻视技能的风气。

那该怎么办？作为个体，作为父母，我们只能尽微薄之力，从自身做起，持续学习，努力以正确的方式实施家庭教育，做微小的努力，哪怕只能带来一点点细微的改变，也是有意义的。

感悟

幸福的本质

家庭教育只是个人成长的影响因素之一，既不是充分条件，也不是必要条件。决定个人成长的核心因素，还是个体的内在动机、努力程度与机遇运气。父母对家庭教育的重视程度、努力程度、教养方式的科学程度，都不必然决定孩子是否成长成才。从这一意义上看，个人的成长，似乎带有一种"看老天爷赏不赏饭"的宿命感。

个人成长与人生幸福是否存在必然的关联？对于这个问题，则需要一分为二地来看待。如果我们以个人所取得的成就来衡量个人的成长，那么个人成就与人生幸福之间可能仅仅存在一点微弱的关系，甚至没有关系。因为很多在外人看来成绩斐然、光鲜亮丽的成功人士，过得并不幸福；而很多资质平平、成就平平的普通人士，却拥有幸福人生。

而如果我们以内心充实、精神富足来衡量个人成长，则个人成长与人生幸福之间显然存在极其明确的关系。内心越充实、精神越富足的人，越不会被外在的物质和声名所捆绑，从而能够活得豁达通透，不为物欲所累，直达人生的本质。

人生幸福的本质，是成就与欲望达到动态平衡。除去外在的变故与遭遇，人生痛苦与不幸的根源就在于欲望超过成就，明明只有 1 分的成就，却拥有 2 分的欲望，成就永远达不到欲望所要求的程度，痛苦便会油然而生。而幸福的本质是什么？幸福的本质就是只有 1 分的期待，却常常得到 2 分的成果，欲望永远在所能够达成的结果之内。自信、满足、充满感恩，这就是幸福的本质。

感悟

渐行渐远的"目送"

如果我们把幸福作为人生的终极目标，把家庭的和谐幸福作为家庭生活的根本目标，那么，家庭教育在家庭生活中到底扮演着什么样的角色？

很显然，家庭教育只是家庭生活的一个组成部分，它既不应该被忽视，也不应该被过分强调。什么叫被忽视？有不少父母，要么忙于自己的事业，要么沉迷于娱乐，对于孩子的教育并不上心，要么将孩子交给老人，要么就放任由之。而被过分强调的则是指，孩子平时和周末的日程都被各种补习班填得满满的，甚至没有喘息的余地。

如果家庭生活的核心目标是和谐幸福，那么，家庭教育显然应当服从于这个根本目标。父母应当从整体和长远的角度来规划家庭教育，把孩子的身心健康、情绪稳定、有自理能力、有生存技能、有合作精神等要素，作为家庭生活和家庭教育的重要内容，而不是单单把眼光放在刷题和成绩之上。

一旦我们把这些要素作为家庭教育的重要目标，随之而来的就是，我们必然会考虑该怎么去落实这些目标。要追求孩子的身心健康，就要令他们睡眠充足、热爱运动、饮食科学；要孩子情绪稳定，就要常常倾听孩子、接纳孩子，给予孩子足够的爱、包容和耐心；要孩子拥有自理能力，就要放手让孩子去独立处理生活上的事情，甚至要有意制造机会让孩子去练手；要孩子有生存技能，就要培养孩子的极限思维和应变能力。

在这一切背后，最重要的是：尊重孩子的主体性，让孩子自己拿主意、做决定，让孩子活出一个自主生命体所应有的状态，而不是活成父母的木偶。所以，父母是需要给孩子足够的空间的，是要有一点点放手的心理准备的，要有智慧地认识到亲子一场，不过是一次渐行渐远的"目送"。孩子的生活，必定会遇到属于他的难题，他也必然会找到自己的出路。

感悟

成为合格的父母

在血缘关系方面，父母天然是父母，但从能力水平、道德品质和人格修养上来看，父母却未必是合格的父母。因此，家庭教育的根本矛盾在于亲子间天然的血缘关系与父母的综合素质之间的不平衡。当父母的综合素质无法胜任自己父母的角色的时候，亲子关系问题以及孩子的教育问题便出现了。

成为父母后，很多人惊喜地发现，自己的手里似乎掌握着一种无上的权力，在家庭这一生活空间里可以决定一切，孩子只能服从而没有半点说不的权利。

事实上，要成为合格的父母，不但需要具备处理好家庭、工作、社交等方方面面的事情的能力，还需要拥有理性的思维，需要有正确的价值观，需要谦卑善良、正直勇敢，需要心态开放，需要有审美格调，等等。成为合格的父母，绝不是"自然而然"的简单的事，而是需要以极其谦卑的心态付出极大的努力才可能实现的。

从这一意义上看，合格的父母，首先必须是对成长保持着兴趣与好奇心并持续学习的父母。在家庭教育理念与方法方面的学习，也将是父母收益最大、回报最大的投资。

感悟

第四章

认识孩子

如果无法理解孩子的行为动机，父母的行动就是徒劳的。

——鲁道夫·德雷克斯

全面地了解你的孩子

任何教育措施要想有效果，前提是认识并了解孩子的具体情况。世界上不存在"放之四海而皆准"的教育方法。相反，从某种意义上说，世界上有多少孩子，就应该有多少种教育方法。这是因为，世界上不存在完全相同的两个孩子，因而也不应该有完全相同的两种教育方法。

因材施教，是教育的根本对策。任何教育方法想要产生正面积极作用，都应当因材施教。也正是从这一意义上说，了解孩子身心发展的具体情况和个性特征，是一切有效的教育行为得以展开的基本前提。

那么，谁最有可能了解孩子的具体情况呢？当然是父母。一般来说，从孩子出生到长大成人，父母是孩子相处时间最长、交往程度最深、关系最紧密的人，因而，父母也应该最了解孩子。

然而，现实的情况却往往并非如此。很多父母对自己孩子了解程度之浅薄，常常让人瞠目结舌。当然，这里可能有很多方面的原因，比如，父母长时间在外工作，孩子并非自己带大；或者，父母根本没有意识到孩子是需要"了解"的；再者，父母可能过于注重孩子的学业，完全没有考虑到孩子其实是有其他方面的需求的，等等。因此，父母要成就最棒的孩子，首先要做的就是，深入地、全面地了解你的孩子。

你真的了解你的孩子吗？可以静下心来好好想一想。

感悟

倾听孩子

要想真正深入地了解孩子，父母首先要做的，就是放下自己作为长辈的地位、权威、傲慢与偏见，把孩子当作一个有独立人格的生命体，把孩子看作是有着真实需求、喜怒哀乐、独特个性的个体，放在与自己平等的位置上，然后怀着好奇心与谦和的心态去观察孩子、了解孩子。

很多时候，父母这一身份本身就会成为了解孩子的障碍。我们总是以为自己很了解孩子，还没等孩子把想法说出来，我们就打断孩子，然后说出我们自己的想法、判断和意见，要求孩子照着去做。

不管是孩子想做某件事，还是与同伴起冲突，又或者是有稀奇古怪的点子，有几个父母能够真正耐心地听孩子从头到尾讲完呢？有几个父母，能够边听边饶有兴趣地问孩子"然后呢？""后来怎么样了？""你当时是怎么想的？""还有吗？"之类的呢？这些回应的话语，看起来好像很简单很稀松平常，其实并不简单。这样的话语背后，是对孩子一种发自内心的尊重，是表示对孩子想说的内容有着足够的兴趣，是一种耐心倾听孩子的方式。

所以，放下作为父母的身段，以谦和的心态耐心地倾听孩子，是真正了解孩子的前提。

感悟

让孩子表达

孩子自身的表达，是父母了解孩子最重要的途径。

当父母不能倾听孩子时，事实上就把自己了解孩子的路给堵上了。相反，那些明智的父母，就特别善于通过提问的方式，让孩子多说、多表达，从而在孩子说话的时候，了解孩子的真实想法和身心状态，例如孩子经历的事情、孩子对事情的看法、孩子的情绪、孩子的愿望，等等。这些都是了解孩子真实想法、真实需求的重要窗口。所以，父母与孩子的交流状况，也是衡量亲子关系质量的重要指标。

好的亲子关系中，父母与孩子的交流往往是十分通畅的。让孩子表达有三个优势：一是让孩子感受到被听见、被看见、被尊重；二是让孩子表露出真实想法，通过与孩子的交流讨论，引导孩子对一些问题形成正确的认知，找到问题的解决办法；三是引导孩子形成积极向上的人生观与价值观。

让孩子表达，本身就有很大的疗愈功能。如果父母能够让孩子愿意"好好说话"，即使亲子关系中有问题，也很容易解决。

感悟

孩子是有独立人格的生命体

作为父母，你真的了解孩子的需求吗？你能够放手让孩子去做他想做的事情吗？事实上，越是敢于放手的父母，孩子往往会发展得越好。父母放手的背后，是对孩子独立人格的尊重，是完全信任孩子。从孩子小时候开始，父母对孩子的认知，就已经决定了父母与孩子的互动方式。

当父母尊重孩子，承认孩子是有独立人格的时，他们就会更加倾向于倾听孩子，尊重孩子的选择；相反，有些父母，从孩子小时候开始，就各种要求孩子、强制孩子按照自己的意愿行事。这样做的背后，是父母认为孩子是"小孩"，不懂事，是需要管制的，同时也是对孩子内在能力的否认，这往往会压抑孩子潜能的发挥。

孩子是有着无穷内在生命力的、是有着强大的自主能动性的、是有着极大的发展潜力的，这是对孩子最根本、最重要的认识。在这样的认知指导下，父母能够放下自己控制孩子的欲望，放手让孩子去做自己想做的事情。让孩子去做自己想做的事情，就是对孩子最大的支持。

感悟

孩子是有被接纳的需求的

对于一个新生命而言，在成长过程中最重要、最根本的需求是什么？除了吃喝拉撒这些基本的生理需求之外，最重要的需求应该就是情感需求。

情感需求的本质就是被接纳、被认可、被赞赏的需求。

为人父母者，能够给孩子的最大的滋养，是完全地接纳孩子各方面的需求和特点；是善于发现孩子的优点，认可并赞赏孩子。然而，说起来容易做起来难。这里的问题就在于，父母对孩子的期望往往是超出孩子现有水平的，并且外界竞争激烈，因而父母也面临不小的压力，以至于往往更容易看到孩子做得不好的地方、看到孩子的缺点和短板，从而控制不住地想要指正孩子、批评孩子甚至是指责孩子，久而久之，父母对孩子的要求和期待，在孩子的成长过程中，不知不觉地水涨船高。而这种状况的结果，就是孩子很容易感受到不被接纳、不被认可、不被赞赏，隔阂感、疏离感和矛盾冲突自然也就产生了。

很多父母不理解，自己的孩子为什么变得不爱说话了，也不听话了，动不动就顶嘴。其实，出现这些问题都是有原因的。要知道孩子是比成年人更需要被接纳、被认可、被赞赏的。只有了解这一孩子成长的内在规律，父母才可能在家庭教育中采取正确的方式。

感悟

孩子是有好奇心的

孩子的天性之一，就是对世界充满了好奇心。当孩子不再对世界充满好奇心的时候，孩子就不再是孩子了。然而，当下教育的问题就在于此，很多孩子在年龄尚小的时候，就已经不像孩子了，就已经对世界失去了好奇心，变成了压力重重、毫无生气的样子。这不能不说是当下教育最大的悲哀。

孩子不像孩子，失去了童真与活力。究其根本是因为，孩子的好奇心被家长的管制和学习的压力联合摧毁了。很多父母和长辈在家庭教育中，对孩子有着无数限制，孩子没有自由。大人自己对世界没有好奇心，因此没有意识到，孩子是有好奇心的，没有意识到在教育过程中，是要尊重孩子的探索欲的，是要鼓励孩子用自己的触角去了解世界的。然而，很多时候大人觉得习以为常、不足为奇的事物和现象，在孩子那里都是十分有趣的。遗憾的是，孩子表现出来的好奇心和探索欲，很多时候被大人简单粗暴地否决了、扼杀了。

意识到孩子有好奇心，学会尊重孩子的内在兴趣，对于很多父母来说还有很长的路要走。

感悟

孩子是有自尊心的

孩子和大人一样，也是有自尊心的，也是爱面子的。这就意味着，当孩子的自尊心受到伤害或威胁时，孩子内在的防御机制或对抗机制就会启动，这时孩子往往就会撒谎、叛逆甚至与父母起冲突。什么时候孩子会感受到自尊心受到伤害或威胁呢？最常见的就是被批评、被指责、被打击或被贬损时。

所以，当父母批评孩子、指责孩子的时候，绝大多数情况下，孩子的内心都是会有所反抗的。因而，批评和指责，多数情况下，也是起不到父母想要的效果的。这其实是一个很简单的道理，却很容易被父母忽视。很多时候，父母对孩子的批评和指责是不假思索、脱口而出、口不择言的，结果当然也就适得其反了。

那应该怎么办呢？

根据积极心理学的原理，在指出孩子一个问题或错误之前，要先表扬孩子三个做得对的或值得肯定的地方，这样孩子才能听得进去，才能够更好地达成父母想要的结果。对孩子的表扬和肯定，其作用其实就是保护孩子的自尊心，让孩子不会感受到被指责时的难堪或没面子。那么，现实中有几个父母能做到呢？如果父母没有刻意去操练，又怎么能够做到呢？

感悟

孩子是有内在心理秩序的

不知道父母有没有注意到，有时孩子在专心做一件事情的时候，无论如何都叫不动，如果被强行叫停，孩子则很容易大发脾气或情绪爆发。这是为什么呢？其实，这是孩子内在心理秩序被强行中断的结果。

孩子是有着内在心理秩序的。孩子自呱呱坠地那一刻起，在与外界环境进行互动的同时，也开始建立内在秩序。在孩子很小的时候，若你给他一个玩具，或者他专注于一件事情，他就可以沉浸在自己的世界中。这种时刻，其实就是孩子内在心理秩序的建立和强化时刻，也是"心流"这一积极心理学核心概念所出现的时刻。很多成年人认为，孩子不就是在玩，或者说孩子能有什么事呢，随时叫停又有什么关系？这种观念极其错误！意大利著名的早期教育专家蒙台梭利博士认为，孩子从幼儿阶段开始就具备了"工作"的本能，通过这种工作，孩子的自我独立人格和内在心理秩序便开始形成和构建。当孩子沉浸在工作之中时，若大人粗暴地打断孩子，也就破坏了孩子的专注力和内在秩序的形成过程。

所以，当孩子沉浸于某件事情的时候，父母最好的处理方式是在一旁耐心地等待孩子把事情做完，再跟孩子说话。如果确有急事需要打断他，也要轻声细语地吸引孩子的注意，再柔声跟孩子商量，并留给他一点缓冲和结束的时间。唯有这种意识和做法，才能最大化地保护孩子的内在心理秩序。

感悟

有吸收力的心灵

正常情况下，孩子在成长过程中，都会对外界事物和知识持有一种如饥似渴的状态。正如早期教育专家蒙台梭利博士所说的，孩子的心灵是"有吸收力的心灵"，像海绵一样近乎无差别地汲取外界的影响。这就是当孩子的状态较好时，学习成绩就会提升很快的内在原因。

在孩子学习力、吸收力旺盛的阶段，父母应当注意什么？应当教给孩子什么东西？应当为孩子打下什么基础呢？这些问题至关重要。那些有智慧的父母，会千方百计抓住这个极其宝贵的时间窗口，从小带给孩子仁爱、善良、积极、讲规则、有责任心、有担当这些真正的养分。汪高公益创始人汪建刚先生，从小有意引导孩子树立远大的人生理想，谓之"家庭目标""人生使命"，从而在孩子心里种下"好好学习，天天向上，为了祖国，贡献社会，造福人类"的种子。如今，这句话已经深深地刻在小汪高的心里。在孩子"吸收力"极其旺盛的成长阶段，应该在孩子心里种下什么种子？这个问题至关重要，值得每一位父母认真思考！

 感悟

给孩子立规矩

其实，一个人在孩童时期，对规矩、内在秩序感的渴求是非常强烈的。这种规矩和内在秩序感一旦没有被认真对待、没有被满足，就很难成为孩子行为习惯的一部分，从而也就在事实上被破坏了。

对于孩子而言，一旦在秩序感的发展敏感期，没有接收到正面积极的影响，这种规矩感就很难再从性格中根本建立了。孩子一旦错过了最佳发展窗口，这种内在秩序感便被破坏了。这种规矩感的破坏，并不是父母"做错什么"才会导致的，而是因为父母没有在关键时期"做对的事情"。

所以，父母是需要从小给孩子立规矩的，一旦该立规矩的时候却没立规矩，祸根可能就种下了，负面影响也就可想而知。至于立什么规矩、怎么立规矩，则完全取决于父母的格局和水平。从这个意义上说，父母时刻保持学习的状态，对孩子会有非常积极的正面价值。

至于给孩子立什么规矩才是好的，怎么立规矩才是对的，父母只有多思考多学习多见识，才能够真正明白其中的道理、掌握其中的门道。父母爱学习，孩子有规矩。

感悟

孩子的情绪表达能力

我们前天曾经分享过，孩子身心发育的特征之一是具备"有吸收力的心灵"，它是指环境中或好或坏的影响，孩子往往会照单全收。在孩子的情绪表达能力方面，也是如此。

为什么有的孩子动不动就大发脾气、对人大打出手，或者在地上打滚撒泼？究其原因，就在于孩子并没有从环境中学会如何表达自己的需求和情绪，而更直接的原因，则在于大人在与孩子的互动过程中，往往也是命令式的要求服从，而不是倾听孩子、理解孩子，用商量着办的语气与孩子沟通。父母命令孩子去做某件事，要求孩子服从，与孩子哭闹、撒泼背后的逻辑其实是完全一致的。那就是：你必须按照我的要求来做，你必须满足我的需求，没有商量的余地。或许，这里的区分，仅仅在于父母拥有"大人"的控制力，而孩子则是处于"小孩"的位置，哭闹便是孩子控制大人的手段。

这里的关键在于：在孩子沟通能力、情绪表达能力发展的关键时期，他们是如何被父母对待的？如果父母情绪稳定，能够心平气和地与孩子沟通商量，理解和尊重孩子的需求，那他根本就不需要以"哭闹撒泼"这种极端的方式来强制父母满足自己的要求。

所以，根源还是在于父母的沟通方式和父母的情绪表达能力。进一步讲，如果父母脾气暴躁，孩子的沟通能力、情绪表达能力、心理调节能力，大概很难得到正常发展。因为在这种环境中成长起来的孩子，内心早就伤痕累累了，任何一个看似稀松平常的事情，都可能成为压垮孩子的最后一根稻草。

感悟

孩子的善变

　　孩子的脸，6月的天。青少年发展过程中呈现的一个典型特征，就是不稳定性、易变性，方方面面都处于快速的变动之中：刚刚还在闹情绪，转眼又开开心心地玩起来了；今天回家说跟谁谁谁是好朋友，过两天又不是了；有段时间突然对某个项目特感兴趣，过几天就又换了个项目，诸如此类，不一而足。

　　有些时候，孩子喜欢的东西很另类，可能已经超过父母能够接受的范围。遇到这种情况，很多父母就会感觉很紧张，不知道该怎么办。其实不必大惊小怪，只要孩子喜欢的东西对身心健康、对人身安全没有威胁，不太出格、不太离谱，就由他们去，不必太过在意。因为过几天，情况可能就发生变化了。父母需要关心的是孩子的性格是否有明显缺陷、认知是否有明显偏差、三观是否有明显问题，如果这些大方向没问题，过程中的一些状况，往往是孩子在好奇心和探索欲的驱使下去做的尝试，不必太在意。大方向没问题，主航道不出岔，其他的，可以放手交给孩子去自主决策。

　　对于孩子的善变，父母千万不要大惊小怪，也不要苛求孩子，更不能横加干预、指责，而是要充分认识到孩子的善变性，允许孩子"善变"，允许孩子不断尝试，最后找到真正属于孩子自己的选择。在家庭教育中，允许"弹性"的存在，给予孩子尽可能大的自主空间是非常重要的，也是真正有智慧的父母的典型做法。

 感悟

孩子的自主能力

孩子自主意识、自主能力的发展，其实就是在孩子自己拿主意的过程之中完成的。从孩子自己选择玩什么玩具、吃什么东西、穿什么衣服、用什么文具开始，每一次孩子与外界产生互动的过程，都是孩子自由意识与自主能力形成与强化的过程，是孩子认知能力、判断能力、决策能力、动手能力、表达能力等一系列内在能力发展的过程。

现在的问题是：很多时候，父母在处理与孩子相关的事情的时候，往往都习惯性地帮孩子代劳了，甚至是包办了，认为孩子不懂，孩子做不了主。小的时候，不让孩子自己做选择、做决定，等孩子长大了，又怎么能指望孩子突然之间就会了呢？

从孩子的内在心理发展机制来看，孩子一开始，是积极主动地向外界伸出触角的。如果父母允许孩子探索，耐心地等待孩子、鼓励孩子去尝试，在孩子感受到安全感之后，他的能力就会一点点地被发展起来；相反，如果父母阻止孩子的探索行为，孩子的触角可能马上缩回去了，而且再想让孩子伸出触角，难度就会大大增加，甚至孩子可能再也不敢或不愿意伸出触角了。

孩子未来的成长与人生之路的不同，往往就源自父母对待孩子的不同态度。

感悟

孩子的价值感

　　孩子的价值感，来自被接纳、被认可、被赞赏。对于孩子的成长而言，赞赏就是孩子最好的养分。那些自我价值感很低的孩子，是很难将自己的潜力发挥出来的，他们往往被自我认知所限定了。相反，自我价值感高的孩子，对自己很有信心，他们深知，有些事情他们是可以做到的，越有信心，能做好的事情也就越多。所以，从这一意义上看，好孩子真的是被夸出来的。

　　有些父母，以打击孩子为教育方式，这实在是极其愚蠢的做法。

　　在孩子整个成长过程中，孩子越是感受到被接纳、被赞赏，他就越有可能做自己真正想做的事情，因而也会发展得越好。越是被父母打击的孩子，往往越无所适从、不知所措，从而也就限制了自己发展的可能性。

　　因此，与其对孩子横加干涉，还不如放手让孩子自己去做选择。那些越觉得自己比孩子厉害的父母，其实越糟糕，越问题重重。真正有智慧的父母，他们也不知道孩子能够做得多好，也不知道孩子的天花板在哪，他们往往抱有一份谦卑和好奇，想看看孩子到底能够做得多优秀。而这样一来，客观上反而为孩子的发展提供了极大的空间。所以，越是谦卑的父母，越懂得如何去欣赏孩子、赞赏孩子，孩子的潜力在无形中也往往能够更好地被激发出来。

感悟

孩子的"年少轻狂"

孩子在获得自主意识与自主权的过程中，往往伴有一种年少所特有的轻狂，以为事情不过如此、世界不过如此，甚至目中无人、目空一切，学到一点东西就觉得自命不凡。很多父母对孩子身上的这种习性做派感到反感、焦虑，很想把孩子"扳过来"，矫正孩子的认知。这样一来，冲突自然也就产生了。

那么，到底该怎么看待孩子身上的这种特点呢？

有智慧的父母，其实并不急于在"语言"和"思想"上对其进行纠正，而是带着孩子去实践、去经历。因为，孩子的"狂"，其实只是纸上谈兵。事非经过不知难，只要让他去做就可以。如果孩子觉得赚钱很简单，就让他去赚赚看；如果孩子觉得那些学霸取得的成绩没什么，那么就让他去考考看。一个行动，胜过千言万语。不需要跟孩子讲道理，带着孩子去经历就好。当然，要做到这点，确实需要父母有智慧、有方法、有耐心、有策略。要做到这点并不容易，但"世上无难事，只怕有心人"。

感悟

孩子的教养到底是什么

现在不少孩子，常常以自我为中心、性格自私、缺乏必要的教养。实际上，能力、才干只是孩子身上第二等的属性，而第一等重要的属性，就是拥有有内在教养的品格。那些缺乏教养的孩子，是很难取得事业成功和人生幸福的。

那么，孩子的教养，到底是什么呢?

其实，教养的核心，是责任感与同理心。当孩子明白自己身上肩负着某种责任、某种使命感的时候，他在日常生活中就会主动思考，努力找到履行责任的方式方法，通过任务的完成去实现自我价值与人生价值。而拥有同理心的孩子，往往就会保有一种谦卑柔和、尊重他人、与人为善的心态，能够理解他人的难处，不会轻易评判他人，还会尽可能地体谅他人、帮助他人。

拥有责任感与同理心的孩子，对于家庭和社会来说，都是难得的人才。如果你的孩子也是这样，那么，请一定相信孩子，赏识孩子，给孩子一定的自由发展空间，孩子将来必是家之顶梁、国之栋梁。

感悟

孩子也有情绪

每个人都有情绪，孩子也有情绪。

当孩子有情绪的时候，意味着他的内心有某种不满足或某种缺失。这也意味着，他在这种时候，往往是需要被关注、被安慰的。而矛盾冲突很容易在这样的时间节点爆发，因为当孩子有情绪的时候，并不是每个父母都能够俯下身来倾听孩子的需求。相反，孩子的坏情绪，也很容易让原本已经劳累疲惫的父母失去耐心，并引发父母的情绪爆发，反过来指责孩子不懂事。

或许，当下的困境就在于几乎所有人都处在一种相对紧张、压力过大、一触即发的状态之中。然而，在亲子关系中，显然更需要被接纳的是孩子，毕竟孩子还没有掌握处理情绪的方法和技巧。所以，这时父母需要做的，是帮助孩子接纳自己的情绪，并掌握情绪处理的方式。

人有情绪是难免的，父母如果能够平静地和孩子讨论"情绪"本身，和孩子一起商量引发情况的具体情境，引导孩子恰当地表达情绪，孩子就能够学会如何更好地与情绪和平共处。情绪管理能力，是一个人全面发展的最重要的能力。

感悟

保护孩子的想象力

拥有想象力的孩子，往往能够更加灵活地在各种事物间建立联系，更加具有创造力，能够更好地、创造性地解决问题。而经过现实生活洗礼的成年人，往往已经没有多少想象力了。所以，在亲子互动过程中，当孩子提出一个听起来不合常理、打破成规甚至是天马行空的想法时，很多父母就会不假思索地打断孩子、否认孩子，从而把孩子的想象力扼杀在萌芽状态。

那么，在父母不理解、学业重压的环境中，孩子的想象力还能不受摧残吗？孩子的想象力还有机会得到发展吗？父母能做些什么呢？

玛丽亚·蒙台梭利博士在《发现孩子》一书中指出："我们要做的第一件事就是让他们在成为事物主人的环境中生活，或用建立在事实基础之上的知识、经验来丰富他们的头脑，让他们在此基础上自由地成熟。只有让他们自由发展，他们才有可能展示其想象力。"换句话说，要让孩子做事，就要让孩子与真实的生活建立深刻的连接；要让孩子自己做决定，就要让孩子有充盈的内心世界。只有这样，孩子的想象力才能够得到最大程度的保护，"只有这样，我们才会遇到一个两眼闪闪发光、边走边思考、灵气十足的孩子"。

感悟

保护孩子的梦想

保护孩子的梦想，是父母在家庭教育中非常重要的职责之一。

孩子小时候说出来的梦想，大概是天马行空、不切实际的。但这又有什么关系？有些父母听到孩子说的梦想之后，往往是一笑而过，根本就不当一回事，甚至可能因为认为孩子在"胡说八道""痴人说梦"而对其加以讥笑、嘲讽甚至是贬损打击。其实完全没有必要。孩子原本就是不知"天高地厚"的，暂且让他去做梦吧。孩子的梦想即使 99.99% 不能实现，那又有什么关系？那些最终"不可能"实现的选项，随着孩子的人生阅历和认知水平的提升，自然会被放弃或调整，无须父母多说什么。相反，万一孩子是认真的呢？万一孩子真的在往这方面努力呢？万一哪一天孩子真的做到了呢？如果父母贸然打击，不仅会伤害孩子的自尊心和自信心，也会在无形中毁掉一个优秀人才。

对于孩子说出来的梦想，父母只要表示认同和鼓励就可以，剩下的就交给时间去验证。当然，用心而有智慧的父母，会把孩子哪怕是随口说出的梦想记在心里，然后有意识地为孩子创造学习和锻炼的机会，在不知不觉中，帮助孩子靠近他的梦想。很多时候，这就是父母的伟大之处，在背后默默托举孩子。

 感悟

让孩子融入自然、融入生活

孩子是自然的孩子，孩子是环境的孩子。在孩子的天性中，有与自然发生直接而深刻联结的内在需求。所以，对于孩子而言，踩水、玩泥巴、在草地上奔跑打滚、登山爬树、抓鱼捕雀，各种园艺手工、生活技能，其实都是本能之一，也是会乐在其中的事。遗憾的是，当下的孩子，被过早、过重地束缚于学业之中，失去了与自然环境及真实生活世界的深度联结。从某种意义上说，正是过重的学业负担及与真实生活世界的隔离，导致孩子产生了焦虑和抑郁情绪。可以说，几乎没有一个孩子能够失去与真实生活世界的深度联结而保持身心健康的。

想要收获一位身心健康的孩子，父母首先需要做的是，从一开始就有意识地、尽可能地让孩子融入自然、融入生活之中。小时候想打滚玩泥巴，就让他玩去吧，大不了多洗几件衣服；长大了喜欢做手工或想学厨艺，就带孩子去学。在自然环境中、在学习生活本领的过程中，孩子往往会更加舒展放松，动手能力和生活技能也能得到极大提升，从而也能更加自信从容地面对生活中的各种挑战，拥有更加积极向上、幸福美满的生活。

千万不要让孩子过度地陷入学习之中，有条件的话，尽可能为孩子创造机会，到自然中去，到生活中来。

感悟

帮助孩子养成运动的习惯

对于孩子而言，运动是一种很特殊的体验。一方面，运动往往要消耗大量体力，会让人感到劳累疲惫；另一方面，运动也能让人释放压力、保持精神愉悦和身体健康。问题在于，现在孩子的时间往往都被作业和课外辅导班占据，而父母拥有运动习惯的也只是少数。这样一来，对于孩子来说，要养成运动习惯就更加不容易了。

因此，对于那些喜欢运动的孩子，父母只需要为孩子创造条件、带着孩子去运动就可以了。而对于那些不喜欢运动的孩子，则可能需要父母以身作则，带着孩子一起运动，给孩子树立坚持运动的榜样。

养成坚持运动的习惯，往往能够让孩子受益终生。运动不仅能够让孩子养成坚毅的品质，更重要的是，当孩子面临困难时，运动是消解负面情绪、重新积蓄力量的重要方式。运动本身具有疗愈的功能，坚持运动，必将让孩子受益终生。

感悟

尊重孩子的审美情趣

一代人有一代人的成长经历，一代人也有一代人的审美情趣。在审美方面，每代人、每个人都有自己的标准。问题在于，现在的父母很多时候总是看不惯孩子的审美观念，容易对孩子的审美评头论足、指指点点，甚至是横加干涉。父母的审美就比孩子的审美更高明、更正确吗？哪怕父母认为自己的审美是对的，孩子的审美就一定是错的吗？在审美上，本来就没有绝对的标准，没有对错之分，只有偏好之别。

所以，父母所能做的，就是充分地尊重差异、尊重孩子的审美情趣，允许孩子有自己的喜好。

审美的本质，是一个人价值体系的一部分，是一个人创造力不可分割的一部分，是一个人与众不同的一部分。父母不能要求孩子有主见、有创造力却又不接纳孩子的审美趣味。只有尊重孩子的审美情趣，我们才能够收获一个有独立人格、圆融自在的孩子。

感悟

接纳并包容孩子的失败

在孩子整个成长过程中，总有某些事情，是超出孩子的能力范围而确实做不好、做不到的。小时候，可能是勺子拿不稳把饭菜弄得到处都是；上学的时候，可能是做不好老师布置的某个作业；生活方面，可能是想自己做饭却把菜炒煳了。或者，是在一场表演、某项比赛或参加的某个活动中，没有表现好。在这样的情况下，有些父母可能会对孩子表示不满、失望，甚至是劈头盖脸就进行批评指责，"你怎么这么笨！""这么简单的事都做不好！"诸如此类。其实，当孩子没有把事情做好的时候，孩子自己心里也不好受，甚至也在自责和自我怀疑、自我否定。也就是说，孩子并不是故意把事情搞砸的，他们只是经验不足、技能不够而已。在这种情况下，孩子需要的是父母的安慰和鼓励。

孩子成长过程中表现出的不尽如人意的地方，恰恰是需要更多练习和经历的地方。因此，父母要做的不是指责，而是接纳、包容和支持，帮助孩子更好地熟练掌握技能，帮助孩子进步和成长。不要着急，要有耐心，跟着孩子的节奏来。

感悟

对孩子而言真正重要的能力

从某种意义上讲，今天的大多数孩子可能正在被卷入徒劳无功、毫无意义的竞争之中，这是一件非常值得警惕的事。大量低水平、重复性的刷题、补习，到底能给孩子带来什么益处？从小学、初中到高中，大量时间，甚至是几乎所有能挤出来的时间，都花在学习成绩的提升之上，真的有益吗？在这个安排中，孩子往往是被动接受、无能为力的一方，父母需要极度警醒、极其清醒才行。

对于孩子来说，最重要的能力是什么？何帆教授在《变量4》中写道："最重要的能力是养活自己的能力、终身学习的能力、发现问题的能力、快速进入一个陌生领域的能力、自我表达的能力、团队合作的能力，还有健康的体魄和心理。这些核心能力与素质，其实都不是通过刷题、上补习班能学会的。"

对于父母而言，在孩子的整个成长过程中，需要时时警醒的就是：不要让孩子过度陷入无意义的刷题之中，而是要不时将孩子从繁重的学业中解放出来，刻意去训练那些对孩子而言真正重要的能力。

感悟

让孩子保持好的状态

一个人首先要有好的心情、好的情绪状态，然后才能有好的效率、好的创造力，做事才能取得好的效果。对于孩子而言更是如此。

我们如果想让孩子学习效率高、做事又好又快，作为父母首先要考虑的是：如何让孩子保持好的情绪状态、好的精神状态。然而，让人感到悲哀而无力的是，现实往往是，父母总是通过批评、指责、唠叨的方式来对待孩子做得不尽如人意的地方，希望通过这种方式让孩子能够变好。这不能不说是一个巨大的悖论。因为面对批评、指责和唠叨，孩子显然不可能是"感觉良好"的，不可能是"身心愉悦"的，而是充满不服、抗拒、愤怒、自责、挫败感的。在这种情况下，孩子怎么可能有好的学习状态，怎么可能把事情做好？

那些在与孩子的互动过程中情绪失控、咆哮、歇斯底里的父母，从一开始就做错了。要想让孩子思维敏捷、学习效率高、学习效果好，父母首先要做的，就是想方设法让孩子保持一种平和、愉悦的情绪状态。而要做到这一点，父母首先需是情绪稳定的人。情绪不稳定的父母，只能养育出内心伤痕累累的孩子。

无论如何，父母的自我修养，决定着孩子的成长空间。所以，从某种意义上说，家庭中的情绪把控能力，往往决定了孩子的核心竞争力。那些性格阳光、学习成绩好、兴趣爱好十分广泛、样样精通的孩子，不太可能有一对情绪不稳定的父母。加油吧！让自己时时保持平和愉悦的情绪状态，与诸位父母共勉！

感悟

孩子是有多元发展可能性的

孩子天然地在某个方面具备无穷的创造力的。不管是音乐、画画、运动的天赋，还是语言表达、人际沟通、空间想象能力，每一个孩子总是能在某一方面或某些方面表现异于常人。从这一意义上说，如果环境和教育得当，每个孩子都可以成为他所擅长领域的天才。

然而，在现实生活中，天才式人物毕竟少之又少。究其根源，我们不难发现，要么是父母的认知和格局极大地限制了孩子的成长；要么是环境一点点地磨灭了孩子身上的灵气和创造力。

美国著名教育心理学家霍华德·加德纳博士指出，每个人身上至少存在 8 种智能：语言智能、数理逻辑智能、音乐智能、空间智能、身体运动智能、人际交往智能、自我认识智能、认识自然智能。只要环境允许和教育得当，孩子身上的某一或某些智能就能得到充分的发展，从而帮助孩子成为该领域的专家。

对于父母而言，非常重要的任务之一是相信孩子有自己的独特之处，一条路走不通，至少还有七条路可以尝试。而事实上，孩子身上的潜能，可能远远不止被发现、被定义的这 8 种智能。孩子是一个有着丰富生命力和无限可能性的个体。一个孩子可能不是读书的料，但可能是个画画天才，或者是个营销高手，父母要做的就是在孩子所喜欢、所擅长的方面培养孩子、支持孩子。唯有如此，父母和孩子才能够共同收获一个幸福和谐、美满如意的人生。

感悟

孩子的归属感

拥有归属感是孩子自我价值感的核心基础，是孩子身心健康的重要保障，也是帮助孩子从挫折和失败中迅速恢复的关键影响因素。一般而言，家庭、学校、兴趣小组、同伴关系、亲密关系、工作单位以及其他社会支持群体／组织，都是孩子获得归属感的重要来源。当然，其中最重要的归属感来源是家庭和亲密关系。而对于未成年人而言，归属感主要来源于家庭。

一般情况下，在和谐友爱的家庭环境中，孩子的归属感会比较强。相反，在父母脾气暴躁或父母经常吵架，父母对孩子经常批评指责、对孩子有过高的期望、对孩子的行为要求过于严格的家庭中，孩子的归属感往往会受到明显破坏，从而容易产生悲观消极，甚至抑郁、厌世的情绪。

缺乏归属感的孩子，往往一生都活在一种漂泊无依的状态之中，很容易产生各种心理问题，甚至可能做出放弃生命的行为。

在孩子成长过程中，父母能做的是：在情感上接纳孩子，在行为上多鼓励表扬孩子，在生活中多花时间陪伴孩子。这些行为，往往能增进孩子的归属感，从而帮助孩子建立自信阳光的心理底色，培养孩子积极向上的性格特点。

 感悟

给孩子反馈

孩子需要得到关于自己行为的准确反馈：哪里做得好，哪里做得不好。在具备安全感的前提下，这种反馈，能够帮助孩子有针对性地进行练习、改进和提高，从而获得真正的成长。有些父母，孩子一犯错就会表达不满，甚至是生气、批评、指责孩子。"知道错了吗？""你怎么这么笨！""怎么一点长进都没有！"这样的话语，不仅不能帮助孩子改正错误、获得提升，相反，还会增加孩子的挫败感和愧疚感。这里的关键在于：绝大多数时候，孩子是真的不知道为什么错、错在哪儿。在这种时候，孩子需要的是父母温和地把问题指出来，帮助孩子认识到问题所在。这才是真正有价值、有意义的事情。

很多父母根本没有意识到要温和地跟孩子说话，根本没有意识到怎么做才能帮到孩子。所以，父母要做孩子成长过程的陪伴者，绝非一件易事，这意味着父母的心理能量、思维习惯、处事技巧，都要随着孩子的成长持续地提升。孩子成长的过程，也是父母不断自我进化的过程。而那些没有意识到父母职责重要性或者拒绝进化的父母，也往往要遭遇重重困难和亲子冲突，最重要的是，这样的父母，也很难收获一个身心健康且潜力得到充分激发的孩子。

感悟

孩子的目标是什么

从某种意义上说，任何人的行为都是由目标驱动的。对于孩子而言也是如此。在家庭教育中，父母的核心职责之一是帮助孩子树立生活目标，包括阶段性目标、核心目标及终极目标。当下很多孩子的问题，比如不爱学习、沉迷游戏、缺乏动力、容易迷茫等，根源都在于缺乏目标。当孩子没有目标的时候，自然就像大海里的一叶扁舟，随波逐流、不知所向。

那么，孩子的目标来自哪里呢？

其实只要父母留心观察，就能够帮助孩子发现目标，树立目标。小到完成一份作业，大到确立人生使命，当孩子拥有具体目标的时候，他的内在动力就会生发出来，根本不需要大人去催促。所以，那些有智慧的父母，往往知道如何举重若轻、四两拨千斤。这些父母所做的，其实就是了解孩子的需求，帮助孩子树立目标，鼓励孩子设立目标，而当目标树立之后，孩子就会进入"不待扬鞭自奋蹄"的模式之中。

所以，父母需要花心思去思考：孩子的目标是什么？如何帮助孩子确立人生的目标？这才是父母的核心职责所在。

感悟

与孩子一起成长

如果父母能够把孩子看成能自我负责的个体，把孩子当作有尊严感的、有内在驱动力的个体去对待，结果会如何？孩子成长的最大悲剧，不是越长大越不好管、越长大越"变坏"，而是在成长过程中的没有被恰当地对待。从某种意义上说，孩子成长的结果，是与父母、与环境互动的结果，当孩子没有被正确地对待时，结果便很可能是身上的问题重重。

当我们观察的家庭教育案例越来越多、阅读的育儿文献越来越丰富时，我们也越来越深刻地感受到父母教养方式的重要性。孩子是一个在互动过程中不断被解开的谜语，父母正确的教养方式就是钥匙。而父母不同教养方式的背后，又是父母的认知、经历、学习意愿的差异。在家庭教育中，从来不存在适用全体、一劳永逸的解决方案，针对每一个孩子的教养方式，都应该是独一无二的。家庭教育中的每一个互动过程、教养行为，无不需要父母倾注智慧、付出心力。

孩子是生成中的个体，是一切皆有可能的个体，而父母的智慧，则是让这种无穷的可能性变成现实的最重要养分。事实上，对于父母来说，没有任何一件事情的回报，会高于在家庭教育上付出的回报。父母以任何理由逃避自己的教养责任，都是不能被接受的。如果父母不学习、不付出，便没有可能培养出一个更好的孩子，也不太可能拥有真正幸福的人生。所以，持续学习、持续成长吧。与各位父母共勉！

 感悟

第五章

亲子沟通

作为父母，最重要的任务就是防止孩子们对世界的悲观认识的盛行。

——马丁·塞利格曼

怎么进行亲子沟通

　　亲子沟通是家庭教育中最基本的互动过程，也是教育得以展开的前提。所以，亲子沟通的重要性不必多说。需要重点强调的反而是怎么做好亲子沟通。

　　要探讨这个问题，我们首先要认识到这里有一个最基本的前提，那就是亲子双方的权力地位是不平等的：父母往往处于支配、掌控的地位，而孩子则处于被控制、从属的位置。所以，如果父母不能放下身段，仍然以一种高高在上的姿态面对孩子，有效沟通就不太可能实现。

　　亲子有效沟通的前提是：父母愿意清空自己，倾听孩子的需求，理解孩子的需求，接纳孩子的需求。如果父母做不到这一点，那么亲子间的冲突和孩子的痛苦便无法避免。父母清空自己，不以自己的主观判断代替孩子的真实感受，真心地倾听孩子、理解孩子、接纳孩子，在这个基础上，才有可能与孩子进行有效的亲子沟通。

 感悟

沟通的目的是什么

父母进行亲子沟通的首要目的，不是证明孩子是错的、自己是对的，而是建立亲子间的共享信息和共同经历，理解和接纳孩子的真实感受与情感需求，引导孩子往积极正面的方向前进。

很多父母认为，孩子在学习、生活等方面的认知和行为一旦有错，就一定要直接指出来，让孩子意识到自己的错误，这样孩子才会改进、才能提高。这种看法其实是错误的。因为，当父母指出孩子的错误时，往往是以毫不客气、不留情面的方式对孩子说话，很多时候甚至是用指责和嘲讽的方式进行沟通。这种沟通方式，往往会让孩子"感觉很糟糕""自责"甚至"自我否定"，结果就会适得其反。在亲子沟通中，最大的悖论在于父母想以让孩子感觉糟糕的方式来让其得到进步和提高。事实上，让孩子得到改进和提高，并非一定要指出孩子的错误，很多时候，完全可以用更好、更有效的方法来沟通。比如，当孩子作业没做对或事情没做对时，父母完全可以说："宝贝，这道题再看一下"或"这个地方你再想想，再做一遍"。当父母这样说的时候，孩子往往就会意识到，自己做的可能有问题，而通过再做一遍的方式，孩子往往也能发现问题所在。

在亲子沟通中，父母可以时时回顾一个根本问题：我为什么要沟通？即沟通的目的是什么？到底是让孩子感受不好，还是帮助孩子提高？这里隐含一个非常重要的心理学原理，那就是：孩子的学习和改进，往往是在愉悦和放松的状态下得以实现的。而当孩子被批评和指责时，孩子的整体负面情绪和对抗情绪则被激活了，根本就无心学习和改进。

感悟

亲子沟通的前提是什么

亲子沟通的前提是什么？是感同身受，是理解对方的感受，是站在对方的角度考虑问题，是尊重对方的人格。如果能够做到这三点，亲子沟通一般也不会有太大问题。现在的问题在于：很多父母高高在上，跟孩子说话用的都是命令式的语气，不容置疑，没得商量。这其实不是沟通，而是命令和强制。当父母想以命令的方式控制孩子、让孩子按自己的意愿去做事的时候，沟通的道路已被堵死。

"沟通"二字，天然地蕴含了彼此尊重、双方平等的意思，所以，在亲子沟通过程中，父母首先应该放低自己的姿态，不居高临下，不强制命令，而是以平等的立场，了解孩子的需求和意愿，了解孩子的心理和诉求，在这一基础上，帮助孩子去解决问题。

有智慧的父母，从来不会强制；有格局的父母，从来不会要求；有真爱的父母，从来不会放任。充满爱心，有礼有节，温柔而坚定，是亲子沟通过程中最基本的原则。那些亲子关系出问题的父母，真的需要反省一下：自己真的尊重孩子的需求吗？还是只是把自己的意愿强加给孩子？自己真的想听孩子的心声吗？还是只是做做样子而已？

其实孩子原本就是有独立思想、独立需求的自主个体，如果父母不从根本上尊重孩子、理解孩子，那么，有效的亲子沟通就不可能发生，温馨美好的关系也不可能产生。

 感悟

沟通之前，先处理好情绪问题

在亲子沟通过程中，对于父母来说，有一种能力非常重要，那就是觉察力，即时时刻刻对当下情境觉察的能力。自己当下的情绪状态如何？需不需要先平复一下情绪？孩子的情绪状态如何？孩子今天遇到什么不开心的事了吗？需不需要关心一下？

沟通过程、处理事情本身往往只占沟通的十之一二，而另外十之八九，是处理彼此的情绪问题。

如果孩子回家时情绪不对，父母再用带有情绪的话去刺激孩子，冲突便会一触即发。觉察的能力，其实就是一种把握全局的能力。当父母觉察到自己和孩子的情绪不对之后，下一步就要采取恰当的方式去处理它们，比如：温和地关心孩子，耐心地等待孩子开口，专注地倾听孩子讲述发生的事和他的感受。在处理孩子情绪的时候，父母需要的不是"做"的智慧，而恰恰是"不做"的定力，看着，观察着，等孩子主动来说、主动来寻求安慰和帮助。这时，父母只需要时刻待命就好。

从这一意义上来看，父母是孩子情绪重要的接收器，而这种对孩子情绪的接收，是建立在对孩子情绪觉察的基础上的。所以，沟通之前，先处理好情绪问题。

感悟

亲子沟通的三个层次

父母在亲子沟通中的行为，大致可以分为三个层次：

第一个层次就是控制孩子，不允许孩子有自己的想法，要求孩子按自己的要求和想法去做。这一层次的沟通方式，基本上就是父母命令和强迫，而孩子的应对方式则是不服和反抗。

第二个层次是与孩子协商，允许孩子有自己的想法，尊重孩子的意愿，能够倾听孩子的心声并与孩子共同做出决定。这一层次的孩子，往往能够身心健康地成长。

第三个层次是引领孩子。这一层次的父母，能够清楚地了解孩子身心发展情况和性格特点；能够引导孩子对学习和生活中的重要议题进行思考，并得出自己的结论；能够引导孩子发挥特长，扬长避短，将自己的优势尽可能地发挥出来，从而对社会做出更大的贡献。

简而言之，以上三种行为层次中的父母，对应了亲子沟通中的控制型、协商型和引领型父母。当然，这种分类也不是绝对的、固定不变的。重要的是，父母要对自己的沟通模式有所觉知，尽可能地倾听孩子的需要和意愿，并在充分了解孩子的基础上，引领孩子的发展，与孩子共同探索能够自由而全面地实现充分发展的成长之路。

感悟

父母的认知格局

亲子沟通的最大功能，不在于解决具体的问题，而在于建立父母和孩子之间的情感纽带，形成紧密的关系联结。这样的关系联结，能够给予孩子足够的安全感和归属感，能够帮助孩子在遇到重大人生挑战和难题时有足够的勇气去面对。

当亲子间的沟通是通畅无阻的时候，孩子往往有足够的归属感和安全感，而当亲子沟通出现问题的时候，孩子感受到的便是不被理解及其带来的孤独感。与这种孤独感相伴随的，便是亲子关系的隔阂与破裂。而且，这种孤立无援的感受，虽然可以通过同辈朋友或长辈师亲得到一定程度的减轻，却无法治愈。

有智慧的父母，不会紧紧盯着孩子的某个具体问题，不会纠结亲子间的细微矛盾，而是看重整体关系多过具体事项。而能否具有这种开明和智慧，又往往取决于父母的认知格局。

那父母应该怎么做呢？

这里有一个小小的建议：父母在意识到可能需要孩子按自己的要求去做的时候，先问自己一个问题：我的要求真的是对的吗？有没有可能孩子的感受是真实的？即使自己的判断是对的，孩子的认知是错误的，可不可以让他自己去经历一次，是否摔个跟头他才会有深刻的体会呢？毕竟，孩子最终是要独立面对生活的，每一次经历都可能是成长过程中的宝贵财富。

感悟

有效的亲子沟通的循环

在亲子沟通的过程中，避免对方反感的基本方式是：表达自己的感受、想法和期待，而不是去评判、指责对方。这也就是在"如何有效沟通"中经常会提到的，以"我"开头的表达方式。"我现在累了，需要休息一下。"（而不是对孩子说："你怎么这么烦人，老是缠着我。"）"我到家的时候，看到你在看手机，我想知道你是在做什么。""你没有按时回来，又没有提前打电话给我，我很担心。"如此等等。以"我"开头的表达方式，背后的逻辑是：父母表达了自己的关注和感受，没有去评判孩子，孩子自然也无法否定、反驳父母的感受。孩子面对父母这种以"我"开头的回应，一般也会自然地解释自己当时在做什么，如何考虑以及为什么会这么做。孩子的这种自我表达，反过来也会进一步增加父母对自己的理解。一个有效的亲子沟通的循环由此形成。

托马斯·戈登博士在《父母效能训练手册》中提道，"我－信息"非常有效，"因为它们让孩子负担起改变他的行为的责任"。在沟通方式上需要提升的父母，建议读读戈登博士的《父母效能训练手册》，获得更具体系统的解释。

 感悟

亲子沟通中的积极心理学

在指出孩子的问题之前，要先表扬和肯定孩子。而且，表扬与肯定的量级不是 1：1 的关系，而是 3：1 的关系。也就是说，在指出孩子的 1 个问题前，至少先说 3 个孩子做得对的值得肯定和表扬的地方。这是积极心理学关于人们日常生活"积极率"的重要研究发现。

积极心理学认为，当一个组织、家庭和个体，生活中的积极正面与消极负面事件的比率大于 3：1 时，这个组织、家庭和个体，往往就会处在一种欣欣向荣的状态之中；相反，当积极率低于 1：1 时，组织可能面临破产、家庭可能濒临破裂而个体则可能处于消沉抑郁之中。所以，真诚地表扬孩子的 3 个方面，再指出孩子身上一个需要改进的地方，就能够让孩子感到被认可、被接纳，同时也能拥有足够的安全感来接受父母的建议。

有的父母可能觉得这样太麻烦。可是亲爱的朋友，哪样好东西不麻烦呢？哪样好东西能够轻轻松松、随随便便地拥有呢？亲子关系既然是人生中最重要的关系，亲子情感既然是人世间最美好的情感，那么就更应当用心经营，千方百计搞好亲子关系。而亲子沟通中的 3：1 的积极率，先说 3 个值得肯定和表扬的方面，再指出一个需要提升的地方，就是用心对待孩子的表现。好孩子是夸出来的，良好顺畅的亲子关系，也由 3：1 的积极率而来。在亲子沟通中，多说说孩子做得好的方面吧，你会发现跟孩子有讲不完的话。

感悟

运用正向积极的思维方式

正向积极的思维方式，同样适用于亲子沟通。在亲子沟通的过程中，父母恰当地运用正向积极的思维方式，不仅有助于建立和谐顺畅的亲子关系，也有助于和孩子更好地达成家庭的共同目标。

在当下焦虑情绪弥漫、生活压力大的社会环境中，很多时候爸爸妈妈也都染上了悲观负面的情绪，因而在亲子沟通中也很难建立正向积极的心态。所以，这里有一对矛盾，到底是先有积极的心态，事情才能有所改观；还是先有诸事顺利、有正面反馈，才能够形成积极的心态？或许，这两个逻辑同时存在。

现在的问题在于，父母能不能做到不管环境如何，自始至终都以积极乐观的心态面对生活，面对孩子身上存在的不尽如人意的地方？父母如果能够做到这一点，也就能够为孩子营造一个积极向上的情感支持环境。当父母以正面积极的心态去面对孩子时，也就更容易从平平无奇之中甚至是问题之中看到事情的积极面，从而也就能够在亲子沟通中使事情朝着期待的方向发展。正面积极的思维方式背后，事实上是"预言的自我实现"这一心理学核心原理在起作用。

感悟

如何让沟通顺畅地进行

在亲子沟通过程中，如何让沟通顺畅地进行下去？

从"道"的层面上来讲：父母要真正地关爱孩子、接纳孩子，让孩子感受到足够的安全感，让孩子感受到有真正的情感联结。

那么，"术"的层面呢？由道入术，"道"最终也要表现在"术"上。在"术"的层面，至少有两个简单易行的沟通技巧可以使用：

第一，从与孩子的对话中，发掘并引述你认为对的方面，积极表达，然后再陈述你想表达和强调的观点。比如，孩子观点的三个方面中，有两个方面是你不认同的，但有一个方面你是认同的，那么，你就可以这样说："我同意你刚才说的……我觉得你说得很有道理，这里，我补充一下我的看法，你看有没有道理？"然后说出你的观点。这种表达方式，没有强制说服孩子接受你的观点，主动权仍然在孩子，这样可以避免孩子的防备和对抗情绪。

第二，当孩子说的观点没问题，但也不完善，需要补充得更全面时，父母可以复述孩子的观点，然后在后面加上一句，"如果 + 你要表达的观点 + 会更好"，从而把孩子缺失的部分补充完整，让孩子看到事物的全貌。

这两种沟通技巧的关键在于，首先让孩子自由表达，不否认不评判不打压，同时在自然而然的状态下，把自己要表达的观点传达到位，给孩子一个思考和接受的过程。

 感悟

别犯"过度安慰"的错误

在亲子沟通中，父母经常犯的一个错误是"过度安慰"，也就是说，为了安慰孩子，故意把错误和困难轻描淡写，或者故意转移孩子的注意力，回避问题。"这没什么大不了的，等你大一点就可以做到了。""没关系，你只是没有准备好而已。"诸如此类。

其实，这种回避困难、转移注意力的做法，对于孩子而言并非真的有益处。相反，这些话语往往给孩子传达了这样的信息：一是你自己处理不了这种情境，所以需要父母做决定；二是你能力不行，克服不了困难。

父母这种草率的介入，在某种意义上说，剥夺了孩子经历、反思、尝试和成长的机会。事实上，当孩子遭遇困难的时候，其内心都还是有好胜心和意志力的，他们自己其实还是不甘心失败、愿意再尝试的，但可能信心和勇气不足。这个时候，父母只需要静静地陪着孩子，让孩子自己去消化情绪，去评估困难，去完成内心的复盘过程，把继续尝试或者暂时放弃的决定权交给孩子。父母如果要介入，也要真诚地承认事情确实是有难度的，然后跟孩子讨论解决问题的方式，鼓励孩子自己做出决定。在这种情境中，有一位心理咨询师妈妈是这样对孩子说的："宝贝，是不是比想象中难很多？好几次都没有完成，你有点难过……"这位妈妈说完这番话，就摸了摸孩子的肩膀，在一边静静地陪着。这种做法，如实地承认孩子当前面临的困难，能够很好地共情孩子，让孩子感受到自己的困难、努力被看见。而当孩子觉得自己被理解、被看见时，便得到了很好的安慰，这才是真正的、深度的"在场"和安慰，也正是这种"在场"和安慰，才能真正地鼓励孩子，让孩子燃起内心的勇气、动力和斗志。

 感悟

与青春期孩子沟通的关键

与青春期孩子沟通的关键，是少说多等。

少说的意思是：少命令少要求少唠叨，父母要充分地意识到，青春期的孩子开始有自己的想法、自己的判断，这时如果父母还像孩子小时候那样凡事指示、凡事干预，不但会引起孩子的反感，更重要的是会剥夺孩子从经历中学习的机会。

多等的意思是：除非孩子主动来寻求帮助，不要过多地介入，慢慢放手让孩子去处理自己的事。

青春期意味着孩子已经长大了，而孩子长大的过程，其实就是一点一点离开父母、一点点摆脱父母控制的过程。这是人类活动的自然规律，不管父母愿不愿意，孩子必然是要一点一点从身体到灵魂都逐步变得独立自主的。

所以，亲子沟通，未必是父母与孩子之间交流越多就越好。相反，很多时候，要容忍沉默、要允许某个阶段是"无话可说"的。孩子有事找你，主动找你，就多聊一些；孩子不来找你，也不必担心焦虑。自然，自洽，随意，自如。这样一来，孩子还有什么叛逆的理由呢？很多时候，所谓孩子叛逆，其实就是反抗父母的不当干预。而这一点，恰恰是父母需要反思和学习的。

感悟

有效沟通有三大原则

如何确保亲子间的沟通是有效的？怎么让沟通过程真正地帮助孩子成长？根据笔者的观察和总结，亲子间的有效沟通有三大原则：目标导向、积极思维和情感支持。

目标导向，就是说父母在沟通之前，要牢记沟通所希望达成的目标，以目标来引导沟通的过程，而不要被情绪左右。

积极思维，指的是凡事从正面去考虑，"我们怎么才可以做到？""这件事情的积极意义是什么？""孩子从中能得到哪些成长和收获？"不轻易否定孩子、不简单拒绝。

情感支持，指的是沟通的本质是一种情感交流，父母在沟通中所能起到的根本作用，是给孩子提供足够的情感支持。如果沟通的过程不能让孩子感受到温暖、不能让孩子获得力量，那么这个沟通很可能就是失败的。

如果能够做到这三个原则，那么亲子关系就会表现良好。相反，在那些有问题的亲子关系中，父母要么是在沟通过程中发泄情绪，要么是在沟通中给出了很多负面的信息，要么是动不动就指责孩子。

 感悟

"第三耳朵"

亲子沟通与其他任何场景中的沟通一样，都面临一个巨大的挑战，那就是信息的发出方与信息的接收方之间存在潜在信息偏差。我们经常会有这样的感受：父母的本意是表达关心，但受当下情境氛围、语气语调、表达方式等的影响，孩子感受到的却是指责；有的时候孩子明明是在呼救求助，父母却以为孩子是在偷懒逃避。亲子间的误解和不愉快，往往是沟通过程中的沟通不畅和信息偏差造成的。

在当下的环境中，父母和孩子原本就各自面临不小的压力，原本就处在相对焦虑和紧张的状态中，一旦出现误解，就很容易失去耐心，情绪一触即发，最后往往闹得一发不可收拾。

所以，在亲子沟通中，父母需要有"第三耳朵"，时时保持警醒：孩子的真实意思是什么？孩子想表达什么？我想表达的，表达到位了吗？孩子理解了吗？孩子能够接受吗？孩子的反馈如何？用"第三耳朵"来对沟通过程保持警觉。父母、孩子都不易，所以要尽可能保持耐心、尽可能保护彼此的情绪能量，不要被信息偏差和误解无谓地消耗。

简而言之，在沟通过程中，父母可以时时提醒自己，细心一点，认真一点，耐心一点，不先入为主、不自以为是，而是用心地去理解、接受孩子真正想表达的内容。

感悟

如何处理亲子沟通中的不同观点

如何处理亲子沟通中的"不同"，是亲子间非常具有挑战性的问题之一。这些不同的观点、思想、价值观，往往是在亲子间充分沟通的基础上被意识到的。

很多时候，孩子会认为父母"老土""顽固"，因而对父母的观点不屑一顾、嗤之以鼻；同样地，很多父母也觉得孩子"太轻狂""不成熟""没吃过亏"。以至于两看相厌，互不相让。

那么，到底该怎么做呢？这其实还是如何尊重孩子的需要、如何尊重孩子独立人格的问题。一个真正有智慧、谦卑的父母，往往不会强迫孩子接受自己的观点，更不会蔑视孩子的观点，而是能够从孩子的立场出发看待问题，并把事情的最终决定权交给孩子。

所以，如何沟通只是"术"层面的问题，沟通之后，如何尊重孩子、如何处理不同，才是决定沟通效果的根本因素。而对于父母来说，不但要学习沟通的技巧，更重要的是要不断通过学习提升自己的认知和格局。

 感悟

引导式沟通

在亲子沟通中，如何用提问的方式，引导孩子思考、引导孩子自己找到答案呢？其中大有学问。

这种引导式沟通的基本结构为"倾听 + 引导"。

倾听的基本功能是了解孩子的现实需要，了解孩子面临的具体问题，接纳孩子的情绪需求。而在"引导"环节，父母所要做的，则是帮助孩子梳理问题，并给出提示，引发孩子思考，自己得到问题的答案。"嗯，我知道了，你现在的问题是……那你觉得可以怎么做呢？""你的考虑是什么？""可以从哪个方面入手呢？""有哪些办法呢？"如果孩子还是没有思路，这个时候，父母可以给出解决问题的一些前提或条件，然后引导孩子向前推进一步，找到问题的解决方案。"宝贝，这个问题是要我们解决……而要解决这个问题，一般来说，需要几个条件，一是……二是……那你觉得接下来要做的是什么？"通过这种循循善诱的方式，激发孩子的思考能力，使孩子参与到问题的解决中来。

孩子的思考能力、解决问题能力，就是在这样的沟通中不断得到提升的。好的引导，能够有效地将孩子的潜力激发出来，这也是"教练型父母"的核心逻辑和基本做法。

感悟

沟通中的知行合一

人世间最难的事，莫过于知行合一。在家庭教育中，要想让父母的教育理念和教育举措落地生根、开花结果，关键还是在于在日常生活中要践行和落实，做到知行合一。

就亲子沟通而言，沟通是"言"的部分，如何合理地跟进、监督、纠偏、练习，才是父母在家庭教育过程中面临的最大的挑战。很多时候，父母对于自己说的、承诺的、期待的事情，并没有真正重视，甚至将说过的话、对孩子的承诺转身就抛之脑后，这是最大的问题。所以，对于"行"的部分，父母应该说到做到，同时也鼓励孩子说到做到，这是家庭教育中需要重视的部分。

在这个过程中，父母不但要非常用心地讲究方法策略，也要有强大的内心和情感，从而在孩子遇到困难的时候，给予孩子足够的包容和安慰，给予孩子有智慧的鼓励和支持，帮助孩子说到做到。

感悟

沟通是一面镜子

亲子沟通是一面镜子。通过父母的眼睛和言语，孩子可以看见自己。这种来自"重要他人"的看见，往往会决定孩子的自我认知、身份定位、自我价值感及人格特质。所以，父母在沟通中是如何做的，孩子往往就会照单全收。如果父母说"你怎么这么笨，这点事都做不好"，孩子听到爸爸妈妈这样说自己，他在大脑里形成的自我认知便是"我很差劲，我一点小事都做不好"，久而久之，孩子的自信心、价值感就会受到极大的影响，整个认知能力的发育也会受到抑制。此外，这种来自父母的长期负面评价，也是导致孩子陷入抑郁的原因之一。

相反，如果父母在言语沟通中给到孩子的是积极正面的信息，例如，"你这件事情做得很好，爸爸妈妈为你感到骄傲！""你观察得很细心，做事情也很专注，爸爸妈妈相信你一定能达成目标。"孩子就会感受到极大的被认同，感受到由于被"重要他人"接纳而产生的内在力量。"爸爸妈妈说我可以，我一定可以！""我这件事情能做好，下一件事情也一定没有问题！"孩子的这种满满的自信心会帮助其表现得更好。同时，孩子在某一件事情上得到发展的能力，也能迁移到其他方面，最终呈现出来的结果便是：孩子的能力发展得越来越好、越来越全面，自信心、自我价值感都能得到很充分的发展。

以上所谈及的逻辑过程，就是心理学中的"预言的自我实现"，你眼中、口中的孩子是什么样的，孩子很大概率就会长成那个样子。你觉得孩子可以，孩子就可以；你觉得孩子很笨，结果也就"如你所愿"。所以，做父母的要警醒，特别是在评价孩子的时候，千万要注意用词！因为我们对孩子说的每一句话，都可能被孩子刻入大脑之中，并最终变成现实。

 感悟

帮助孩子获得谦逊的品格

保持谦逊，能够理解和尊重他人，是非常重要的美德之一。那么，在亲子沟通中，如何帮助孩子获得谦逊的品格呢？

首先，父母在与孩子对话的过程中，要以柔和的语气、开放的心态与孩子交流，不把自己的观点强加给孩子，不强迫孩子按照自己的意愿去做，要对孩子摆事实、讲道理，以理服人，要么让孩子从心底认同自己的观点，要么允许孩子保留自己的意见。

其次，父母也要事事时时做到尊重孩子，不高高在上，不骄傲自大，凡事理解孩子的处境，也看到自己的局限，不恃才傲物。当然，不是单单通过言语沟通就能够帮助孩子建立谦逊的品格的，但在言语沟通中，父母以谦逊的姿态与孩子交流，无疑也是一种言传身教。傲慢自大、目中无人、出言不逊的父母，是很难教出懂得尊重他人的孩子的。

可能有人会问，人为什么要谦逊？因为，当一个人表现出谦逊的时候，对方往往会感受到被尊重，而不是被瞧不起、被羞辱。每个人都希望自己被尊重。给人以尊重，是孩子一生中重要的美德之一，也是孩子通往平安幸福之路的"护照"。

感悟

承接孩子的情绪

在亲子沟通中，如何承接孩子的情绪？在日常的亲子互动中，父母要觉察出孩子的情绪，其实并不难。孩子的情绪，要么直接写在脸上，要么表现为语气跟平常不同或故意把声音弄得很大，父母只要稍微用心观察，就能感受到孩子的情绪变化。关键在于觉察到孩子有情绪之后，父母应如何承接住孩子的情绪，并有效地将之化解。这里，笔者有三点建议：

第一，用柔和关切的语气询问孩子，让孩子把引发情绪的事情说出来。父母可以向孩子描述自己看到的、感受到的客观事实，然后引出问题，让孩子接住问题，有表达的愿望。比如，"宝贝，我看到你回家后放东西的声音跟平时不太一样，是不是遇到什么事情了？说说看有没有妈妈爸爸可以帮忙的地方？"孩子听到父母这样说之后，一般就会把遇到的事情说出来。

第二，先不评判，耐心听孩子把事情的来龙去脉说清楚。父母在倾听的时候，不要紧皱眉头，不要随意打断孩子，而要让孩子把事情说完。最后一定要问一句确认一下，"还有吗？"当孩子把事情说出来之后，情绪一般就消了一大半。

第三，把处理情绪的主动权和责任交给孩子。父母可以问孩子："这种情况你认为怎么处理比较好？""接下来你准备怎么处理这件事呢？"孩子的处理方式如果是恰当的，就给予孩子表扬和肯定；如果有不当的地方，可以问问孩子"你说的×××有点道理，你再想想有没有更好的办法？"

总之，通过关切询问、耐心倾听和自主处理，孩子的大部分情绪往往都能得到较好的释放。

感悟

对孩子的爱

爱是进行有效亲子沟通的坚实基础。但在日常具体而琐碎的亲子互动中，父母对孩子的爱、孩子对父母的爱，是有可能被消磨殆尽的。当父母和孩子在一些问题上有不同意见、产生矛盾冲突时，爱可能就消失不见了，剩下的便是抱怨、指责和疏远。所以，当亲子之间沟通出问题时，父母和孩子都要冷静下来，看看亲子间美好的爱的关系，到底还在不在。

如果心里还有爱在，问题就有解决的希望，但如果爱已经不在了，亲子间的问题就很难改善。

那么，父母对孩子的爱，到底来自哪里？除了来自血缘关系之外，还来自什么？在笔者看来，父母对孩子的爱还包含一种超越血缘关系的、更加深沉广博的爱，那就是对一个独特生命体的爱。孩子是一个独立的生命体，让孩子在这个世界上获得更丰富的经历、更美好的体验、更有意义的人生，是父母所能给予孩子最深沉的爱意。如果父母能够意识到这一点，就应该时时留意沟通的目的与方式，在亲子沟通中，超越具体琐碎的生活小事，更多地关注如何培养孩子独立生活、独立思考、立足社会、贡献社会的能力。这是真正有爱、有智慧的父母，在亲子关系中会多加关注的内容。

 感悟

非暴力沟通

非暴力沟通是一种被广泛采用的沟通模式。非暴力沟通有四个要素：一是表达观察到的事实；二是诉说表达自己的真实感受；三是讲述自己真实的需要；四是提出具体明确的请求。

非暴力沟通模式的实质在于：客观理性地表达自己的观察、感受、需要和请求，而不是评判对方、命令对方，因而不会引起对方的反弹和抵触。非暴力沟通模式背后的价值观，是表达自己的感受，是对对方的尊重，是爱与合作的需要，是每个人对自己的行为负责。这种非暴力沟通模式，在亲子沟通中同样适用。

在亲子关系中，父母如果能够用心觉察孩子的状态，并在尊重孩子的基础上，表达自己的需要和请求，孩子往往是不会拒绝父母的提议的。

所以，当父母以非暴力沟通的方式与孩子沟通的时候，就等于将行为的责任主动权交给了孩子，帮助孩子学习体恤他人，对自己的行为负责。

感悟

引导孩子确立努力方向和人生目标

父母和孩子日常沟通的内容，往往很容易被各种琐碎的事务所占据。一些真正重要的话题反而容易被父母和孩子忽视。

那么，家长怎么做才能够引导孩子思考自己的努力方向和人生目标？

第一，询问孩子最喜欢做的事情是什么？在孩子喜欢的事情中，找到可能的线索。

第二，询问孩子做什么事情的时候，会感觉到停不下来、忘记时间。孩子能够感受到"心流"的事情，往往是自己真正愿意做的。

第三，可以经常问孩子在看什么书，看看有没有印象特别深刻的角色、特别想成为的人。

第四，询问孩子最敬佩的人是谁，孩子以谁为榜样。

第五，可以让孩子描述一下理想中的生活状态是什么样的，理想中的自己是做什么的。

第六，询问孩子，一年、三年、五年之后，取得什么样的成绩或达到什么样的状态，他会感到很有成就感。

第七，可以直接跟孩子聊，你觉得人的一生应当怎样度过才是有价值、有意义的；你认为人生的意义是什么、价值是什么、使命是什么。

总之，通过这些问题，结合平时对孩子的优势和特点的观察，可以更加深入地了解孩子的真实想法和价值观，并在对话中有意引导孩子确立自己的努力方向和人生目标。

感悟

帮助孩子缓解压力

学习压力大，是当前大多数青少年面临的客观处境。那么，对于父母而言，如何在亲子沟通中帮助孩子缓解压力、营造良好的心理环境呢？

首先，可以询问孩子的学习情况，给孩子表达的机会。当孩子诉说自己的学习情况时，孩子的压力就能够得到一定程度的缓解。因为，这时孩子能感受到自己的压力被看见、被分担。

其次，可以跟孩子交流其擅长做的事情，帮助孩子认识到自己的优势，从而增强孩子的信心。

最后，可以观察孩子的学习习惯，鼓励孩子养成一些良好的学习习惯，比如课前预习、勤加练习、经常复习等，从而更加高效地完成学习任务。当然，如果压力无法回避，父母也可以跟孩子直接面对这一现实，共同寻找应对的方式。

感悟

做"一直在场"的父母

　　成效良好的亲子沟通，主要源自父母对孩子的适当关注，源自父母的适当放手，源自父母对孩子独特人格的尊重，以及对孩子适应未来社会的综合能力的提前筹划与精心准备。

　　与此相反，失败的亲子沟通，要么源自父母过度的控制欲，要么源自父母的放任疏忽和置之不理。那些有着过度控制欲的父母，往往会在各个方面介入孩子的生活，要求孩子大事小事都得听自己的，甚至在孩子成年之后，仍不放手。这样的父母，其实是以"巨婴"的方式，养育着另一个巨婴，最终必将伤害孩子。而放任疏离型的父母，则要么沉迷于发展自己的事业，要么陶醉于自己的兴趣爱好，对孩子的事情不闻不问。小说《玛蒂尔达》中的小主人公玛蒂尔达的父母，就是此类父母的典型代表。

　　身心健康、心理能量强大的孩子，在整个成长的过程中，是需要父母时刻关注的，是需要父母适度介入的。如果父母一直在场，在孩子遇到问题的时候，可以向父母寻求帮助，寻求情感支持，寻求反馈鼓励，寻求认同赞赏。而这些，恰恰是孩子健康成长过程中不可或缺的养分。

感悟

关注孩子成长过程中的"紧要时刻"

在亲子沟通过程中，父母要时时拥有觉察意识，那就是注意观察孩子在当下是否遇到了困难和问题，同时要做好时刻采取恰当方式应对的准备。亲子沟通的目的，不在于沟通本身，而在于通过沟通，了解情况，互通信息，联结情感，解决问题，明确目标，等等。

亲子沟通是承载着一系列具体的功能的，而这些功能的发挥，某些时候是需要父母有相应的精力投入的。所以，如果父母看重孩子的成长、在意孩子的身心健康和未来发展，就要随时准备把其他事情都暂时放下，专门留出时间来帮助孩子解决问题、渡过难关。其实，在孩子成长的过程中，这样的"紧要时刻"并不是很多，父母更应该做好心理准备，当孩子处于这样的"紧要时刻"时，不惜一切代价来陪伴孩子、支持孩子，跟孩子一起面对问题、解决问题。

很多父母在孩子出现问题之后，常常懊悔不已，就是因为曾经没有意识到孩子正处于"紧要时刻"，也没有及时有效地介入和帮助孩子。父母在孩子"紧要时刻"的缺席，往往会对孩子造成不小的伤害，留下心理创伤，让孩子感觉"自己在父母那里并不重要"，甚至感觉被嫌弃被抛弃。所以，父母在跟孩子沟通的同时，应该做好随时放下手头的所有事情、专心陪伴孩子的准备。

 感悟

如何引导孩子认识自己的错误

在亲子沟通中，如何引导孩子认识自己的不当、错误或有待提升的地方？及时指出孩子的错误，其实并不是一件容易的事。父母要是不顾及孩子的感受、不顾及可能对孩子造成的负面影响，当然可以口不择言。但要恰当地引导孩子发自内心地意识到自己的错误，则是需要有智慧地与孩子进行沟通的。这里有三种处理方式可供参考：

一是让孩子自己复盘，描述事件的过程及有待提升的地方。"你是怎么看待这件事的？""在这件事中，我们有哪些地方可以做得更好？"通过这种方式，引导孩子反省自己行为的不足之处。

二是父母可以直接表达自己看到的事实，帮助孩子更加全面地看到事情的全貌。"你做这件事情的时候，考虑了时间和能力的因素，但没有考虑到天气和交通的因素。""你这样做只考虑到自己的感受，没有考虑到对方的感受。"

三是直接指出孩子的错误之处，让孩子深刻地了解父母的原则和底线。这种错误，往往涉及原则性、根本性的问题。比如：说谎、偷窃、闯红灯、晚归等。"你到晚上 12 点还没回来，违背了我们之前的约定，把自己置于不安全的处境，也让爸爸妈妈很担心，这是不被允许的。"

通过这些方式，明确地与孩子沟通，可以帮助孩子做得更好。

 感悟

如何处理亲子沟通中的意见分歧

当父母和孩子意见一致时，按照孩子的意见去做就行了。而意见不一致的时候，恰恰是检验父母教育理念与生活智慧的重要时刻。

当和孩子意见不一致时，父母的处理方式不外乎三种：

一是坚持自己的意见，通过各种方式要求孩子按照大人的意见执行。这种情况下，父母需要做的是，跟孩子充分沟通，让孩子理解父母这样做的理由，尽可能减少孩子的不快或反感。

二是尊重孩子的意见，按照孩子的意见行动。尊重孩子的意见，结果并不一定是对的，这里的关键在于要告诉孩子：谁也无法预知未来，自己做了决定就要为自己的选择负责，不管结果如何，都要全力以赴地去做。如果能够做到决策是有理由的，过程是努力去做的，结果也就都可以接受。

三是允许双方保留自己的意见，接受分歧的存在。接纳分歧、容许差异的存在，其实是一种比较高阶的人际关系形态。世间百态，本来就是和而不同的。当父母和孩子充分表达各自的观点和立场而彼此又无法说服对方时，先各自保留意见，不着急做决定，也是一种不错的处理方式。这里的关键在于，不要因为存在分歧而影响双方的情绪和关系。

 感悟

正确理解和处理代沟问题

父母与孩子之间存在代沟是必然的吗？

对于这个问题，笔者的看法是：是的，父母与孩子之间存在代沟是必然的。

但父母可以采取恰当的方式处理两代人在经历、认知和价值观方面存在的差异，并将这种差异作为促进彼此成长、进步的动力来源。如果说价值观念是环境和经历的产物，那么父母和孩子的成长经历、成长环境如此不同，价值观念出现不同，也是自然而然、天经地义的。父母不能奢望、也不能要求孩子完全接受自己的价值观。与父母童年成长的经历相比，孩子所处的生活环境、物质条件、所接受的信息资讯、价值观念，都是截然不同的。

这里的关键在于，如何把这种代沟转化为对父母和孩子都有价值的成长动力来源。

对于父母来说，要用一种谦卑的心态向孩子虚心学习一些新事物，了解新资讯，设身处地地理解孩子的所思所想、所作所为。

对于孩子来说，要用一种敬畏的心态去努力践行中华民族的一些传统美德，虚心接受长辈所传授的人生阅历与经验。孝敬父母，尊老爱幼；不劳无获、勤俭持家；己所不欲，勿施于人……这些历经千年的传统美德，直至今天仍不过时，也是父母可以大胆地教导并传承给孩子的。

所以，代沟是两代人之间的一种客观存在，同时，也是两代人共享的成长动力来源。

感悟

父母的沟通能力是需要提升的

亲子沟通是检验亲子关系的重要方式。亲子沟通良好的家庭，父母和孩子之间的交流是畅通无阻的，有事情就提出来交流讨论；没有事情的时候，父母和孩子就各做各的事，互不干扰，随意、自在。而亲子关系出现问题的家庭，要么是父母欲言又止、想干预却又不想起冲突，纠结；要么是孩子想做一些事情却又担心父母反对，不敢跟父母明说，犹豫。父母与孩子之间总有一些隔阂没有处理，或者有一些误解没有消解，或者有一些不确定的事情没有讨论。

不管对父母还是对孩子而言，沟通能力都不是自然而然形成的，是需要学习的。父母的沟通模式及人格发育状况，也可能存在不足。很多父母，自己没有"好好说话"的习惯，总是习惯性地指责他人，对他人严格要求，看不到自己的问题。因此，处理亲密关系中的沟通问题，最关键的还是要坦诚，直面问题，开诚布公，不横加指责，也不回避问题、视而不见或娇惯纵容。亲子间的沟通能力，是需要通过学习加以提升的。

 感悟

让整个家庭的氛围变得更好

亲密无间的亲子关系，原本就是人世间最美好的关系，父母与孩子间的感情，原本也是最美好的感情。人努力奋斗，最重要、最幸福、最有成就感的事，莫过于有个和美温暖的家，莫过于有懂事体贴的娃。很多时候，万贯家财、功名利禄，也抵不过一个温暖的家。在这一意义上，正如汪高公益创始人汪建刚先生所说，"千方百计经营好家庭"，是有着极其深刻的道理的。所以，最好的家庭形态，应该是沟通顺畅、其乐融融的，应该是充满爱和包容的，应当是轻松惬意的。

家庭生活中，父母和孩子都有各自忙碌的事情，但家庭氛围应该是美好的，遇到事情应该是有人商量的。这样的家庭氛围，无疑是值得所有人努力的方向。

人生不易，如果愿意付出、愿意努力，每个家庭都是可以成为温暖的港湾的。而其中的关键就是：爱与包容；愿意付出；愿意为对方改变，愿意沟通，愿意努力，让整个家庭的氛围变得更好，在亲子沟通中，体悟人间亲情的美好，尽情享受天伦之乐。衷心祝愿每一个家庭，都能成为温暖的爱的港湾！

 感悟

第六章

陪伴孩子

我自己常常感觉我要拿自己做青年的人格模范，最少也要不愧做你们姊妹弟兄的模范。

——梁启超

陪伴是教育的起点

陪伴是教育的起点，陪伴是爱的语言，陪伴是生命的联结，陪伴是最深情的告白。

在家庭教育中，父母如果没有足够的时间陪伴在孩子身边，所谓的教育影响便无从谈起。所以，在家庭教育中，父母所能做的，最基础、最简单、最容易的事情，就是陪伴孩子。

现在的问题是，很多父母在孩子成长的过程中，由于忙于事业或有自己的兴趣爱好，并没有安排出足够的时间陪伴孩子，甚至根本没有意识到需要陪伴孩子。有些父母，出去做生意，把孩子交给老人去带；有些父母，到外地发展，让孩子留守在老家；有些父母，忙于事业，无暇顾及孩子的事。如果连最基本的陪伴都做不到，教育影响便无从谈起。

父母要想对孩子产生好的影响，要想参与到孩子的生命和发展之中，首先要做的就是从时间上确保对孩子有足够的陪伴。当父母有足够的时间陪伴孩子时，当父母足够用心地关心孩子的事情时，才有可能建立与孩子的亲密关系，才可以在潜移默化、润物无声中实现对孩子的教育影响。

感悟

为什么要陪伴孩子

为什么要陪伴孩子？这似乎是一个不证自明的问题：孩子是父母带到这个世界上的，陪伴孩子是天经地义的事。究其根源，陪伴孩子的功能是什么？为什么要陪伴？其背后的道理是什么？简单来说，陪伴孩子有以下四个功能：

一是让孩子建立与父母、与外界进行正常社会交往的能力。人是社会性动物，孩子通过与父母建立联结，获得与他人进行正常人际交往的能力。人际交往能力是人类一项重要的能力。

二是让孩子获得情感支持。几乎每一个人都会有感到孤独、无助、伤心、失望的时刻，这时父母的陪伴，往往能够带给孩子安全感和心理支持。

三是让孩子感受到亲情的美好。每个人都希望自己被善待、希望体会到人世间的美好。父母陪伴孩子的时候，气氛往往是温馨、愉悦的，充满爱和温暖的，这种时刻，也是人所能够拥有的非常美好的时刻之一。

四是让孩子获得关于自身价值感的正确认知。如果父母长时间不能陪伴孩子，就在某种程度上给孩子传达了这样一个信息：我不重要，我没有钱重要，我没有父母的事情重要，我没有价值。相反，如果父母即使身兼数职、要事在身，也能够抽出时间陪伴孩子，就会给孩子传达这样一个信息：我很重要，是很有价值的。久而久之，孩子就会获得关于自我价值的正确认知。

 感悟

在陪伴中了解孩子

在陪伴中，父母需要做的最基础和最重要的事情是什么？是对孩子言行的用心观察，形成对孩子生命状态的真实感知。

德国志愿者卢安克在对中国西部农村留守儿童长达 18 年的陪伴与观察中深刻地指出："所有的教育行为的基础都应该是对学生心理状况的观察。"

在陪伴中，父母可以感受孩子的一言一行，感受孩子的所思所想；可以感受孩子关心的事情、担心的事情、感兴趣的事情、讨厌的事情、有压力的事情；可以感受孩子的优点和缺点。只要父母愿意用心观察，孩子真实的生命状态是可以完全展现在父母面前的。而这种展现，恰恰是施加教育影响、帮助孩子实现自由全面发展的前提。

孩子是一个独立的生命体。父母的使命，是帮助孩子发现自己的使命，并提供可能的条件，帮助孩子去达成使命。而这一切，都建立在父母放下自己的预设和期待，去用心观察、发现一个真实状态下的孩子，并真正地了解孩子的前提之下。

在陪伴中了解孩子，是为人父母的第一任务。所以，父母可以经常问自己的一个问题就是：我真的了解我的孩子吗？各位做父母的，可以试着回答一下这个问题。

感悟

在陪伴中带给孩子安全感

在陪伴中，父母是如何带给孩子一种内在的秩序感和稳定的安全感的？这背后的作用机制是什么？对于这个问题，我们展开进行分析：对于孩子而言，从小到大，这个世界是充满未知和不确定性的，特别是在当下功利、势利、竞争激烈的氛围中，孩子在学校、在与他人交往过程中，都很容易感受到压力、遭遇困难和挫折，甚至受到责难、攻击与霸凌。

在这种情况下，孩子就会产生不知所措、伤心、恐慌甚至痛苦等情绪。这些负面情绪，如果未能得到有效的疏导化解，就很容易积压叠加，引发心理创伤甚至是人格障碍。

当孩子产生这种负面情绪时，如果父母能够陪伴在孩子身边，往往就能够觉察到孩子这种情绪上的异常并及时介入，予以疏导解决。父母的介入往往能够给孩子带来极大的安全感，从而使事态变得可控，而不再是"未知"和"不可控"。世界可能是未知的，事态可能是不可控的，但如果父母在场，则是有办法解决的，孩子就不用再担心害怕了。借用安超博士的说法，在成长过程中，孩子的情绪皱褶中会"藏污纳垢"，而父母的陪伴，是疏通、清洗这些负面情绪的最好方式。

 感悟

提升自己，做更好的陪伴者

在陪伴孩子的过程中，父母可以做些什么？这取决于父母的文化素质和能力水平。

素质高能力强的父母，知道如何观察孩子的身心特点和发展需求，也知道如何教育和引导孩子。更重要的是，这样的父母，知道如何言传身教，在潜移默化中完成教育的过程。他们常常育人于无形之中。

生活在 200 多年前的德国的老卡尔·威特，是个知识丰富的人，他手把手地教养孩子，把卡尔·威特培养成了天才式的博学之士；生活在当今中国的某外交官父母，在孩子上中学的时候，就带着孩子去见识世界，孩子的见识便也领先于同龄人。

有很多为人父母者，似乎没有意识到当"父母"有什么特别，似乎从来没有意识到"父母"是一份神圣而独特的职业，他们自然也就不会想到有什么需要学习和提高的。对于这种无知的、不学习的父母，并不能期待他们会给孩子带来多少积极正面的影响。所以，从这一意义上说，所有"用心当父母"的人，都是尊重生命、敬畏生命，知道自己身上责任重大的。教养孩子，影响的是孩子一生的幸福，绝不能等闲视之。

那父母该如何陪伴孩子呢？父母首先要做的，就是提升自己的认知水平、文化素质和人生修为，这是实施家庭教育的保障。人生有涯，学海无涯，这句话，对于父母尤其适用。

感悟

亲子陪伴的时间

亲子陪伴的时间，可以是轻松随意的时间，也可以是精心营造的时间。

亲子陪伴，可以是父母带着孩子一起做事情，边做边聊天。想起以前在农村干农活时的场景，父母带着孩子，或者是爷孙三代人，一起摘花生、收麦子，其乐融融。回想起来，总是觉得那是最温馨、最美好的时刻。

亲子陪伴，可以是一起骑着自行车去郊游、去野餐或者露营，亲近自然，享受亲情的美好。

亲子陪伴，可以是精心准备的话题，一起深入地进行讨论，倾听孩子的心声，解答孩子的困惑。

亲子陪伴，也可以是某些特别安排。当孩子达到一个努力的目标，取得一个重要的成绩时，可以精心地准备一顿丰盛的晚餐，祝贺孩子。

亲子陪伴，既是生活的一部分，也是教育的一部分，生活即教育。所以，无论如何，生活需要用心去经营，需要仪式感，需要充实而多彩。父母可以认真思考一下，如何让亲子陪伴的时间成为生活中的美好时光，成为生命中的幸福时刻。当亲子相处的大多数时光都是幸福美好的，很多教育中的问题和成长中的困境，也就能够逐步找到解决办法。

感悟

高质量陪伴

在亲子陪伴中，我们经常会听到一个词叫"高质量陪伴"，那么，什么是高质量陪伴？什么样的陪伴才算是高质量陪伴？高质量陪伴有哪些特征？有人认为，陪孩子读书就是高质量陪伴，而陪孩子看电视、打游戏就不是高质量陪伴；或者，与孩子有深刻的交谈是高质量陪伴，而各行其是，则不是高质量的陪伴。其实，这些说法多少都有点片面。

在笔者看来，判断是不是高质量陪伴，有三个关键的评判标准：一是爱的在场；二是深刻的互动；三是成长导向。

爱的在场，说的是父母对孩子要有自然的、发自内心的亲情之爱，而子女对父母则有发自内心的敬爱之心。爱的在场，把那些自私的、以自我为中心的、控制性的、功利性的亲子关系排除在外。

深刻的互动，指的是在陪伴的过程中，亲子之间是有交流、有互动的，要么是进行了深度的、有内容的交流谈话；要么是有心灵上的同频共鸣；要么是精神上高度一致。

成长导向，就是父母与孩子共同讨论问题，以促进双方在认知和能力上的提升为导向；父母不是想要控制孩子，而是想要更好地帮助孩子发挥优势和潜力；孩子也不会轻视父母对新兴事物的无知，而是愿意耐心地向父母介绍新事物、解释新现象、分享新观点，在分享中促进理解和达成共识。

亲子间的高质量陪伴，是充满爱的，是有深度互动的，意味着敞开心扉，相互交流想法，能够促进彼此成长。

感悟

言传身教是最好的陪伴

家庭教育的内核是言传身教，而亲子陪伴就是最好的言传身教。父母要带给孩子积极的影响，并不能靠随心所欲发挥，而要靠付出努力、用心地规划并付诸实践。如果父母没有用好能够陪伴的时间，这些时间就会像流水一般，逝去无痕，而孩子似乎一夜之间就长大了，这时父母才发现，自己并没有带给孩子什么好的影响。

想要发展孩子的思维和语言表达能力，就要多跟孩子交流、多跟孩子讨论问题。

想让孩子有谦卑怜悯之心，就要带着孩子去做公益。

想让孩子有坚持锻炼的习惯，就要定期带着孩子一起去运动。

想让孩子认识真实的社会，就要带着孩子去旅行，让孩子去勤工俭学。

想让孩子有审美情趣，就要跟孩子一起学习，一起去参观博物馆，一起去见识自然与文化之绝美。

总之，父母要精心规划，要付诸行动。人生一世，草木一秋，其实都很短暂。如何善用这并不多的亲子陪伴时间，真的需要父母用心去想、用心去做。

感悟 ....

让孩子享受与父母在一起的时光

在当下竞争激烈、压力巨大的成长环境中，不管是学霸、普通孩子还是学业相对较差的孩子，很多时候都是被紧张、焦虑及各种负面情绪包围着的。因此，父母在陪伴孩子的过程中，需要做的就是给孩子减压，为孩子创造积极向上的家庭氛围。

父母可以跟孩子平和地讨论开心的事情以及孩子遇到的问题，以积极乐观的心态去共同面对；可以观察孩子的优点和长处，经常性地给予鼓励和夸奖，帮助孩子树立自信；也可以用心地观察孩子的"心愿"，有意地营造一些"精心时刻"或"快乐时光"，满足孩子的愿望，带给孩子快乐的体验。

在陪伴的过程中，父母令孩子体验到的应是放松和惬意，包容和接纳，激励和兴奋，快乐、满足和温暖，而不是压力、焦虑和痛苦。父母要想方设法让孩子享受与自己在一起的时光。

感悟

更好地了解孩子

父母要如何在与孩子相处的过程中，更好地了解孩子呢？其实，了解孩子，也是需要用心的。当前很多父母存在的问题是，自以为很了解孩子，但实际上对孩子的了解仅停留在表面并没有深入。

在笔者看来，陪伴是父母观察孩子、介入孩子生活的最好方式。在陪伴的过程中，父母可以通过以下几种方式更好地了解孩子：

一是观察孩子的精神状态、情绪状态和心智发展状态。孩子的情绪状态是积极向上的，还是消极负面的；孩子对事物的认知是较为理性的还是偏感性的；孩子处理事情是善于把握全局还是更注重细节，这些情况在与孩子的相处中，是不难感受到的。

二是引导孩子积极进行对话，了解孩子的真实想法。比如可以问，"你最近遇到哪些比较开心的事情？你觉得做得比较好的、有成就感的事情，可以说给爸爸妈妈听听。""这件事情你是怎么看的？你给妈妈爸爸分析分析。""你觉得这件事情怎么做更好？你的想法是怎么样的？"等等，结合孩子经历的事情或当下的热点话题，有意抛出相应的问题，听听孩子的想法，从孩子的想法中，可以判断出孩子的整体状态。

三是带着孩子一起做事情，观察个性特征和处事原则。比如一起去旅行、运动、做公益、勤工助学，一起去参观、调研或者是参加会议、论坛等，观察孩子在其中的表现，是主动出击还是沉稳保守；是好动的还是好静的；是喜欢和人打交道还是喜欢和物打交道。

了解孩子，是家庭教育中父母的重要任务之一。只有更好地了解孩子，才能更好地因材施教。而陪伴孩子的时刻，恰恰是了解孩子的最佳时刻。

感悟

坚持做简单却重要的事

亲子陪伴的时刻，是父母进行言传身教的最佳时刻。其中能够给孩子带来长远且深刻影响的，是带着孩子长期坚持去做一件简单却重要的事，比如读书、跑步、书法、音乐、劳动、公益等。这些看似简单的事，要长期坚持去做，并没那么容易。父母中的一方，如果能够带着孩子长期去做这些有意义的事中的一两件，那么，必定能够在孩子生命中留下美好而深刻的印记。

养成读书习惯的孩子，往往会有自己丰富的内在精神世界，充盈而自足。

能够坚持跑步运动的孩子，往往会有坚毅的品格，懂得如何化解负面情绪。

能够坚持做公益的孩子，则往往富有大爱与悲悯之心，懂得关心人、体贴人、照顾人。

那些在艺术方面坚持学习和训练的孩子，则懂得什么是美，懂得在艺术之美面前保持谦卑。

而以上这些，都是父母可以根据自己的情况，去影响孩子的。教育是什么？教育就是一个灵魂影响另一个灵魂。父母，则是给予这种影响力的最佳人选。只是很可惜，很多时候，这种影响力被白白浪费，教育的机会也由此流失。这是值得所有父母警醒的一件事。

 感悟

用陪伴给孩子安全感

如何纠正孩子身上的一些不良行为，是让很多父母倍感头疼的问题。有些父母采取直接纠正的方式，只要有机会，就会揪住不放，"你要怎样怎样。""你不能怎样怎样。""说了多少遍，你怎么还不改过来。""我说的话，你怎么从来不听的。"诸如此类，试图通过言语来纠正孩子。采取这种说教式教育的父母可以试想一下，既然说了很多遍都没改过来，那么再多说一遍，又怎么会有效果呢？

有智慧的父母，则往往于无声之处达成最好的教育效果。而其中的关键，就在于要有足够的亲子陪伴机会。父母在陪伴孩子的过程中，在合适的时机，可以恰到好处地指出孩子需要改进的地方。当父母对孩子有足够的陪伴时，孩子是有足够的安全感的，这时，如果父母指出孩子需要改进的地方，孩子的解读就不再是"指责"和"批评"，而是能够感受到父母的爱和关切，会知道父母是为了自己好。

相反，如果父母长时间不在孩子身边，当孩子有需要的时候不在场，但一见面就指责孩子的不是，孩子对此的第一反应会是什么？是"你根本就不懂我。""要你管！""你凭什么管我！"，等等，逆反情绪瞬间被激发。从这一意义上看，亲子陪伴本身就是有价值的，亲子陪伴本身就是拉近亲子关系、拉近彼此心理距离的重要基础。所以，无论多忙，多花时间陪伴孩子，才是身为父母者最重要的事！

感悟

在陪伴中与孩子一起成长

亲子陪伴的过程，是父母重新认识自我、重新思考人生的过程。父母在陪伴孩子的过程中，只要稍微放下成人的傲慢与偏见，稍微用心观察，就会看到孩子的喜怒哀乐，看到孩子的努力与收获，看到孩子的失利与教训，看到孩子的梦想与期待，看到孩子的恐惧与勇气。而这一切，其实都是父母要完成的课题。

在面对困难的时候，孩子有什么样的反应，做出了什么样的选择？如果换作是我，我会做得更好吗？对于孩子真正有价值的事情是什么？我有没有带着孩子坚持去做？我希望孩子如何度过他的一生，而我自己又是如何度过自己的人生的？诸如此类问题，与其说是孩子面临的问题，倒不如说是父母的课题。只不过，在绝大多数情况下，孩子无从逃避；而父母则选择了不去考虑这些问题，放弃了与孩子共同成长的机会。

孩子的成长过程就像是一面镜子，无时无刻不向父母提出问题，"这种情况，你会怎么处理，你看重什么，你的态度和选择是怎样的？"而父母的每一个选择和行为，都会将自己的世界观、人生观、价值观暴露无遗。父母是否言行一致，父母的所作所为是否值得孩子尊敬，孩子下次要不要听你的话，这一切，孩子自会有答案。所以，那些所谓不听话的孩子为什么不听话？原因之一就是父母的言行不一致，父母做的选择与他们教给孩子的不一致。这才是值得父母深刻反省的地方。

感悟

在陪伴中反省自己的教养方式

孩子是父母的一面镜子，折射出父母的言行举止与教育影响的真实状况。虽然父母无法为孩子的不良举止和错误行为负全部责任，但他们的教养存在过失，是无可辩驳的。所以，亲子陪伴的过程，其实也是父母观察孩子行为、反省自己教养方式的过程。

孩子的表现为什么不尽如人意？孩子身上为什么有这样那样的问题？在孩子的成长过程中，自己是否有做得不到位的地方？现在有什么补救方式？教育容不得半点敷衍、半点虚假，孩子的一言一行，无形中都成了父母教养行为的折射。

所以，面对孩子，父母是需要谦卑的，不能高高在上，更不能横加指责。父母只有保持谦卑和自省，才会发现自己的不足，才会发现自己有许多需要改变的地方，才会发现自己有学习的需要，唯有如此，家庭教育才有改进的可能。

 感悟

多制造快乐

在当下的环境中，在亲子陪伴的过程中，最应该做的是多创造快乐。孩子不管是在学校读书，还是走上工作岗位，面临的都是非常"卷"的情境，孩子承受的心理压力都是非常大的。很多时候，孩子都是独自面对生活、独自承受压力的。

但从另一个角度来看，其实孩子心理成熟的程度，有时也会超出父母的想象。他们其实很早就懂事了，但很多时候，总是把压力和不快藏在心里，眼里失去了这个年纪的孩子应有的光芒。

所以，父母陪伴孩子的时候，可以多制造快乐的时刻。在某种意义上，快乐时光是对抗生活困境的良药。快乐多了，人就能够更好地面对生活的难处。所以，无论如何，父母都要刻意地制造快乐，带着孩子多享受快乐的时光。

感悟

以平常心陪伴孩子成长

在亲子陪伴过程中，随着孩子的成长，父母与孩子面临的问题与挑战也会随之变化。

小时候，父母关心的可能是孩子吃饭、穿衣的情况；再后来，是上学读书学业的表现，以及在学校面临的各种状况；再往后，就是工作、成家情况。父母能够陪伴孩子的时间，或长或短，但孩子总是父母一辈子放不下的牵挂。

对父母而言，应该以平常心对待孩子的成长过程，尊重孩子，不过度干预孩子的人生选择；以享受亲情与天伦之乐的心态，享受与孩子相处的时光；鼓励孩子努力学习、努力工作，同时接受所有的结果。在当下竞争激烈的环境中，父母能做的就是让自己的内心不断强大起来，以平常心陪伴孩子成长的每一个阶段，一点点放手，一点点目送，少一些焦虑紧张，多一些从容平和。这才是亲子陪伴应有的状态。

感悟

父爱如山

父亲在孩子的成长过程中起到的作用，是极其重要且不可或缺的。一般来说，在家庭教育中，父亲往往更加包容、理性，更关注与孩子成长相关的事情，更关注孩子的思维训练和解决问题的能力的培养，而对孩子某次作业、某次考试或某项具体的事情可能就没那么在意。所以，随着孩子一天天长大，父亲应该更多地参与到与孩子的互动之中。可以把孩子的成长过程大致划分为 0~6 岁、6~12 岁、12~18 岁三个阶段。

0~6 岁阶段，妈妈多付出一些是可以理解的。

6~12 岁阶段，父亲应该更多地参与孩子成长的过程，更多地引导孩子发展情绪处理能力，引导孩子学习做人做事的方式方法。

12~18 岁阶段，父亲应更多地介入和引导孩子形成学习、做事及思维方式。处在青春期的孩子，自主意识开始增强，要求、说教与强迫的教育方式已经起不到什么作用，父亲要心平气和地和孩子商量，摆事实、讲道理。

所以，孩子成长的过程，往往也是父亲参与和付出逐步增加的过程。父爱如山，教养子女，是身为父亲最重要的本分，这既是父亲不可推卸的责任，也是家庭幸福与美满的源泉。

 感悟

心理陪伴

有一种亲子陪伴，是心理陪伴。

亲子间的心理陪伴，指的是父母由于各种原因无法实质性地陪伴在孩子身边，但一直通过各种通讯方式与孩子保持联系，并给予孩子足够的心理支持的陪伴方式。比如孩子在封闭式的寄宿学校学习；父母在外地工作，平时不能陪伴孩子。在这种情况下，通过经常性的通话联系，了解孩子的学习生活情况，关心孩子的情绪变化与情感需要等心理陪伴，可能达不到实际陪伴的效果，但在某种意义上，仍然能够在某种程度上给孩子提供有力的支持。

对于那些常年不在孩子身边的父母而言，如果可以，应当确保每半年时间至少有一两次和孩子见面相处的机会。有什么事情比孩子的成长更重要呢？既然陪伴孩子如此重要，有什么事情会让父母与孩子半年都见不上一面呢？除了极少数无法左右的情形之外，父母只要有心，抽出一些时间来陪伴孩子，应该是能做到的。多陪伴孩子，每一次相处的时间，都可能是至关重要、价值连城的。

感悟

认真对待孩子的需求

陪伴孩子成长的过程，也是父母自我成长的过程。其中的关键是父母是否愿意认真对待孩子的需求，是否愿意真诚地承认自己的欠缺，是否愿意接受教养孩子过程中不断出现的挑战。从孩子呱呱坠地起，父母往往就在准备不足的情况下手忙脚乱地开始了养育孩子的过程，所以，很多新手父母对孩子一开始就是"照书养"的。而当孩子慢慢地成长，生活、学习也逐渐步入了正轨，另外两个问题也慢慢浮现了出来，它们是需要负责任的父母认真对待的：

一是我如何经营好自己的人生，让自己成长为值得孩子尊敬的言行一致的父母？

二是孩子的使命是什么，我如何在孩子人生使命的确立上，发挥应有的积极正面的作用？

对于第一个问题，可能很少有人会真正去认真考虑，但这一问题对于孩子和父母来说，却是价值连城的。当父母用心去做真正有价值、真正值得尊敬的事情的时候，那种成就感、自豪感，是任何金钱荣誉都换不来的。

对于第二个问题，父母看似作用不大，其实不然。父母如果能够明确自己的使命，就可以给孩子树立好的榜样。所以，在父母陪伴孩子的过程中，以上两个问题可能就在某一刻被唤醒了，而那些能够认真对待这两个问题的父母，无疑将极大地提升自己生命的厚度与价值。从这一意义上说，孩子也是父母成长的源泉所在。

感悟

"亲"来自陪伴

临近期末考试，明显能够感受到上五年级的女儿有些压力。前几天快要睡觉时，女儿对妈妈说："妈妈，你能陪我睡吗？""当然可以。"妈妈说。

孩子对于父母的情绪需求与情感需求可能是随时的。我们不知道孩子在什么时候会遇到什么样的状况，我们需要知道的是：孩子在日常生活中，随时都可能遇到各种状况，而父母的在场，在一定程度上是能够给予孩子安全感的。孩子的情感需求是真实的，孩子与父母的情感联结，也是在一次次"在场"与"陪伴"中一点点建立起来的。这些在场与陪伴，就是"亲""有话聊"与"听话"的来源。

所以，不难理解，很多孩子小时候没被父母带在身边，长大后，就会觉得与父母"不亲"。"亲"来自陪伴，孩子的安全感也来自陪伴，更重要的是：孩子一生的幸福，可能与童年及青少年时期父母的陪伴密不可分。所以，孩子小的时候，父母的每一次陪伴，都可能是价值连城的。这也是父母的职责所在。

感悟

专注于孩子本身

亲子陪伴，从某种意义上说，是消解焦虑的有效途径。父母的焦虑从何而来？很多时候，是从竞争激烈的环境中来，是从与他人的比较中来。

当父母放弃独立思考，随波逐流时，焦虑几乎是无法避免的。但当父母回归到自己的孩子身边，不理会外界的喧嚣与嘈杂，用心地与孩子相处时，就会看到孩子的优点和长处，看到孩子能做的事，看到孩子的专注点，看到孩子的兴趣、梦想与使命。

所以，当父母与孩子专注于自己的目标、专注于自己所擅长的事、感恩自己所拥有的东西时，完全可以是从容的、自信的、知足的、充盈的。为人父母，很多时候真的需要把外界的噪声隔绝在外，专注于孩子本身，多陪伴孩子、多发现孩子、多成就孩子。

 感悟

深感无力时怎么办

亲子陪伴的过程，对于父母而言，有可能是煎熬、难过甚至是极度痛苦的过程，特别是对于那些对孩子有要求、有期待的父母来说。当父母看到孩子晚上不睡早上不起，看到孩子不修边幅东西乱扔，看到孩子沉迷游戏或电子产品，看到孩子不爱学习就想着玩的时候，父母的心情，可能瞬间就不好了。在这种时候，父母往往会有极深的无力感，因为可能已经对孩子说过无数遍，情况却没有一丝丝的改善。那么，父母该怎么办呢？

有两种方法，一种是积极的，另一种是消极的。

积极的方法，就是父母通过学习改变自己的行为，改变教育的方法，学会该怎么做才能有效地影响孩子。

消极的方法，就是接纳孩子的行为，接纳一切不如己意的地方。

两种方法，都不容易做到，但为了孩子的前程，为了家庭的和美，还是值得付出的。毕竟，很少有什么重要的事，是简简单单就能做到的。

 感悟

怎么对待孩子身上的问题

在与孩子相处的过程中，当父母发现孩子身上存在一些问题时，该怎么对待这些问题呢？很显然，孩子在成长的某个阶段，或多或少总是会出现一些问题，比如：缺乏耐心、心浮气躁、做事潦草，甚至是任性乖张、刁钻说谎、游手好闲。有时，孩子身上所表现出的行为和品性，会让父母深感担忧甚至倍感痛苦。

遇到这种情况，父母该怎么做呢？

父母首先要做的，就是对造成孩子问题的可能原因进行分析，如果是父母的责任，就要深刻反省自己做得不好、不对的地方，是父母自身的问题，就要认真严肃地对待，努力付诸行动加以改正，给孩子树立好的榜样；如果是孩子自身的问题，则要想方设法帮助孩子去克服和解决问题。

把问题分开，把责任分清，是父母迟早要学会的一门功课。父母不应该将责任全部推卸给孩子，或者推卸给配偶，认为自己做得完全没错。当一个人觉得自己做得什么都对的时候，其实他已经错了。孩子身上的某些问题，很多时候根源就在父母身上。

当然，父母也不应该把孩子身上出现问题的责任全部揽过来，从而过度自责。责任明确，根源分清，再寻找问题解决的办法，是处理孩子身上问题的基本前提。

感悟

父母要走出舒适区

在亲子陪伴过程中，不管是更深地了解孩子的成长需求，还是发现父母自身存在的不足，最终都有一个无法逃避的问题，那就是：父母究竟应当如何面对自己在家庭教育的知识与方法以及在品行、见识与能力方面存在的不足。

一个不争的事实是：绝大多数父母，身上的行为习惯已经固化，认知也很难改变。所以，面对孩子提出的挑战，父母群体便出现分化：部分父母能够接受这种挑战，愿意改变自己，使自己成为学习型、成长型父母，而多数父母仍然维持原来的模样，不愿改变，不肯学习。

从心理学的角度来分析，要改变一个人的行为习惯确实并非易事，但这里的关键在于，父母要有改变的意愿，要付诸行动进行学习。一旦父母有意愿改变、有学习的行动，或许就有改变的可能，而这种来自父母的改变，无疑也将成为孩子成长的动力源泉。

学习型、成长型父母为数不多，因而更加值得尊敬、值得点赞！

 感悟

亲子陪伴的对立面

亲子陪伴的对立面是什么？是父母对孩子的冷漠、疏远、置之不理。很多父母，不管是出于生计的需要，还是想逃避作为父母的责任，并没有尽到应有的作为孩子最重要的陪伴者的角色。这种父母角色的缺位，无疑会对孩子的身心健康产生极大的负面影响。

不管是美国哈佛大学肯尼迪政府管理学院前院长帕特南严肃的学术作品《我们的孩子》、万斯的《乡下人的悲歌》还是影视作品《风雨哈佛路》，或者是国内关于留守儿童的大量新闻报道，都深刻地揭示了缺乏亲子陪伴对孩子在心理、性格及人生幸福感方面带来的伤害，这种伤害往往会伴随孩子一生。人生在世，最大的价值，就是尽自己的本分。对于父母而言，最基本的、最重要的本分，就是陪伴孩子、养育孩子。

身为父母，如果连这一最基本的职责都担负不起，纵使在其他领域很有成就、很有建树，其实也是失败的。

感悟

真实与德行

在亲子陪伴过程中，父母想要对孩子产生积极正面的影响，需要做到两点，一是真实，二是德行。

真实，意味着父母必须言行一致，不伪装，不粉饰，不故作姿态。真实往往是最有力量的教育行为。因为当敏感而聪明的孩子发现父母虚伪作态的时候，他们便会对父母存疑，很难再相信父母。父母的教育行为也便不再奏效。

德行，则意味着父母所说的、所做的事，必须是正派的、符合德行的，是正直的、符合真善美的。当父母圆滑钻营、唯利是图甚至为达目的不择手段时，孩子往往会发自内心地对父母避而远之。甚至父母身上的一些小毛病，往往也逃不过孩子的眼睛。从这一意义上说，家庭教育归根结底是父母的德行、品行在起作用。

那些正直善良、行为正派、言行一致的父母，哪怕没有受过什么教育，哪怕生活困顿，身上所散发出来的力量和光辉，仍然足以对孩子一生产生无尽的、积极的影响。

感悟

关注外部环境

当下的环境，并不友好。"这是一个最好的时代，也是一个最坏的时代；这是一个智慧的年代，这是一个愚蠢的年代。"狄更斯在《双城记》开场中的这两句话，对于当下而言，似乎仍然适用。

今天，教育技术一日千里，教育资讯浩如烟海，各种教育创新模式层出不穷，但与此同时，应试教育的急功近利、品德教育的缺失、人际交往的势利圆滑、系统性的焦虑冲突，更像是在教育体系中埋下的致命基因缺陷，随时可能造成灾难性的后果。

这样的大环境，就要求父母随时对外部的教育影响保持警觉，对孩子的成长状态保持敏感，同时，也要有清醒的认知来对抗来自环境的一切坏的影响，从而保护自身小家不受伤害。要做到这一点，父母需要有足够的智慧和能力来经营好家庭、以平常心面对孩子的成长与未来。

对于父母而言，在亲子陪伴的过程中，自始至终都要注重培养孩子重要的三种品质：自理能力、谋生本领和良好品格。有了这三种品质保证，孩子的人生就会充满希望。

感悟

别抱有不切实际的期望

在亲子陪伴过程中，父母需要逐步接受的一个理念，即孩子不可避免地要成为一个普通人。现实情况是，想让孩子出人头地、成为"人上人"、当官发财的父母在整个父母群体中仍然占有很大比例。

对孩子抱有不切实际的期望，是很多父母的通病。这一通病，往往也是很多家庭悲剧的根源。表面上看，"出人头地"的观念好像也有一定的合理性，但究其根源，却是与现代社会格格不入的陈旧腐朽思想。

与"成为人上人"相对应的教育理念是什么？是成为服务者。社会是一个整体，角色却有分工，大家彼此服务、共生共存。一个人的价值，是由他为社会为他人所提供的服务、所创造的价值决定的，而不是由他所拥有的名誉、权力和财富决定的。

所以，当一个人思考的问题是我能够为他人提供什么样的服务、创造什么样的价值的时候，他是绝不可能没有事做的。而当一个人有服务他人的意愿和能力的时候，他们在这个社会中，就会拥有一席之地。有服务他人的心志和意愿，有一技之长，这就是父母在亲子陪伴过程中，要不断提醒并注重培养孩子的。

"你能看到没有被满足的需要是什么？"

"你能为此做些什么？"

这是父母在陪伴孩子的过程中，经常可以问孩子的问题。

 感悟

清醒地意识到自己的局限性

在某种意义上，父母的教育理念和教育模式，受制于自身的成长经历、受教育经历及人生见识。多数父母，对于孩子的教育，并没有自己的想法，缺乏新意，一知半解。大多时候，他们是按照自己的意愿和本性来教养孩子的，对孩子想批评就批评，想打骂就打骂，简单粗暴；对孩子缺乏同理心，不能理会和接纳孩子的需要；被环境裹挟着走，随大流，而缺乏对孩子个性特长的了解。在父母这样的教养方式下，孩子最终能够成为什么样的人、取得什么样的成就，也就可想而知了。

真正优秀的父母，能够清醒地意识到自己的局限性，并能够突破自身经验的局限性，为孩子的发展提供更好的教育环境和教育经历。父母目不识丁，却坚持送孩子去读书；父母自己没有走出过故土，却鼓励孩子一定要去见外面的世界；别人都在追求成绩，父母却更看重孩子品格的养成。

在家庭教育中，一代人有一代人的使命。父母如果能够超越自身的阅历，用见识与智慧托举孩子，是十分难得且值得尊敬的。

感悟

放下

在当下教育竞争激烈的环境中，很多父母被环境裹挟着往前走，将外部的压力转化为对孩子的要求，时时事事对孩子有各种各样的要求，最后将焦虑紧张的情绪传递给了孩子。这种类型的父母在亲子陪伴的时间里，要么催着孩子做作业，要么把孩子送去上各种辅导班、能力训练课。

其实，在这样的状态下，父母的陪伴并不能给孩子带来多少助益。所以现在的问题是：父母如何通过对抗环境的不利影响，带给孩子真正的包容与接纳。如果父母不能抵挡外界的负面影响，还不如少与孩子相处。所以，这里的关键是：如何在陪伴中，给予孩子真正好的影响。这是值得父母认真思考的，父母需要反省自己，提升自己的见识、水平与格局，不要被孩子一时的作业和任务所影响。父母如果能够放开自己，也就能够轻松地面对教养孩子的压力，成为孩子的减压阀和负面情绪的接收器，这便是对孩子最大的帮助。

父母是孩子的天，天有多高，孩子就能飞得多远。

感悟

理念一致

父母的教育理念一致，是家庭教育中非常重要的品格。"夫妻同心，其利断金"，在家庭教育中也是如此。夫妻双方，由于各自原生家庭、成长经历与受教育程度存在差异，在教育孩子过程中，难免会有不同意见。这个时候，如何处理这些不同意见，形成一致的教育理念，便显得非常重要。

要做到教育理念一致，夫妻双方首先都要保持开放的心态，愿意学习科学、正确的教育理论，摒弃或修正自己错误或不完善的认知，而不是固执己见，甚至自以为是。

其次，夫妻间要保持顺畅的沟通，经常一起讨论在家庭教育过程中遇到的问题，分析问题，探讨原因，商量对策。每个孩子在成长过程中遇到的问题，每对父母在教育过程中遇到的问题，在某种意义上都是独一无二的，都是没有现成答案的，父母中的任何一方，都不可能有预设答案，需要夫妻双方根据具体情况具体分析，共同寻找答案。

最后，夫妻双方要考虑清楚家庭教育的最终目标是什么。这是任何认真严肃的父母都无法回避的一个问题。夫妻要形成对家庭教育目标的共同认知，不管是培养孩子自理谋生的能力，还是锻造孩子的优秀品格，抑或是提升孩子服务社会、造福大众的本领。只有当夫妻双方对于家庭教育有共同目标时，在处理一些难题和分歧时，才能够更好地达成共识。

感悟

可信任的权威

父母在孩子那里拥有真正的权威，是家庭教育中较为难得的重要品格。在当下的教育环境中，父母要成为孩子可信任的权威，其实并不容易。现实中常见的情况，要么是父母对孩子百般呵护、言听计从，从而形成过分溺爱的现象，这种情况下培养出来的孩子往往是对父母缺乏必要尊重的"土霸王"和"熊孩子"；要么就是父母对孩子进行各种打压，甚至是实施家庭暴力，从而导致孩子对父母心怀畏惧，成为性格软弱、可怜巴巴的"受气包"和"怯弱者"。

那些能够成为孩子"信任权威"的父母，意味着从根本上真正地赢得了孩子发自内心的认可和尊重。而父母要怎么做才能够成为孩子可信任的权威呢？在笔者看来，这样的父母，往往是品格正派、富有智慧、方法得当的；这样的父母，往往也是对孩子包容、能够敏锐地感知孩子的诉求并较好地满足孩子的成长需要的。

成为孩子信任的权威，应当是所有父母努力的方向。正如德国哲学家、教育家和精神病学专家卡尔·雅斯贝尔斯在《什么是教育》一书中所提到的，"被信任的权威是一种触及本质的真正的教育的唯一源泉"。

 感悟

家庭亲密关系

开放、包容、求同存异、不固执己见，是家庭教育中极为重要的品质。在当今竞争激烈、紧张情绪一触即发的环境中，能够为孩子提供自由、平和、从容的成长环境的家庭，尤其难能可贵。在某种意义上，家庭可以看作世界上最小单位的"观念战场"：丈夫、妻子经常意见不同，彼此争取对方的认同，却往往两败俱伤。因此，在夫妻关系中，最宝贵的品质就是接纳对方、认同对方、赞赏对方。

在家庭亲密关系中，每个人终身追求的幸福根源，在于得到对方的认可。来自亲密关系的接纳与认可，是最强大的幸福底气，也是夫妻双方对抗人生风风雨雨的最强大武器。从这一意义上说，夫妻相处的根本之道，也就呼之欲出：放低自己、放下自己、谦卑自己，认可对方、接纳对方、欣赏对方。如果双方能够真正地谦卑自己，完全地包容对方，亲密关系便可以更加融洽甜美。这样的家庭，就能够给孩子提供一个更加自由宽松、有安全感的成长环境。

夫妻的关系和美，是一个家庭所能够给予孩子的最大安全感。

🤖 感悟

预言的自我实现

积极乐观，既是幸福人生应有的态度，也是家庭教育中应有的情绪底色。在家庭教育过程中遇到的所有问题，父母都应该以积极的态度应对，在现实的情境中，去努力争取最优结果。

心理学中有一条核心基本原理：预言的自我实现。

当父母认为孩子"成不了才""没救了"时，孩子便有可能真的往不好的方面发展，最后真的就"如其所愿"。而当父母坚信孩子无论遇到什么样的问题、困境、难处与挑战，都一定会好起来并持续为之付出努力时，孩子也就会慢慢好起来。在家庭教育那些艰难的时刻中，不是因为"看见"才相信，而是因为"相信"才看见。所以，对于孩子的教育问题，父母要么有科学合理的方法，要么要纯粹乐观地相信孩子。

当父母以积极乐观的态度面对孩子、相信孩子、相信未来时，即使不能看到理想的结果，在这个过程中，也将是充满希望的，仍然可以以比较平静、顺畅的方式度过孩子成长中的某些艰难的阶段。无论如何，都要积极乐观！

感悟

有使命、有目标的家庭

一个家庭，若能有共同的使命、共同的目标，那便是极美好的事。

最近一年来，笔者脑海中不时会跳出这个问题：我们家的使命是什么？我们家有什么样的共同目标？这个问题如果没有想清楚，我们做的所有关于家庭教育的努力和应对，可能都只是在应付问题，是应景之策，而不是长久之计。

在庸庸扰扰、忙忙碌碌的环境中，一个家庭能够明确家庭使命、设立家庭目标，确实是难能可贵的。这样有使命、有目标的家庭，往往也是最充实、最幸福的家庭。不管是振兴家族，还是在职场上做好本职工作，抑或是投身教育、医疗、科技、公益事业，家庭使命能够使整个家庭朝着同一个方向努力，劲往一处使，日积月累、水滴石穿，目标与使命一定会实现，从而让人欣慰自豪。

你的家庭使命是什么？这个问题值得好好思考。

感悟

放下执念

对成长过程中各种可能的结果，对孩子未来的人生与职业选择保持一种灵活性，是家庭教育中非常重要的一项品质。很多时候，父母容易对孩子学习的内容、未来的发展形成一种执念，并把这种执念强加给孩子，最终的结果，就是引起孩子的抗拒、逆反，甚至导致悲剧性的后果。孩子明明不喜欢被约束，却逼着孩子去考公务员；孩子不想走传统路线，却受到父母的极力反对。事实上，孩子的未来存在着多种可能性。孩子在成长过程中，会经历什么、遇到谁、喜欢什么，都如同开盲盒一般，父母不知道这只羽翼渐丰的鲲鹏要飞向何方。

父母所能持有的最好心态，是对所有的可能性保持一种开放的态度。鼓励孩子认真去做手头的事，专注其中，全力以赴，只问付出，不问结果。越是如此，往往结果越不会令人失望。

感悟

懂得放手

父母在家庭教育中有一项重要品质，就是懂得放手。正如黎巴嫩著名诗人纪伯伦的《致孩子》中所写的，"他们借助你来到这世界，却非因你而来，他们在你身旁，却并不属于你……你可以庇护的是他们的身体，而不是他们的灵魂，因为他们的灵魂属于明天，属于你做梦也无法到达的明天"。

孩子不属于父母，他只属于他自己，这是父母无论如何都要清楚地知道的。所以，父母最大的职责就在于教给孩子正直的品格和生存的本领，至于养成什么样的生活习惯，选择什么样的生活方式，从事什么样的职业，跟什么样的人在一起，父母能够对孩子产生的影响其实很有限。孩子愿意听，当然很好；孩子如果有自己的想法，也再正常不过。

为什么不放手呢？为什么要控制孩子？为什么要两败俱伤甚至让孩子痛不欲生呢？

孩子的成长过程，本来就是渐行渐远的过程，唯有放手，才是身为父母的应有之义。珍惜孩子小时候的时光，好好地教给孩子做人做事的道理，教给孩子生活生存的本领。如此，便是尽到父母的本分了。倘若孩子能够跟父母一直保持较为亲密的关系，便是人生最大的幸福了。

感悟

理性平和

如何对待错误，是家庭教育氛围的一个重要维度。在理性开明的家庭氛围中，父母能够平和地对待错误，在处理与孩子相关的事务犯错时，能够主动向孩子道歉，并争取孩子的谅解，同时在孩子犯错的时候，也能够理解、宽容和原谅孩子。因为这样的父母，清楚地知道人无完人，人犯错误是难免的。在犯错时，更重要的是从错误中学习并持续成长，而不是批评指责孩子。在简单粗暴的家庭氛围中，父母中的一方或双方，往往会一方面，在自己犯错的时候，"极力掩盖自己的错误"，为自己的错误辩解、找借口；另一方面，在孩子犯错的时候，又抓住不放，极尽批评打击讽刺之事。

拥有理性、平和品格的家庭，能够更加宽容地面对错误，父母、孩子都不容易走极端，孩子就能够更好地自由、舒展地获得身心发展。事实上，在因犯错被批评指责时，孩子的内心往往是极度痛苦且无法消解的，在这种情况下，往往一点火星便会引发一场大火，悲剧事件可能也就会不受控制地发生。

 感悟

共同爱好

家庭的共同爱好，是亲密关系的重要载体，也是家庭教育的重要组成部分。如果一家人有共同的爱好，并能够长期坚持下去，那么这样的家庭也往往是充满温情的、幸福美满的。跑步、骑行、旅行、阅读、书法、绘画、美食、公益等，当一个家庭能够坚持某种共同爱好时，父母与孩子往往能够形成深度的关系联结，亲子之间就能拥有共同的生活经历、情感体验，产生精神共鸣。

当家庭成员之间拥有这些情感体验和精神共鸣之后，那些家庭教育中重点塑造的好品质也就蕴藏其中了，比如目标明确、团队协作、坚毅、谦卑、感恩等。家庭教育的重要目的之一，就是教给孩子经营生活、体验幸福的能力，而拥有共同爱好的家庭，恰恰是能够在这一维度上，给孩子诸多教益的家庭。所以，父母要尝试与孩子建立共同爱好，哪怕是一起看电影、一起旅行、一起刷剧这种贴近日常生活的爱好，它们也是能够起到一些作用的。

所以，各位家长朋友，你们家的共同爱好是什么？

感悟

积极乐观

积极乐观，是家庭教育过程中的一种重要品质。如果父母双方的心理底色是积极乐观的，那么不管是面对家庭生活中的难题，还是孩子成长过程中出现的状况和挑战，整体家庭氛围仍然会是积极阳光、充满希望的，而不是沮丧黯然、悲观失望的。

积极乐观是一种品质，与现实情况并无直接关联。有的家庭可能物质条件、文化基础都不错，但由于父母的悲观底色而缺乏快乐气氛。相反，有的家庭可能原本一无所有，但由于父母和孩子的积极乐观而充满欢乐。积极乐观是一种为人处世的态度，虽然很多时候是与生俱来的，但同样也可以通过学习获得。

积极乐观也是一个家庭的精气神，一旦失去这种精气神，不管是父母还是孩子，都可能会在低谷中徘徊很长时间。相反，一旦一个家庭拥有积极乐观这种精气神，就没有什么过不去的坎儿。永远对未来、对美好生活充满希望，永远积极向上，永远努力，永远在路上，这是家庭教育的宝贵品质，也是值得所有家长朋友努力培养的品质。

感悟

学习能力

当前，人类已经开始进入智能时代。在这样的新时代，对于个体而言，什么素质是最重要的？毫无疑问，答案是学习能力。

在家庭生活中，父母是否具有终身学习的习惯和能力、能够时时处处保持学习的兴趣是至关重要的。在过去20年的互联网、移动互联网时代，社会变化日新月异；而在未来20年可预期的人工智能时代，这种变化速度只会更快。今天举足轻重的职业，明天可能会消失，而更多闻所未闻的工作机会也将随之涌现。所以，虽然有很多人仍然会去追求"稳定""旱涝保收"的工作，但毫无疑问，这种可能性将越来越小。

未来社会中，真正的稳定是建立在学习能力的基础之上的适应能力，是建立在适应变化能力基础之上的开放心态。同时，未来社会生活的重点，也可能会更多地回归兴趣、回归人性、回归传统，回归人与人的关系。未来，每一个个体都需要拥有更开放的心态、更敏捷的学习能力，而这种学习能力，则是需要从小加以培养的。

所以，在未来的家庭生活中，最美好的画面，就是父母和孩子，都能够遵从自己内心的召唤，保持终身学习的习惯，自由发展，从容地选择自己想要的生活方式，并能够灵活地适应时代的变迁。

感悟

"社会支持网络"

　　家庭教育中，父母应当有意识地构建一个良好的社会支持网络。换句话说，在教育孩子的过程中，一旦遇到难题，父母不能讳疾忌医，走进死胡同不出来，从而导致问题恶化。相反，在问题超过自身能解决的范围的时候，要主动向长辈、密友及专业人士寻求帮助。

　　虽然一个人解决问题的能力有限，但让你深感棘手的问题，可能早已经有了简单明了的解决办法了。甚至，可能仅仅是转变一下想法、角度，问题就可以迎刃而解。家庭教育过程中遇到的任何问题，都一定有解决的办法，这里的关键是要找到合适的人求解。你在遇到问题时可以求助的亲朋好友或专家，就是你实施家庭教育的"社会支持网络"。或许，很多时候，他们也并不能及时给你答案，但是，他们至少可以听你倾诉，可以给你安慰，可以一起帮你想办法出主意。那些孤僻封闭的父母，往往在教育孩子的过程中也容易出问题。相反，那些愿意主动寻求帮助、愿意主动适度暴露问题的家长，往往总能找到问题的解决办法。

　　所以，主动寻求帮助，主动构建一个在关键时刻能够给你提供帮助的社会支持网络，是家庭教育过程中父母的重要职责之一，这也是父母在家庭教育过程中所应拥有的重要品质。

 感悟

反省

"吾日三省吾身。"在家庭教育中，父母非常重要的品格之一是反省。家庭教育的理念是什么？对孩子的教育方式方法是否正确？处理亲子关系的做法有没有问题？答应孩子的事情都做到了吗？孩子成长的目标是什么？当前的关键问题是什么？这些问题，都是父母平时在与孩子互动的过程中，需要反省的问题。

对于很多人来说，反省是痛苦的，因为反省意味着需要直面自己犯下的错误以及自己的短板、软弱、不堪甚至是丑陋、邪恶，由此带来的自我否定，往往会让人感到痛苦。对于有些人来说，反省则是快乐的，因为，反省是成年人成长的重要渠道，在反省中改正错误、明确目标、明晰真理，可以修正家庭教育中的不当之处，帮助自己和孩子实现更好的成长。

父母的成长之路，是反省，是从反省中的痛苦，走向反省中的喜悦。而当父母在反省过程中是平静的、喜悦的时候，就能找到通向自由王国的法门。

感悟

信仰

　　对于一个人而言，决定安身立命途径最根本的因素是信仰。今天的很多人都缺少信仰，从而也注定了很多人的人生，是无根的浮萍、海上的扁舟。

　　没有信仰的父母，是很难培养出目标明确、意志坚定、清醒通透的孩子的。所以，信仰问题，是人生中重要的根本性问题，这也是当下家庭教育困境的根源所在。作为父母，不管是 30 岁还是已经 60 岁，我们都要追问自己这些问题，我的信仰是什么？我们家庭的信仰是什么？我能够用什么样的信仰影响孩子？孩子的生命何去何从？我们的人生又何去何从？这些问题，都不是小问题，是重要的大问题，值得各位父母朋友深入思考！

 感悟

勇于改变

在家庭教育中，父母有一个重要的品质，即勇于改变。人无完人，父母在社会生活、家庭生活中，总会遇到能力范围之外的事情，总会遭遇短板和不足、总会有需要不断提升的地方。这时，父母应对的态度，往往也就预示着整个家庭的精神面貌和生存状态。那些愿意直面问题、正视短板的父母，纵然知道要改变自己长久以来形成的习惯并不容易，但仍然有尝试的意愿和行动，因此也能够带领整个家庭不断往上走，从而一直保持乐观向上的精神面貌和生存状态。

从某种意义上说，"态度决定一切"是对的，因为当父母有直面问题、勇于改变的态度并付诸实践的时候，遇到的事情是一定会往好的方向走的。相反，那些不愿直面问题、缺乏改变的勇气和意愿的父母，家庭的整体氛围也往往是充满抱怨、无力、悲观和压抑的。而这种状态的父母，怎么可能培养出积极向上、乐观开朗的孩子呢？口头说教是苍白的。父母的所作所为和生活状态，才会对孩子产生真正的影响。

父母勇于改变的品质，不但能使自己受益，也能使孩子、使家族后代受益。

感悟

做事有条理

在家庭教育中，父母要教给孩子的，无非是关于如何生活得更好的学问。而在所有关于生活的学问中，有一种品质是极其重要的，那就是耐得住性子、做事有条理。

在当下浮躁的社会中，有些人总想快速发财、一夜暴富，有些人做事想走捷径，有些人想少干活、多拿钱，想"钱多事少离家近"，而愿意踏踏实实、一步一个脚印、下苦功结硬寨打呆仗的人越来越少。但其实，这样的人才是能够走得更长远的人，这样的人才是这个社会真正需要的人。

物有本末，事有终始。严格遵照做事的道理，一板一眼，条理清晰，每一步都做仔细、都认真做到位，才是做事的正确打开方式。能够安静，能够耐得住性子，能够下得了苦功，是父母生活中应要求自己做到的，也是要特意教导给孩子的优良品格。走最稳、最扎实的路，可能会比较慢，但这往往也是到达成功彼岸最快最好的方式。

感悟

善于制造快乐

快乐是一个家庭生活中最重要的品格。有很多父母平时不苟言笑，一副严肃的样子，整个家庭氛围也就容易变成比较压抑的状态。其实，大可不必！生活原本就不容易，父母在外面的工作中，总是会碰到这样那样的问题，如果把其引发的负面情绪带回家，家里的氛围就不太可能是好的。相反，那些有智慧的父母，总是知道怎么把工作和家庭生活区分开来，知道怎么制造快乐。善于制造快乐的父母，往往也能够给孩子一个快乐的童年和愉快的成长氛围。这种快乐的经历，必将成为孩子一生中最宝贵的财富。

所以，无论如何，父母要积极面对生活，时时地地制造快乐，逗孩子开心，把每一寸光阴都过成绚丽奔放的颜色。

感悟

公益是最高级的教育

公共精神、公益之心、志愿服务，是当前中国社会所普遍缺失的，同时也是需要在家庭教育中大力倡导的。

自利动机，原本就是人类社会进步的内在动力。问题在于，人不能只有自利动机，人还有利他的本性。只是近代以来国人饱受战争、动荡、饥荒的折磨，如今虽然已经物资丰裕，但民族的苦难记忆仍然历历在目，更多的人仍然在为自己能够过上更好的生活努力拼搏着，这也无可厚非。但这种情形不会一直持续下去，也不应该一直这样下去。

自利动机，是人类动物性本能的延续，而利他行为，才是人性光辉的体现。从心理学的角度看，当一个人在做公益、义工、志愿者服务的时候，当他看到自己的行为帮到别人的时候，往往也是能够强烈地感受到自身价值的时候、能够体验到人生中最强烈的快乐的时候。从社会学的角度来看，公益活动、志愿者服务行为，也是建立最优质的社会关系网络的途径，不论是益友之间还是益友与服务对象之间建立起来的联结、情感，都很单纯、诚挚、持久。

父母如果能够陪伴孩子一起做公益，便是最高级的教育行为。"爱出者爱返，福往者福来。"人生至幸之事，莫如是哉。

感悟

善良

心存善念，慈悲为怀，凡事与人为善，举手之劳的事，能帮的就帮，做事只问付出，不求回报。这样的人，就是善良的人。这样的人，有时会被当作"傻子"，有时会被利用，常常会吃亏。很多人会怀疑，世界上怎么会有这样的傻瓜呢？其实，这样的人确实存在，而且还不少。

然而，这种心怀善念、常施善举的人，不是傻瓜，相反，他们是人世间最有智慧的人。因为，对于这些人来说，善良本身就是对他们最好的回报，他们不需要额外的、有形的、物质上的回报，他们内心的宁静、单纯，喜乐、无我，心无杂念，本身就是对一个人最大的祝福。

在家庭教育中，孩子的人生格局，从某种意义上讲，在他出生的时候，已经由父母的品格决定了。父母是心存善念、积德行善的人，孩子也必定会耳濡目染，心存敬意与谦卑；相反，当父母凡事唯利是图、做事不择手段的时候，肆意妄为的种子可能就在孩子心里种下了。

正如古人所说：积善之家必有余庆，作恶之家必有余殃。悠悠苍天，熙攘人间，有谁能逃脱得了因果报应？但行善事就是。

感悟

真实的生活

千百年来，人类文明得以延续、发展的根本动力在于人们的劳动与创造。劳动是人们得以生存与发展的最基础手段。因此，千百年来，"不劳无获""不劳者不得食"，便成为口耳相传的最朴素的家庭教育思想，这也是最基本的教育原则。然而，在唯分数论、只攻应试教育的教育环境中，学科知识的学习已经成为学生压倒一切的日常生活重点，不少孩子早已与现实生活世界失去联结。考试成绩几乎成为唯一的评判与筛选标准，动手能力、生活技能、道德品质成为不被关心的内容，并被束之高阁。

在家庭教育中，父母所能做的，就是一定要让孩子参与到家务之中，一定要培养孩子的动手能力、自理能力、生存本领。在适当的时候（比如假期），要让孩子真实地融入劳动场景，感受劳动的付出与收获、艰辛与喜悦。从某种意义上说，真实的生活，便是最好的教育，"一个行动胜过千言万语"，父母怎能浪费如此宝贵的教育资源呢？所以，那些有意尽早让孩子参与到家务及社会实践中的父母，便是大有智慧的父母。毕竟，教育的最终目的，是让孩子拥有创造更好生活的能力。

感悟

底线思维

    家庭教育中的底线思维，就是培养孩子面对最坏情境时的应对能力，这种能力在关键时刻是能够起到重要作用的，甚至是能够决定生死存亡的。在正常思维模式中，父母对于孩子能力的培养，很少会考虑到极端情况。比如：一个人在家时家电着火了怎么办？在陌生城市里手机、证件、钱包丢了怎么办？在野外旅行时迷路了怎么办？身无分文时如何在某个城市活下去？遇到自然灾害、歹徒暴动、人群踩踏时如何避险？被坏人跟踪或绑架时怎么应对？等等，这些事情，一般人可能一辈子都不会遇到，但是这样的事情，可能每天都在发生，也可能发生在任何一个人身上。

    底线思维，就是引导孩子获得面对极端情境的处理能力、应变能力。有智慧的父母，不管要把孩子培养成什么样的人，首先考虑的是孩子要有生存能力和应变能力，因此，也会在适当的时候，教孩子如何应对极端情况。未雨绸缪，有备无患。拥有应变能力的孩子，关键时刻不但能保护自己，也能救护身边的人，成为他人的福星。

感悟

勤俭持家

　　惜福之人福常在。在家庭生活中，父母如果能够勤俭持家，处处惜福，则能够带给孩子正面的影响。在现今社会，物质条件已经大大改善，一些富有家庭所拥有的财富，可能几辈子都用不完。在这种情况下，有些人就觉得自己很厉害，不可一世，花钱大手大脚，什么都要用最好的。其实，真正的富足之家，并不以挥霍为荣，不以虚荣为目标，相反，这些富足之人，仍然保持着节俭质朴的生活方式。这种品质，在今天的社会中，仍然是最宝贵的。

　　勤俭持家，在任何一个时代的家庭教育中都是至关重要的。所以，我们即使拥有很多财富，也要惜福，要给孩子最简单、最质朴的价值引导。因为，这原本就是长久幸福的根源所在。

 感悟

审美教育

　　追求审美趣味的提升，是父母在家庭教育过程中自我修养的重要组成部分。对美的欣赏、对艺术的追求，是人类的本性，也是人性中最美好的一面。

　　在当今物欲横流、拜金主义盛行的年代，有些人已经完全放弃了对美的持守。粗鄙、低俗、自我放任，不知美为何物，这种缺乏审美趣味的人，即使是在拥有巨额财富之后，审美品位也得不到提升。很多时候，我们不愿觉醒，只愿沉沦在粗俗之中，而这样的父母，是很难培养出情趣高雅的孩子的。所以，正如著名画家陈丹青所说的，"每个人都有审美"，只要我们放下我们的虚张声势，愿意保持谦卑，愿意欣赏美、追求美，我们便能够拥有更加高级的审美趣味。自然风光、器具物品、诗词歌赋、书法绘画、雕塑篆刻，人世间无一处没有美。正所谓"这世间不是缺少美，而是缺少发现美的眼睛"。其实，在与美好的事物相处的时候，我们也会变得更加柔和谦卑、从容淡定。

　　审美教育，本身就是家庭教育中相当高级的组成部分之一。愿我们今生都能窥见美的奥秘，享受美的愉悦！

感悟

有爱的家庭

什么是爱？

爱的本质是接纳、包容，全然为着对方着想，帮助对方成长。在家庭教育中，最重要的目标，就是拥有一个充满爱的家庭。夫妻相亲相爱，相互扶持，共同努力，共同经历风雨，共同享受胜利的喜悦，尊重对方，不回避矛盾冲突，共同把家庭经营好，这才是家庭生活应有的模样。

其实，父母甜蜜有爱，关系和谐稳定，家庭氛围轻松愉悦，就已经是给孩子最好的礼物了。生活在这类家庭中的孩子，身心健康的起跑线也已经完全不一样了。所以，在家庭生活中，夫妻双方最宝贵的品质，是愿意正视矛盾、直面问题，愿意因为爱彼此，而好好沟通，共同解决问题。

有爱的家庭就是天堂。当孩子生活在这样的家庭之中，他们才能够成长为天使的模样。

感悟

争取最佳结果

人生是一趟通往未知的旅途。孩子的未来，几乎是完全未知的。如何面对这种不确定性，其实是对父母综合水平的终极考验。真正有智慧的父母，往往能够在认清现实的基础上全力以赴，尽最大努力去争取最佳的结果。

一方面，既然"孩子的未来"是不确定的，那么就"事在人为"，只有努力去做了才可能会有好的结果。所以，从这一意义上说，那些没有用心、不想付出的父母，或自称"佛系"的父母，孩子能够成长为什么样的状态，结果是不得而知的。

另一方面，认清孩子是龙是凤、是鱼是鸟，同样至关重要。你不能让鱼与鸟比飞行，也不能让鸟跟鱼比游泳。在孩子成长的过程中，不断地认清孩子的个性特征、兴趣爱好与发展情况，并根据孩子的实际情况因材施教，才是正确的教育方式。

教育的奥秘就在于此——在不确定的未来中争取最佳的结果。

感悟

感恩之心

在家庭教育中，凡事常怀感恩之心，既是父母在家庭教育中最重要的品格之一，也是培养孩子寻求幸福的能力的重要方法。

幸福来自哪里？来自所拥有的超过自己所欲求的。

当父母存有感恩之心时，感恩自己所拥有的，感恩遇到的人，感恩所有经历的事时，内心便会体验到这种幸福感。更重要的是，当我们将感恩之心向对方、向他人表达的时候，往往也是与对方建立更加紧密的关系、形成更稳固的联结的时候。感恩的对立面是什么？是抱怨！抱怨是毁掉一个人幸福感最简单最快捷的方式，也是破坏人际关系最有效的方式。几乎没有人会喜欢与爱抱怨的人在一起。

如果父母是常怀感恩之人，家庭生活中往往是充满喜乐、愉悦的，这种氛围也必然会给孩子带来正面的影响，会感染孩子凡事感恩，常常表达感恩之情。

感悟

深度思考

深度思考，是父母在家庭教育中常常会忽视却极其重要的一个品质。很多时候，我们总是用战术上的勤奋，来掩饰战略上的懒惰，从而长时间陷入低水平的状态之中。

在未来社会，孩子应该拥有什么样的能力和本领？如何在社会上拥有自己的立足之地？职业发展的目标和路径是什么？应当如何实现？要重点发展哪些能力？人生的意义是什么？人生的价值何在？诸如此类的问题，父母完全可以未雨绸缪、独辟蹊径。这背后，其实就是对于家庭教育、对于人生目标的深度思考。从某种意义上说，深度思考本身就是一件难度极高的事情，需要极大的专注力、专业性、决策力，甚至从某种意义上说也是极痛苦的事。但深度思考事关家庭发展和孩子未来的发展方向，不可不为。父母可以做的是：暂时停下来进行深度思考，然后校准方向，往正确的方向走，哪怕是一点点修正。

 感悟

父母的好奇心

对新鲜事物始终保持一颗好奇心，是父母在家庭教育中应有的优秀品质。

时空悠远，世事变幻，很多风景还不曾看见，新生事物又不断涌现。保持一颗好奇心，能够带领我们去经历这一切，拓展我们的心胸与见识，去形成更加科学合理的教育方式。当我们对事物保持好奇心的时候，我们的心态也是充满活力的、充满希望的，是拥有更多可能性的。保持好奇心，同时也意味着不墨守成规、不固守己见，能够用更加开放的心态去拥抱变化。而拥抱变化，本身就是社会适应能力的应有之义。

更重要的是，当父母保持好奇心的时候，就能够在无形中给孩子树立很好的学习榜样，能够与孩子拉近心理距离，构建更加密切的亲子关系，拥有更多的精神共鸣。所以，父母保持好奇心，经常尝试新事物，看起来似乎与家庭教育关系不大，其实并非如此！恰恰相反，父母的好奇心，本身就是家庭教育中极为重要的组成部分，是"好"的家庭教育的应有之义，有助于父母与孩子共同成长，共建学习型家庭。

感悟

批判性思维

刀郎发布的一曲新作《罗刹海市》，引起了社会的广泛关注和热烈讨论。这首歌提醒我们，以丑为美、黑白颠倒的事情，是广泛存在的。这就给家长提出了一个问题：到底什么是黑，什么是白？流行的就是对的吗？专家权威的说法就是对的吗？过去的习惯做法就是对的吗？亲朋好友的建议就是对的吗？对现有的观点进行分析、探讨与再思考，就是批判性思维的要义。对于个体来说，外界的任何观点，都可能是错误的。而任何未经检验的观点，都不应该被盲目接受。

我们或许并没有汪建刚先生那么强大的内心、没有《银河补习班》里马皓文那么清晰的教育理念，但在这似是而非的观点盛行的年代，身为父母，首先要有清晰的立场。而这种清晰的立场背后，就是严肃认真的批判性思维在起作用。批判性思维能够帮助我们不随大流，不被别有用心的观点所迷惑，不固守在自己的成见之中。

感悟

父母的勇敢

勇敢，是父母在家庭教育中重要的品质之一。

什么是勇敢?

勇敢，意味着敢于坚持自己认为正确的思想观念与价值立场，并愿意为此付出必要的努力和代价。

在家庭教育中，父母勇敢，意味着敢于因为对孩子真正有益处的事情，与所谓的权威人士、主流观点对话，而不是简单地屈从权威、顺从主流。勇敢，更意味着在孩子受到委屈甚至是欺凌的时候，能够直面强势者，与强势者当面对质，为孩子争取有利的局面，从而保护孩子的自尊心与安全感。

此外，勇敢是最能体现父母人格魅力的品质。拥有"勇敢"这一品质的父母，必定会成为孩子最为敬佩的人，而孩子发自内心的这种敬佩感，恰恰是家庭教育所追求的最为高级的成果，而且往往是可遇不可求的教育成果。

感悟

第八章

内在力量

要掌握任何高超的技艺，必须付出艰苦的努力。

——蔡美儿

激发孩子的内在力量

"你可以把一匹马牵到河边，却不能强迫它喝水。"这句话常常被用来形容家庭教育中的亲子互动关系。在家庭教育中起决定性因素的，其实是孩子的内在力量。

内在力量，源自孩子内在的兴趣、好奇心与探索欲，及其激发出的行动力。这种由内而外的力量，才是驱动孩子实现能力提升、创造成长奇迹的根本动力。

很多时候，我们可以看到，身边总有一些别人家的孩子，似乎不用父母怎么管，就可以发展得很好，其中的关键就在于，这些孩子拥有内在的力量。所以，对于父母而言，如何发现、激发、培育孩子的内在力量，便成为家庭教育非常重要的任务之一。激发孩子的内在力量，也是家庭教育最有价值的部分，值得父母用心思考、努力践行。

感悟

从孩子的视角重新去理解孩子

每一个孩子都是有内在力量的。那些沉迷于游戏、手机，终日把自己关在房间里不愿出门的孩子，看起来好像已经没有学习的动力了，甚至连最基本的社会功能也受到影响，不学习，不出门，离群索居，让父母操碎了心。其实，这些孩子并不是没有内在力量，只不过在他们成长的过程中，因为某些原因、某些经历，这种内在力量被忽视、被打击、被压抑或者是被摧残了，导致他们形成了逃避的应对模式。

原本应该活力四射、生机勃勃的孩子，为什么会变成这样？对于这个问题，父母可以认真地追溯一下，孩子在成长的过程中经历了什么？感受到了什么？从孩子的视角重新去理解孩子。这是重新唤醒孩子内在力量的基础工作。

 感悟

不要扼杀孩子的内在力量

孩子的内在力量是如何被扼杀的？让我们试图还原最初的场景。当孩子开始学步，开始用手、用脚、用嘴、用身体探索这个令人好奇的世界的时候，当他从席子里爬出来的时候，当他要玩水、要把东西往嘴里塞的时候，父母或者看娃的大人会有什么反应？绝大多数家长的反应是："宝贝，不可以！"然后制止孩子，或把孩子抱走。孩子长大一点之后，踩水，不可以！玩泥巴，不可以！这样，不可以，那样，不可以，什么事情都要听父母的。这样的场景是不是很熟悉？多数父母是不是都是这样对待孩子的？表面上看这样做好像也没错，因为这是为了孩子的安全。

其实并非如此。

这里的错误在于：父母在否定孩子的同时，并没有意识到孩子有内在的需要，没有为孩子的内在需要开辟一条路，而是把这种内在需要简单粗暴地否认、拒绝、扼杀了。父母每一次对孩子自主行为的否定，每一次控制孩子的做法，都是对孩子内在力量的扼杀。久而久之，孩子的心里就只剩下愤怒、抗拒和反叛，而更极端的孩子，会以自我毁灭的方式，来表达自我掌控的需要，来报复父母的控制。

总结下来就是，孩子的内在力量，是在成长过程中被父母对孩子需求的否定和控制扼杀的。这种宝贵的成长力量，往往不是在短期内被扼杀的，而是在不知不觉中被一点点扼杀的。

感悟

保护孩子内在力量的基本原则

孩子的内在力量往往是在父母简单粗暴的否决和不容商议的控制中被一点点扼杀的。那么，父母到底应该采取何种方法，才能在让孩子遵守规矩的同时，保护孩子的内在力量呢？

这里的关键在于，父母在告诉孩子这件事不能做的同时，要理解孩子的根本需求所在，并允许、引导孩子去做他想做的事情。

以最容易让家长头疼的游戏成瘾来说，父母当然不允许孩子沉迷网络游戏，但是，是不是可以允许孩子一天玩一个小时游戏？可不可以一个月有一两天可以尽情地玩，但其他时间不允许玩？可不可以在一年的某段时间里，比如暑假期间、春节期间，不作任何限制，孩子想玩多久玩多久，想怎么玩就怎么玩？

这里的关键在于，父母要尊重孩子的好奇心、内在兴趣和探索欲。这种好奇心、内在兴趣和探索欲，正是孩子内在力量的源泉。

很多时候，越是父母禁止的事，孩子越想去尝试。而这种扭曲的控制方式，才是导致孩子叛逆的根本原因。相反，当父母允许孩子去做他们想要尝试的事的时候，孩子的好奇心往往就能够得到满足，之后往往也就能够以平常心对待这些事。这反而是更加平衡、健康的控制方式。所以，不要单单想着禁止孩子去做某些事情，而要看见并尊重孩子的好奇心与探索欲，在给孩子制定规矩的同时，允许孩子去做他想做的事情。这才是保护孩子内在力量的基本原则。

 感悟

内在力量的得与失

　　孩子的内在力量，是在自主行动在宽松的氛围中得到发展的。当孩子想做的事情得到尊重和允许时，孩子的好奇心和探索欲就会随之得到鼓励和生长。而每一次这种好奇心和探索欲得到满足时，孩子的内在力量就会增长一点。这种内在力量的增长，反过来会激发孩子逐步去思考人生中的那些重要议题。这种内在的思考引发的探索，才是孩子发展的根本动力来源。这也是对成长可能性的一种验证。我们经常说人生有那么多种可能性，其实每一种都是需要孩子尝试和探索的。他们通过尝试和探索去发现适合自己的选择。

　　有内在力量的孩子，才会有动力、有兴趣去探索这些可能性。那些丧失内在力量的孩子，根本就没有兴趣、意愿和能力去探索，久而久之，不同孩子的生命成长的强度、阅历的丰富程度，也便有了天壤之别。

 感悟

听话与有主见

判断孩子有没有内生力量，最直观的依据就是，孩子是否有主见，对于自己的事情能不能自己做决定、拿主意、定目标，并付诸行动。

与内在力量强大的孩子相对应的，是那些看起来非常听话的孩子，他们看起来很乖、很懂事、很听话，对父母的话言听计从，没有异议，更不会反抗，即使有不同意见最后还是选择顺从。这类听话懂事的孩子，表面上看起来很好，内心可能是极其空虚、脆弱的，环境适应能力差，较难适应外界的变化。因为，这样的孩子往往更习惯于等待别人下指令、给意见，然后自己照着去做。然而，随着年龄的增长，孩子要面对的事、要经历的事已经完全超出父母的经验和能力范围，父母很快便无法帮到孩子了。而这种时候，"听话"的孩子往往会不知所措。相反，那些有内在力量的孩子，知道自己想要的是什么，就能够灵活应变，充分运用自己所拥有的能力和资源解决问题，并在与环境的实时互动中，得到自己想要的东西。

所以，与孩子"听话"的品质相比，培养孩子成为有想法、有主见、有头脑、有自主行动力的人，尤其重要！

 感悟

内在力量的引导与训练

孩子内在力量的生长，既是顺其自然的过程，也需要父母有意地引导与训练。

顺其自然，主要是说在没有外界不当干预的情况下，孩子原本就是有内在生命力的。在多数情况下，并不需要父母介入太多，这种生命力便会开始自主地生长。在这个自主生长过程中，孩子会从环境中学习，在经历中成长，逐步在试错中找到自己的人生道路。顺其自然的生长，原本就应当是多数人的成长路径。只不过在当下激烈的竞争和父母的过度焦虑中，孩子自然成长的空间越来越小。

在有意引导的内生模式中，父母的角色是孩子的教练，通过提问引导孩子思考人生的重大议题，帮助孩子明确人生的方向。"你在做哪一件事情的时候是最开心的？""你理想的工作状态是什么样的？""你理想中的生活是什么样的？""你这辈子非做不可的事情是什么？"等等。父母可以通过与孩子讨论这一类问题，帮助孩子更加清晰地选择自己的人生方向并坚定不移地走下去。

感悟

找到属于自己的美丽风景

孩子的内在力量，如奔涌的江河，必将冲破一切阻拦，去到他想去的地方。很多时候，父母总是想用高大厚实的堤岸，把孩子保护起来，殊不知，这种做法，往往只能让孩子的生命之河变成一潭死水、了无生气。

北京大学教育学院林小英副教授在出版的《县中的孩子》一书中写道，"或许，对于孩子来说，父母最重要的意义不是让自己免于走弯路，毕竟弯路有弯路的风景，更何况可能没有绝对意义上的直路和弯路。父母更为重要的意义在于，让孩子学会独立做出选择并且明白要为自己的决定负责，以及不管他们选择了什么，身后的家庭一直都在，父母一直都爱"。是的，让孩子获得独立选择并为自己的选择负责的能力，才是家庭教育最重要、最核心的任务所在。而其中的关键就是孩子拥有足够的内在力量。

其实，父母只要放手，稍微进行必要的引导，经常鼓励和多多包容孩子，孩子一定会找到属于自己的美丽风景！最可惜的、最遗憾的，是那些被父母的保护欲和控制欲扼杀掉内在力量、失去生活兴趣的孩子，眼中失去了神采，真是让人痛心不已！他们原本应该有着肆意奔放的生命力的！

 感悟

与孩子的内在力量和平共处

如何唤醒孩子的内在力量？不管是对于普通的孩子，还是对于已经退缩的孩子，这都是需要引起重视并认真探讨的问题。

满足需求的这种心理倾向就是动机；人只要有动机，内在力量就有可能得到生长、发展、壮大。因此，激发孩子内在力量的基本原则，就是顺应孩子的需求，通过帮助孩子树立信心、引导孩子设立适当的目标，带着孩子行动起来。一个行动，胜过一千个计划，只要孩子能够行动起来，就有可能进入良性循环。

父母要做的是允许、疏导、鼓励，而不是否决、控制、打压。孩子的内在力量，如水流一般，宜疏不宜堵，学会与孩子的内在力量和平共处，是父母重要的功课之一。

 感悟

为内在力量保驾护航

孩子的内在力量，是孩子在自我意识的引导下，通过自主探索、不断试错的方式不断加强的。

一方面，自我意识，是孩子内在力量的源泉。在父母比较强势、控制型的养育模式中，孩子的自我意识往往是受到抑制、很少得到正面肯定和有效滋养的。久而久之，孩子从年龄上看可能已经成长，但自我意识以及建立在自我意识基础上的人格却没能得到健全的发展，导致他难以独立履行正常的社会职责。

另一方面，孩子的内在力量也是需要在与外界的互动中不断地探索、试错、调整、确认、强化的。而这样的成长过程，往往只有在比较宽松、友好的环境中才会发生。一旦父母产生焦虑情绪，亲子关系处于紧张状态，这样的试错空间就不复存在了。

当下孩子在成长的过程中遇到的最大问题，在于竞争过于激烈、父母过于焦虑，在这样的环境中，孩子的身心健康往往是一种奢侈品。这也是当下青少年群体中，有如此高比例孩子产生内在力量不足、焦虑、抑郁等心理问题的根源所在。如此一来，父母肩上的责任就极其重大：保护孩子，为孩子的成长撑开一点能够喘息的空间，便是那些有智慧的父母在家庭教育中最重要的工作了。

感悟

热爱是内在力量最好的土壤

孩子内在力量的生长，与孩子真正的热爱密不可分。换句话说，孩子内在力量最好的生长土壤，就是他所热爱的事物。只有当一个人发现自己热爱的事物所在，他才能够全身心地投入自己的心血与努力，才能忍受他人所无法忍受的艰辛，才能够苦中作乐、乐在其中。

任何没有经历过艰难险阻考验的热爱，都不算真正的热爱。

当一个孩子真正热爱一件事情时，他必然愿意为之付出努力，愿意去争取、去维护，在坚持自己选择的过程中，明确自己真正想要的东西。而这一过程，往往就是内在力量得到生长和强化的过程。任何会被轻易放弃的热爱，都不算热爱。

所以，孩子热爱做一件事情，是值得父母欣慰和庆幸的。斯蒂芬·茨威格在《人类群星闪耀时》一书中写道，"一个人生命中最大的幸运，莫过于在他的人生中途，即在他年富力强的时候发现了自己的使命"。或许，孩子的使命，正隐藏在他所热爱的事物之中。而父母所要做的，就是从不同的角度，去敲击、去检验、去发现孩子的热爱所在，并支持孩子追寻自己热爱的事物。

感悟

内在力量，因人而异

孩子的内在力量，扎根于孩子的生物基因、成长环境与父母的教养模式之中。因为每一个孩子都是独一无二的，孩子未来的发展方向自然也就各不相同。因此，想要激发孩子的内在力量，要因材施教。

在当下的环境中，父母不可避免地会拿自己的孩子跟别人家的孩子作比较，难免"从外而内"地对自己的孩子有很多要求和期待。这样的做法，往往会在不知不觉中破坏孩子的内在力量。

父母正确的做法，是在了解孩子性格特征的基础上，"由内而外"地引导孩子树立一个超越个体幸福、更有价值的努力方向和奋斗目标。

孩子最终能走多远，在很大程度上取决于孩子年轻时所确立的志向。那些能确立远大志向的孩子，往往也更能将自己内在力量的价值最大化地展现出来，如此一来，不仅能够让自己拥有一个幸福充实的人生，也能够对他人、对社会做出更大的贡献。服务他人，是一个人价值最大化的根本途径。如果孩子的内在力量，最终是服务于这一目标的，幸甚至哉！

 感悟

面对自己、认识自己

一个外驱型的孩子，要找到自己的内在力量，会有多难？外驱型的孩子往往把父母、老师等权威人物的要求或期待内化为自己的行为目标，而忽视了自己的真实需要和内在感受。

外驱型孩子走向极端的特征就是形成"讨好型人格"。不少讨好型人格的孩子，往往需要用很长时间甚至是终其一生，都很难找回自己、珍爱自己、取悦自己。所以，有的时候孩子过于"听话"并不是好事。对于家里太过听话的孩子，父母可以多引导孩子去发现自己的需求、尊重自己的需要，大胆地表达自己，勇敢地成为自己。

对于外驱型和讨好型人格的孩子而言，难题仍然在于确定"自己"到底是什么样的。因此，鼓励孩子、帮助孩子真诚地面对自己、认识自己，是父母在陪伴孩子成长的过程中极其重要的功课之一。

 感悟

改变的决心和行动

孩子要重新激活内在力量，困难在于其两个方面信任关系的重新建立。

一方面，是对自身的信任，相信自己能够重新站立起来、能够重新融入正常的学习生活中。孩子的内在力量被抑制的过程，从某种意义上说也是孩子陷入"习得性无助"状态的过程。而当孩子陷入习得性无助之后，其基本表现就是不太相信自己，也放弃了尝试和努力的意愿。而要让孩子打破"习得性无助"的魔咒，重新恢复活力，无疑是极其困难的。

另一方面，是对父母改变行为模式的可能性的信任。大多数情况下，孩子陷入困境，特别是陷入自闭、抑郁的状态中，恰恰是父母过分要求和过度控制造成的。而且，很多时候孩子内在力量的丧失、自我努力的放弃，也是对父母错误教养方式的一种反抗和报复。所以，父母要有改变的决心和行动，同时又要让孩子相信自己已经在改变，这同样是极其困难的事情。

想要帮助那些内在力量微弱的孩子重新激活其内在力量，绝对不是一件容易的事！这就要父母有足够的爱心、足够的决心，也要准备做出相应的改变，付出相应的代价。而改变需要付出的努力，可能极其巨大；需要付出的代价，也可能极其巨大。父母要有足够的决心和准备。

感悟

重新激发的难度

孩子内在力量被重新激发的难度，一方面，体现在孩子要有成长意愿、动力和决心；另一方面，也体现在父母要有改变自身行为模式的意愿、动力和决心。而这两方面要同时具备，几乎是难上加难。在现实生活中，我们看到不少"问题家庭""问题孩子"的案例，几年甚至十几年了，情况都未能得到根本性改观。

孩子内在力量的重新激活，对于父母和孩子而言，都是一场艰苦卓绝的战斗。孩子、父母各自存在的问题，会一直延续下去，直到有一天，其中的一方真的"受够了"，真的有足够强烈的意愿去付诸行动改变时，这种情况才会得以改善。所以，对于那些拥有身心健康、有内在力量的孩子的家庭而言，拥有这样的孩子，本身就足够值得庆幸、值得庆祝、值得感恩，值得以最快乐、最幸福的状态去度过看似普通但其实并不平凡的生活。

我们每个人的一生，都终将平凡度过，不要给孩子太大压力，也放过自己。这便是人生最好的选择。

 感悟

内在力量与人生目标

孩子的内在力量与孩子设立的个人目标密切相关。

一方面，内在力量缺失的孩子，往往很难树立合适的个人发展目标，从而长时间处于低能量的生命状态。

另一方面，孩子有了努力的方向和目标之后，往往可以逐步增加自己的内在力量，而当孩子缺乏目标时，孩子的内在力量也很难拥有有效的激发手段。

因此，只要孩子有一点内在力量，或者愿意设立努力的目标，事情便有进入良性循环的可能。

对于那些有微弱内在力量或有一点努力意愿的孩子，父母要做的最重要的事情，就是彻底接纳孩子的状态，多鼓励、多陪伴，带着孩子一点点地走出来，一点点地重新获得生活的勇气和力量。

感悟

多听听孩子的想法

当孩子的内在秩序被压抑、被破坏，当孩子的内在力量不是"正向生长"，而是"反向生长"的时候，孩子身上表现出来的"恶魔般"的行为，真的会让人瞠目结舌、难以置信！

内在力量反向生长的主要表现就是叛逆、对抗、报复，无底线地作恶，毫无是非之心、感恩之心，甚至毫无羞耻之心。那些以各种方式甚至以死相逼，要求父母满足自己的网瘾、游戏之瘾甚至是赌瘾的孩子，其实已经丧失正常人的基本认知水准，陷入了对错不分的境地。

一直以来，我总是把孩子看作天使般的精灵，但从这些父母对孩子各种行为的描述中，我似乎又看到了"恶魔般"不可理喻的存在。

为什么会出现这样的结果？这实在是值得深思的问题。不管背后的原因如何，这里至少有一点是值得所有父母注意的：越是想要控制，孩子的内在力量越容易受到破坏；越是尊重孩子的需求和意愿，孩子的内在力量越可能得到良性发展。在处理与孩子有关的事情时，要多听听孩子的想法，在不触及原则性问题的前提下按照孩子的意愿去做，凡事多与孩子商量着办，但凡父母能够做到这些，孩子的内在力量都不会太弱。

感悟

父母的定力

孩子内在力量的培养，很多时候是自然而然、无为而治的。然而，在当下竞争激烈的环境中，很多父母是很难做到无为而治、静待花开的。其他人都在卷，我们不卷可以吗？这个问题，真正考验的是父母的定力。

其实答案也显而易见：绝大多数人认为是不可以的，该卷还是得卷。多数父母唯恐落后于人，怎么能不卷？

那些真正以孩子的兴趣为核心的父母，毕竟是少数。但正是这样的少数，才是对孩子的成长路径有着清晰认识的父母。对孩子内在力量培养的核心逻辑，其实就在于尊重孩子发展的内在需求，在于允许孩子按自己的兴趣和节奏去走。那些在无为而治环境中成长的孩子，学习成绩不一定很好，但往往能够比较清楚自己要的东西是什么，这就是家庭教育的核心目标之一。

感悟

有智慧的疼爱

很多父母爱孩子的方式，是方方面面都为孩子考虑好、安排好。孩子从小到大，上什么学校，吃穿住用，跟谁打交道，都由父母安排。总之，父母希望孩子稳定平顺，唯恐孩子吃亏受苦，担心孩子经历波折。

其实，没有独立思考、独立经历的孩子，是很难形成内在力量的，而缺乏内在力量的孩子，在面对今后各种人生事件的时候，仍然要经历教训和磨砺。自己的经历是逃不掉的。父母疼爱孩子的心，完全可以理解，但单单疼爱是不够的，只有那些带有智慧的疼爱，才能真正帮到孩子。

真正有智慧的爱，是父母让孩子自己去思考、去选择、去经历，去面对不确定性，去从挫折中学习，去体会和感受失败并从失败中重新获得成长的力量。这一切，都是孩子在内在力量生长过程中所要经历的，也是父母所不能替代的。

有智慧的爱才是高级的爱，才是真正能够帮助孩子成长的爱。

 感悟

让孩子去选择

孩子内在力量的生成，需要父母不断地放手。放手是一种信任，也是一种交托。父母无法永远为孩子负责，也无法一直陪伴孩子。父母只能放手，让孩子去做自己真正想做的事情。

很多时候，父母的期待与孩子的想法并不一致，这个时候，父母也只能放手，让孩子去选择自己想做的事情。

当父母放下悬着的心的时候，其实也正是孩子真正开始成长的时候。孩子有自己的想法，这些想法，也正是孩子成长的契机。父母只能放手，并通过发愿，让孩子在自己选择的路上一帆风顺。

感悟

父母正确的引导

孩子的内在力量，源自孩子内在的需求，成长于父母正确的引导，而强大于人生经历的磨砺。孩子内在的需求是天生的、自然的，是不言自明的；而每个人要经历的事情和磨炼，也是必不可少的。剩下的关键点，就在于父母正确的引导。

有智慧的父母，能够给予孩子一系列关于自然、社会、生活、学习、成长、职业、人生的行为准则和解释体系。当孩子提出各种问题、遇到困惑或难题时，这类父母往往能够用三言两语、简单明了的几句话引导孩子，为孩子指点迷津，使孩子醍醐灌顶，开启孩子的智慧之门。

"人是从哪里来的？""我为什么要读书？""为什么不可以一直玩手机？""人为什么要工作？""人生的意义是什么？"对于诸如此类的问题，如果父母能够给予孩子信服的回答，孩子自然会听从父母的引导和教训；而如果父母未能认真对待孩子的问题，或者无法提供让孩子信服的回答，孩子是很难发自内心地相信父母、敬重父母、求助于父母的。由此可见，孩子内在力量要成长，关键就在于父母要有教养智慧。父母想要提升孩子的内在力量，根本着力点，就在于提升自己的认知水平，在于提升自己的为人处世的水平，在于提升自己的人生修养和处世格局。

父母在上述诸方面得到切实提升之后，才能在孩子从小到大提出的一系列问题上，给予他们真正有智慧的、有价值的引导。

家庭教育的终极难题，在于父母自我提升。

 感悟

根本性的问题

在当下的环境中，父母要帮助内在力量小的孩子重新获得强大的内在力量，至少面临三大难题与挑战：

第一，环境的负面影响。从社会到学校再到身边的亲戚、朋友、同事、邻居，几乎所有的人都认定了"读书"这一出路，只要孩子还扛得住，成绩好几乎是唯一的选择。父母很难对抗系统性的群体选择，很难不受这种环境的影响。

第二，自己的应对能力。在如何处理孩子的问题上，很多父母是能力不足的，也很少有专业的求助渠道。到底怎么帮助孩子走出困境，多数情况下父母并不清楚答案。

第三，孩子的行动能力。孩子的低内在力量，往往是跟低行动能力紧密联系在一起的，有的孩子连规范生活作息、常锻炼等最基本的事情都无法做到，更不用说努力学习。

那么，除了读书升学，孩子到底有没有其他的出路？有没有其他的选择？这是一个根本性的问题。如果这个问题考虑清楚了，找到答案了，那么，要解决孩子低内在力量的问题，就会容易得多。

感悟

愿意付出代价

在提升孩子内在力量的过程中，父母会面临重重困难。但即使如此，也完全有改观的可能。这里的关键在于：决心战胜一切，行动带来成功。为什么这么说呢？

当父母有足够的决心、必胜的决心，并逐步付诸行动的时候，情况一定会有所改善。因为决心带来行动，当决心足够大的时候，就有可能撬动看似不可能的巨石，从而使事情一点点往好的方向发展。

什么是决心带来行动？记得汪建刚先生分享过一个事情，说的是有位父亲为了帮助孩子走出低迷的状态，就暂时放下手头的工作，全身心陪伴孩子，甚至带着孩子出国旅行并生活了一段时间，最终带领孩子重回人生轨道。这样的事情，其实经常会发生。并不是说父母一定要辞掉工作全职陪伴孩子，这里的关键是要用心、愿意付出代价、愿意真正地付诸行动。

教养孩子真的不容易，问题在于父母能否同心，能否真正重视家庭并付出必要的代价。正如汪建刚先生经常说的："这样的事情，说说容易，但要做到，就没那么容易了。"愿天下所有的父母都能知行合一、心想事成！共勉！

感悟

相信孩子

是否一定要任孩子的内在力量发展而不能干预呢？孩子想无节制地玩手机、玩游戏也允许吗？孩子想做的事情，都是父母觉得不能允许的，那么该怎么办呢？

这里其实牵涉一系列更深层次的问题，而其中的核心在于，父母对孩子的认知以及父母自身的格局。很多父母总是担心如果让孩子玩游戏，孩子会上瘾。有智慧的父母，是这样看待孩子玩游戏的：对于孩子而言，比游戏有意思的事情很多，玩游戏只是孩子短暂的兴趣，玩够了就自然不再沉迷其中；即使孩子真的对游戏感兴趣，那也没关系，说不定孩子真有这方面的专长；而如果孩子在游戏方面没什么天赋，那就更没关系，放手让孩子玩够了之后，孩子的兴趣和焦点自然会转移，完全不必过度担心。

有智慧的父母对于孩子的兴趣、时间分配、能力发展及未来选择，等等，根本就不担心，他们坚信孩子会走出属于自己的道路。相反，那些对孩子总是"担心这担心那"的父母，恰恰是将自己认知和格局的局限性投射到了孩子身上，以至于在大多数时间里，自己的情绪总是被焦虑和恐惧左右，因而也不允许孩子去做很多事情，而这种"不允许"，恰恰会引起孩子的反感与对抗，从而做出与父母所期望的结果大相径庭的行为。

对于孩子的内在力量、孩子的未来而言，最大的影响因素往往是父母的不当干预。当父母的认知足够清晰、格局足够宽阔时，也就完全能够尊重孩子的内在兴趣与发展需求，并完全知道该如何对待孩子了。

感悟

乐观是生命的底色

内在力量缺失的孩子，都有什么样的内在心理机制呢？首先也是最重要的是，孩子已经不再相信自己可以改变现状，不相信付出努力会有成效；其次，在这样的心理机制的作用下，孩子不愿意进行尝试，也不愿意有努力的行为。这种不再相信、放弃努力的现象，本质就是习得性无助。

对于习得性无助的研究，是 20 世纪非常伟大的心理学研究之一。这个理论的创立者彼得森、迈尔和塞利格曼，在《习得性无助》这部著作的最后部分，讨论了习得性无助的解决办法。三位作者写道："他们需要有人教授他们可以用来改变自身认知和行为的技巧……应该教授他们如何坚持、如何让希望延续下去，以及如何考虑现实状况同时展望未来，要鼓励他们对其他人和作为一个整体的社会加以关心。要根据能力和成就来奖励他们。同时也要承认失败和不足。"积极心理学的创立者塞利格曼和他的同事同时指出："不要太多地担心学生的自尊问题，而要更多地教授他们技能，有了这些技能，他们的自尊自然而然就会随之而来了。"

换句话说，带领内在力量弱、有习得性无助倾向的孩子走出困境，最直接的办法，就是教给孩子乐观的技能。乐观是一种技能，是一种心智模式，是可以通过学习获得的。塞利格曼在提出"习得性无助"这一开创性的理论之后，又在过了近 30 年之后，出版了一本书，名字就叫作《教出乐观的孩子》。50 多年来心理学界的研究成果充分表明：要有人教给孩子乐观的心智模型。父母，当然是最佳人选。

可以问问自己：我有这样的能力吗？加油，我相信大家是有的！让我们乐观起来，把乐观当成一种技能、一种习惯、一种生命的底色。

 感悟

接纳多种可能性

孩子内在力量的生长，遵循某种准则，却又无定法，有着诸多的可能性。比如：把孩子看作有着主观能动性的发展中的个体；尊重孩子的自主性，凡事尽可能放手让孩子去经历、去锻炼；教给孩子解决问题的技能，教给孩子乐观的性格底色；给予孩子足够的爱和鼓励，成为孩子最坚强的后盾，等等。当父母能做到这些的时候，孩子的内在力量就不会太弱。

而当孩子受自己的动机、兴趣，父母的期待及环境的影响等各种因素共同作用的时候，他的内在力量必将呈现多种可能性。明智的父母往往能够接纳多种可能性，而不至于强迫孩子按自己的要求去做。培养孩子的内在力量的正确方法，是有期待但不强迫；有理想状态但又尊重客观条件；能全然放手，却又时时在场。

 感悟

信任每一个孩子

内在力量缺失的孩子，怎么重新站起来、重新走出去？这样的事情，是怎么发生的？当我们把镜头聚焦在孩子身上，作为一个旁观者去观察的时候，我们会看到：如果父母彻底将自由权交给孩子，为孩子提供一个友好的环境，孩子的内在力量迟早会冲破自己设置的牢笼，开始独立行走。

何帆教授在《变量2：推演中国经济基本盘》中提到一个曾经沉迷于游戏的名叫熹熹的女孩，被父母送到位于成都的先锋学校。何教授写道："半年之后，熹熹就对打游戏感到腻味了。她像一只在洞里待烦了的小兽，悄悄地走出洞口，四顾张望。她开始自己选题、上课，当然，她时不时还会退回到自己的洞里，继续打游戏。一年以后，熹熹已经不再沉迷于游戏了。她发现这个世界上有比游戏更能让人感到充实的东西。"熹熹之所以发生了这样的改变，原因就在于，在这里，"老师不会逼你，他们会等，等有一天，你自己想要学习"。先锋学校的理念是：百分之百地信任每一个孩子。

当孩子被信任、被接纳、被鼓励时，孩子就会走出自己的低谷状态，这原本就是一种人的本能。甚至，更进一步说，当父母对孩子错误的控制被去掉时，孩子的内在力量便能肆意生长起来。

 感悟

足够的爱与耐心

不管孩子的状态如何，不管孩子的低迷持续多久，只要父母有足够的爱、智慧与耐心，只要父母不放弃陪伴与希望，孩子总有一天会走出来。从某种意义上说，不管孩子是厌学叛逆，还是沉迷游戏，还是消沉抑郁，都是对来自外界的不合理要求、不切实际的期望和不公平的遭遇的一种反叛。

这里说的不合理要求、不切实际的期望和不公平的遭遇，当然是从孩子的立场和视角来说的。这些来自老师和父母的要求和期待，那些家庭、学校和社会环境中的惯常做法，对于成人来说，往往是习以为常、司空见惯的，但对于孩子来说，却往往是不合理、不公平的。

所以，对于这些内在力量缺失甚至已经放弃努力的孩子而言，卸掉原本加在他们稚嫩的肩上的重担，换一种环境，换一种生活方式，是完全有可能帮助他们重新恢复正常的社会功能的。当然，很多时候这种恢复也会困难重重，特别是对于那些遭遇多重困境打击的孩子而言。他们要重新恢复内在力量，往往需要身边人倾注巨大的心力，一点点地走出困境，恢复生机。

 感悟

力量来自尊重与信任

父母看待孩子的眼光，往往决定了孩子的前景和命运。那些把孩子看作"小孩"的父母，总是有一种高高在上的姿态，不尊重孩子的需求，也不把孩子的诉求当作一回事。这样的父母，也总是容易自以为是，认为自己的想法是对的，凡事总是自己拿定主意，帮孩子做决定。在这种养育模式之下，孩子的内在力量必然也是难以生成的！

相反，那些尊重孩子需求的父母，能够考虑孩子的需要，也就能够帮助孩子养成强大的内在力量。孩子能够自由发展，背后都是父母的尊重与信任在起作用。

感悟

别做偷懒的父母

让孩子拥有内在力量的最基础工作，是父母自我反省，并经由深度的思考，获得自我的内在力量、内在的坚定与方向。孩子内在力量的缺失，根源往往在于父母没有正确引导，没有智慧教养。如果父母没有形成正确的教养理念，不知道如何实施这一理念，也不知道遇到问题怎么办，那么怎么可能给孩子真正的支持和有用的帮助呢？

所以，让孩子拥有内在力量之前，需要父母真实地直面人生的难题并给出自己的答案。只有父母想明白、思考通透，在孩子遇到问题的时候才知道如何真正地帮助和支持孩子。

孩子的问题，父母的功课。偷懒的父母，是不可能教养出有内在力量的孩子的。

感悟

内在力量的生成与重建

整个 8 月份，我们都在谈论孩子内在力量的话题。孩子的内在力量来自哪里？与什么有关？如何重建？重建的关键点在哪？今天，我们对这些问题作一个小结。

说一千道一万，孩子天然是有着内在力量的独立个体，只要父母不施加控制、打压等负面影响，孩子的内在力量完全是可以自然地生长出来的，这种内在力量主导着孩子的整个成长过程和人生历程。换句话说，只要父母不控制、不打压，哪怕是不管孩子，孩子的内在力量都能够得到正常发展，并驱动孩子的生命过程。

如何重建？很简单，只要去掉对孩子不合理的控制，尊重孩子的主体性和自主意识，放手让孩子自己动手、自己做决定，鼓励孩子去自我探索，去发现自己的兴趣、爱好、专长、天赋，去尝试行动，去与自然、与他人、与世界上一切美好的东西发生联结，孩子就一定能够在这样的过程中，重建自己的内在力量。而父母在这个过程中，最重要的角色就是陪伴者、建议者、鼓励者和帮助者。

尊重孩子，激励孩子，成全孩子，就是孩子内在力量生成与重建的关键所在。

 感悟

第九章

人生使命

就像种子一样，种下好的品质，它会给孩子
带来一生的收获。

——赫伯特·斯宾塞

人生的使命是什么

人生的使命是什么？你的人生使命是什么？孩子的人生使命是什么？对于孩子而言，这是一个非常抽象却又非常重要的话题。抽象的地方在于，对孩子谈使命，孩子可能不知所云、不明就里；重要的地方在于，当孩子明白了这一生的使命，从今往后便不再迷茫，而是只顾风雨兼程。所以，明确人生使命，是孩子在成长过程中最重要的事，也是父母在教养孩子过程中所能够完成的最重要的任务。不要因为孩子小，而不跟孩子讨论"人生使命"这一问题，而是要尽可能地跟孩子谈，在孩子的心里种下一颗种子，哪怕他现在还不明白到底什么是人生使命，更不清楚自己的人生使命是什么，但没关系，种子一旦种下了，必然有它生根发芽的一天。

有一次，在送大女儿去上琵琶课的路上，我就问了孩子这个问题，她给我的回答是，"我不知道"。说完之后，伸了一个懒腰，一副疲倦的样子，又说了一句，"我现在不想去想这个问题"。很真实。没有关系，这个问题，我会继续问的，也会耐心去等待她要给我的回答。

感悟

人生使命的思考

对于当下的很多人来说，谈人生使命，是遥不可及的。毕竟，对大多数普通人而言，生存和生活才是最重要的。陈丹青曾经说过，中国人的信仰，是"活下去最要紧"。

当今生活水平虽然已经有了很大的改善，但为人父母的这一代人，其实是刚从贫困和匮乏中走出来的，关于物资匮乏的记忆犹新。他们关于生活的总体目标，是通过个人奋斗在时代的机遇中获得向上流动的成功。而对于人生理想、人生使命的考量，可能是可有可无、无足轻重的。这就产生了一个问题：一代没有思考和追求过人生使命的父母，是否有能力告诉孩子该如何去确立人生使命？这显然存在一种无形的张力。毫无疑问，让每一个人实现自由而全面的发展，让每一个人都可以为自己的使命而活，仍然是一个需要不止一代人为之持续奋斗的目标。这是一条少有人走的路，也是一条窄路，只有那些意识到这一问题的重要性并愿意持续付出巨大努力的人，才能够最终如愿。

在笔者看来，为了明确孩子的人生使命，付出努力和代价是值得的。

感悟

难，但不能却步

当我们谈及孩子的人生使命时，我们会谈些什么？人生使命的确立，显然是一个严肃的话题。正是因为这个问题太过严肃、太过艰难，因此也总是让人望而却步。

试想这样一个场景：你走在街上，随机采访你遇见的任何一个年龄段的路人，问他："你的人生使命是什么？"猜一下，有几个人能够给你清晰而明确的回答？乐观估计，比例应该不会超过三分之一。确定个人的人生使命这个事情真的很难，能做到的人寥寥无几。在这一过程中，思考、选择、探索、反省、再探索、再确认，每一个环节，都是需要付出巨大心力的，每一个环节，都是对人性的极大考验。很少有人能够通过这场考验。其实，单单是坚持不懈、不达目的誓不罢休地持续地追问"人生使命"这一问题本身，就已经不容易。

所以，有些事情听起来好像很简单，看起来好像也不难，但要做到，其实很难。这是一条"少有人走的路"，如果有人做到了，我会恭喜你，更会敬仰你，你的人生必定与众不同，必定极其充实，必定有着别样的厚度。

感悟

使命的能量

如果父母能够帮助孩子明确自己的人生使命，这将是何等振奋人心、何等值得庆祝的事！

当孩子清楚自己的人生使命的时候，他在某种意义上，已经与芸芸众生不一样了。他就已经可以脱离千军万马过独木桥的拥挤人潮，走上属于自己的独特之路。他就已经可以不再与任何人比较，而是专注于自己的成长、自己的目标。所以，明确自己的人生使命，意义重大，价值非凡。

孩子在明确自己的人生使命后，就可以不受外人的干扰，就可以不被外界影响，而是拥有自己的内在力量，精神富足。更重要的是，明白自己人生使命的孩子，往往更容易长时间坚持，去刻意练习、去精进技艺，从而也就更容易成为某一领域的顶级专家，进而在某一天，取得他人难以企及的成就，为他人、为社会做出更大的贡献。这就是拥有使命的人身上随时可以迸发出来的巨大能量。

感悟

值得拥有的人生

能思考自己人生使命的孩子，往往是非凡之人。"天下熙熙，皆为利来，天下攘攘，皆为利往。"这世间芸芸众生，多数人只是为了小我、小家的利益奋斗，这并非有错，无可厚非。但那些能够超越自身利益追求更为宏大目标的人，往往是能够对社会做出更大贡献的人。这些人，也是那些会思考自己人生使命的人。

当我们去思考人生使命的时候，其实不经意间，就会跳出小我利益的局限，进入一个更大的价值体系与生存共同体去思考问题。这里有一个很有趣的对应关系：不思考人生使命的人，往往是为着自身的利益奔波，而思考人生使命的人，往往去追求超越自己价值的事业。

人生价值有高低之分吗？很难说。但对社会做出贡献的大小，却是可以衡量的。从这一意义上说，那些拥有追求超越自身利益的使命，将自己投身于服务他人、造福社会的人，是非凡之人，也是值得尊敬的。这样的人生，也是更值得拥有的人生。

感悟

拥有使命的人不会疲倦

能够清楚地知道自己的使命是什么的孩子，往往是拥有很高生命能量的孩子。这是因为，要清楚自己的使命，就要首先知道自己的喜好、知道自己的目标、知道意义感何在。而要知道这些，其实并不简单。其中要经历的深度思考和反复确认，有时对人来说是极其难以忍受的。能够忍受这一过程并成功地找到问题的答案的人，内心必然是十分强大的。

著名漫画家蔡志忠有一次在接受访谈时说道，自己在 3 岁的时候，就已经知道这辈子的使命是画画。这样的使命感一直驱动着蔡志忠此后数十年的艺术生涯，如今他已经过了 75 岁了，仍然立志要把中国春秋时期诸子百家的学说经典绘成漫画。拥有使命的人不会疲倦。

那么问题来了，为什么有的孩子能够拥有如此之高的能量状态，而有些孩子却毫无活力？其实，这与亲子关系是密切相关的。有智慧的父母，会因势利导，以四两拨千斤的方式引领孩子向前走，激发孩子内在无穷的力量。相反，那些控制、打压孩子的父母，一直都在浇灭孩子的内在能量。甚至有些孩子在被打压的时候，往往会动用更大的能量反抗父母的控制。在这种情况下，孩子怎么可能有能量再去驱动一个正向的使命呢？

感悟

认识你自己

孩子如何发现自己的使命？这里一定有某种方法可循。在笔者看来，首先要发现自己的优势所在。积极心理学之父马丁·塞利格曼和他的研究团队，在研究了整个世界横跨 3000 年历史的各种文化之后，在研读《旧约》《新约》《犹太法典》《道德经》、日本武士道、《古兰经》《奥义书》以及孔子、亚里士多德、柏拉图、阿奎那斯、奥古斯丁、富兰克林等人的著作之后，总共找出了 200 多种美德，并将这 200 多种美德整合归纳为 6 种美德：智慧与知识、勇气、仁爱、正义、节制、精神卓越。塞利格曼进一步将这 6 种美德细分为 24 项优势：创造力、好奇心、开放思想、热爱学习、洞察力；勇敢、坚持、真诚、热情；爱；友善、社会智力；领导才能、公平、团队精神；宽容、谦虚、谨慎、自律；美感、感恩、希望、幽默、信仰。这一部分内容，在塞利格曼的《真实的幸福》一书中有详细的阐述。

一个人要真正幸福，就要真正为使命而活，而其中最基础的事情，仍然是做到古希腊德尔斐神庙上写的那句"认识你自己！"从而识别自己身上所拥有的美德与优势，并遵从这些优势的引导，真正找到那生来即被召唤要去做的事情。

拥有理想是好事，拥有希望是好事，拥有情怀是好事，拥有美德是好事。这些美好的东西，是真正能够唤醒生命内在动力的天籁之音。人的内在，有一种天然的崇高感，这种崇高感与人生使命紧密联结在一起。它一直在那里，等着被唤醒。

感悟

看到孩子的根本特质

孩子的人生使命，是在经历中不断探索和验证从而逐步确认的。这样的过程，往往也是十分漫长而曲折的。父母在这一过程中所要做的，就是时时关注孩子的状态，并给予适当的安慰、鼓励和引导，甚至在孩子无法找到自己真正想做的事情的时候，也能够始终保持耐心。

在这个充满未知的旅程中，很多时候，父母并不是拥有确定性和成就感的，而更可能是要学会与失望、沮丧相处。接纳孩子的一切状态，是身为父母的必修课。父母最好尽早地认识到孩子终将成长为一个普通人，并坦然地接受这一事实。放下攀比，放下虚荣，放下不合实际的期望，是父母的一堂必修课。

当父母把一切外在的光环放下之后，才能真正地看到孩子的根本特质，看到孩子做出真正适合自己的选择。

感悟

寻找属于自己的意义

如果我们把一个人的人生，置于全球 80 亿人的宏大图景之中，如果我们把一个人的人生，放到人类数百万年的历史长河中，我们会发现，每一个人都是如此渺小、微不足道。哲学家说，人生原本没有意义。是的，人生原本没有意义。那么，我们为什么要活着？这是一个问题。所以，当我们从具体的日常生活中跳脱出来，把思考的尺度拉得足够长，我们就会发现，人生的意义，就在于从毫无意义的人生中去寻找属于自己的意义。

如果能够明白这一点，读书、上学、学习、工作，所有的这一切，就不再是非做不可的。而人生可以有无限的可能。在这样的过程中，父母的责任，便是放下自己的成见，跟着孩子一起去面对这种不确定性，去自由探索无限的可能性。

在一次云谷学院家长课堂的直播中，一位父亲说道："父母是孩子最原始、最直接、最重要的教材。"是的，身为父母，我们对于人生的态度，我们是否在追问、寻求人生的使命，无形中便会影响孩子。

所以，这是一个非常严肃的问题，我们是怎么对待自己的人生的？我们人生的使命何在？孩子在寻找人生的使命，而答案的线索，可能就在父母身上。

感悟

人生使命的悖论与思考

关于寻找人生使命这一问题，存在一个巨大的悖论，即：经济条件越差的群体，主动选择自己人生使命的可能性就越小。而经济条件相对较差的群体，恰恰更需要做出正确的选择、更需要去做出正确的决策。

2019 年诺贝尔经济学奖获得者阿比吉特·班纳吉夫妇在《贫穷的本质》一书中，揭示了穷人的思维模式和行为方式，其中最重要的一个特征就是因为缺乏信息的来源而造成的无知和固执，从而一直被困在错误的生活方式之中。经济条件较差的群体，往往也需要花更多的时间去工作，从而失去了学习、提升和改变的可能性。而获得更多资讯、学习更多知识恰恰是促进改变的基本前提。

所以，经济条件处于不利地位的群体，要实现改变，无疑就需要更加警醒、需要付出更多的努力。如此高的要求，便将很多人挡在了门外。这同样是一个值得反思的问题：身为父母，我们能够在多大程度上持续努力，我们能够在多大程度上为孩子提供一个好的榜样？这是事关家族奋斗精神和优秀文化的传承问题。

感悟

营造自由宽松的环境

孩子的人生使命，基本上不太可能是在紧张压抑的心境中发现的，而是要在自由宽松的环境中去探索的。紧张压抑所带来的最直接后果，就是限制了孩子思维的广度和深度，导致孩子无法高质量地思考问题；而在自由宽松的环境中，人的思维的广度和深度才可能得到拓展，那些具有创造性的解决方案才更有可能形成，而且被付诸行动的可能性才会比较大。

在孩子成长的过程中，父母要以更加包容的方式来对待孩子未来发展的可能性。父母越是想紧紧抓住不放，孩子越不可能得到健康发展。控制型父母要么培养出没有主见、唯唯诺诺的孩子，要么造就放弃反抗、情绪抑郁的孩子，那些能够在父母的高压下健康成长的孩子是极少数。

所以，自由、包容、宽松的环境，是孩子人格健全的土壤，也是孕育孩子人生使命的阳光雨露。唯有营造这样的环境，孩子才可能找到人生使命的种子，并在父母的爱与包容之中茁壮成长！

感悟

主动选择与被动选择

人如果没有发掘人生使命，便可能一直生活在某种苟且之中。人如果没有主动选择、主动掌控人生使命，会一直被外界所决定，被环境牵着鼻子走。小的时候，被无穷无尽的学业、各种各样的兴趣班所捆绑，长大之后，被父母的期待、被外在的工作所捆绑，一辈子活在外界的要求之中。所以，如果我们不主动选择，便会被生活选择。对于孩子来说也是如此。如果孩子不知道自己的兴趣是什么，不知道自己的使命是什么，那么就只能被父母、被学校、被环境所决定。

所以，要想与众不同，要想不被生活的苟且所束缚，要想成为"人间清醒"，人就必须确立自己的核心目标，唯有认定目标，紧抓不放，刻意练习，持续努力，人生才有不一样的可能。

感悟

活出自己的人生使命

当下的教育环境，对于孩子而言是很不友好的。孩子从小就生活在学业的压力、环境的竞争、教师的规训之中，大量时间和精力都被每天重复的内容所占据，何来时间和精力去思考人生使命这种重要的议题？这就是孩子在确立人生使命过程中所面临的真实问题。可能有些学有余力的学霸，能够明确地规划自己的人生路径，但绝大多数普通孩子都无暇顾及，更不用说那些学业相对困难的学生了。但每一个人都应该活出自己的人生使命。二者之间存在巨大的张力。

该怎么活出自己的人生使命？这是父母必须认真对待的问题，是需要在生活的忙碌与苟且之间，专门留出足够的时间来思考、来寻找答案的。

感悟

去拥有自己独特的人生

在帮助孩子确定自己的人生使命的过程中，父母所要做的，就是持续地观察孩子的成长状态和心理状况，适时地提出问题让孩子思考，同时帮助孩子不断地向目标靠近。确认人生使命的过程，就是发掘自己内在兴趣、内在价值诉求的过程。

个体所处的这个世界无比精彩，同时也极其开放，拥有无限可能。任何一种可能，都拥有各自的信众。所以，对于个体而言，你无须关注外在的世界、无须关注他人的选择，你所需要做的，仅仅是想清楚自己要的是什么。身外无人，重要的是你自己的选择。你的选择才是独一无二、不可替代的。没有任何人能够代替你做选择，没有任何人能够代替你去经历。

你只能自己去选择、去经历，去拥有自己独特的人生。

感悟

带领孩子去发现问题与需求

孩子往往需要将自己的兴趣目标与社会需求有机结合起来，去确定自己的人生使命。那么，当下民众最大的需求是什么？是进一步提高经济收入水平；是拥有精神的愉悦、充实与快乐；是拥有健康的身体，等等。所以，当我们把看待这个问题的视角调到最微观的尺度，就会发现，每一个人其实都有无数有意义有价值的事情值得去做。

比如，现在有太多的孩子，有心理问题，针对这一问题，如果能够从不同角度提出解决方案，则意义重大。再比如，当下青年群体就业压力大，针对这一状况，提出更好的教育方案和人力资源解决方案，同样意义重大。

问题和需求有很多，关键在于父母是否有足够广博的视野和情怀，带领孩子去发现社会的问题、社会的需要，并致力于改变世界，做一个新时代相关社会领域的领导者。这是帮助孩子确立人生使命的关键一环。

感悟

探索自己的人生使命

孩子的人生使命，往往不是立即就能找到、立即就能确定的，而是需要经历探索、试错、再确认的过程。如果父母没有营造开明开放、环境宽松的氛围，这个过程便不太可能发生。在父母充满紧张焦虑情绪的家庭中，孩子的每一步都必须精心策划，每一步都要按部就班，每一步都不允许出错。

然而，孩子的人生，怎么可能完全是按规划的路径去走的呢？怎么可能完全按父母期望的方向发展呢？绝大多数父母的观念，都是过去经历的产物，怎么能够决定孩子的未来呢？在父母焦虑情绪的控制之下，孩子便不可能去追问自己内心真正的兴趣，更不太可能去试错。即使父母勉强同意试错，只要孩子尝试的结果不尽如人意，父母会立刻把孩子拉回去，让他重新按照自己期望的方向走。

而真正的探索，是需要把可能性一个一个地试过去的，每一个被排除的选项，都是离目标更近一步的垫脚石。遗憾的是，绝大多数父母并不能给予孩子这种自由、宽松的环境；绝大多数孩子也没有机会拥有自由探索、从容试错的机会。

这也是我们今天所看到的，多数人无法活成自己想要的样子，而只能被生活所决定的根本原因所在。所以，父母能够给予孩子的礼物之一，便是给孩子自由宽松的成长空间，尊重孩子的发展意愿，允许孩子去自由探索自己的人生使命。

感悟

尊重孩子的意愿

　　孩子人生使命的追寻，很多时候是在自我意识觉醒之后才真正开始的。父母给孩子设定的路，多数情况下是不能成行的，除非父母和孩子想法一致，这种情况显然可遇不可求。现在的问题是，很多孩子，在父母和学校环境的双重影响下，已经丧失了自主思考的能力和自我探索的意愿，甚至放弃了努力，放弃了期待。《我的二本学生》作者黄灯教授写道："教育像一场慢性炎症，中小学时代服下的猛药、抗生素、激素，到了大学时代，终于结下了漠然、无所谓、不思考、不主动的恶果。"

　　这是一个巨流奔涌的时代，但年轻群体却表现出出人意料的寂静，这是这个时代的悲哀与不幸。这或许是少数别有用心之人故意而为之的，但我相信这是绝大多数人不愿意看到的。所以，父母所要做的，就是时时尊重孩子的意愿，时时发掘孩子内心的兴趣，并在孩子有自主想法的时候，提供一切可能的支持与鼓励！唯有自由自主，才是生命蓬勃生长的肥沃土壤。

感悟

给孩子充分自由

在人类所有最值得珍视的财富中，自由是最重要的一个。自由不但是人性中不可遏制的本性，也是人生成长最根本的动力来源。没有人愿意活在被控制、被奴役的状态中。所以，才有"不自由，毋宁死""若为自由故，二者皆可抛"这样的警世名句。

父母对待孩子，同样要做好给孩子充分自由的准备。在尊重孩子独立人格、给予孩子自由、为孩子着想的前提下，去跟孩子讨论、商量与引导。这或许是从内在探索的角度让孩子少走弯路的一种方法。

感悟

穷其一生去追问

很多时候，我们会误以为要找到自己真正想做的事情，不是什么难事。其实这是对人性极大的误解。事实上，"认识你自己"几乎是人生中最具挑战性的事情。它由个人的兴趣、欲望、能力、见识、目标、恐惧、希望等所有的一切最终共同决定。

人对自我的认知、对人生使命的认知，很多时候是要穷其一生去追寻的。

如果你的孩子知道自己想要什么，很有想法，很有主见，那么，请你好好珍惜，好好保护他的好奇心与行动力，不要随意打压，而是要多鼓励、多允许他去尝试。这样的孩子，如果给予合适的成长环境和必要的外界支持，爆发出来的生命力和创造力，将是不可限量的。

而对于那些安静、不擅表达、不知道自己想要什么的孩子，父母所能做的，就是多鼓励孩子表达，多鼓励孩子尝试，多鼓励孩子自己拿主意、做决定。这些能力，很多时候不是一夜之间就能学会的，而是需要很多尝试、练习甚至是磨砺的。只有基础的、简单的事情重复做了、练习够了，才更有可能去挑战明确人生使命这样的高级技能。

感悟

在经历中提升能力水平

自由是建立在选择能力的基础上的。而选择能力来自认知、练习与磨砺，甚至是挫折与失败。那些没有什么能力却口口声声要自由的人，注定是要被失望与挫败感所包围的。对于孩子而言，要想获得更大的自由选择权，首先就要提升自己的认知、视野和能力水平。

在不知道自己想做什么的时候，可以去多读书、多学习、多经历一些事，在经历中提升自己的各种能力水平。哪怕只是经历失败与挫折，也是提升心理承受能力的好机会。能力越大，选择范围也就越广，确定自己人生使命的可能性也就越大。

能力的提升，是实现人生使命的重要基础和基本前提。最糟糕的是心气很大，能力却很差。没有一定的认知、能力和格局，自己想什么都没用，可能什么都做不成。所以，无论如何，脚踏实地地提升自己的认知、能力和格局，都显得尤为重要。

感悟

复盘与调校

人的生命过程，从某种意义上讲是一个熵增的过程。在这种情况下，如果没有目标、没有严格的自我要求，人必然会被无序和繁乱所包围。所以，无论今天父母和孩子的目标、理想、使命有多么宏大、多么振奋人心，如果没有时时警醒、坚持努力，过不了多久，它们便会被淹没在生活的琐碎之中。这就要求父母要有紧紧咬住目标不放松的韧劲，经常性地对目标和行动进行复盘，并在复盘中不断校正航向，确保孩子始终走在正确的道路上。

经常复盘与调校是确保航向正确的重要途径。同样地，冥想、运动，从忙碌中抽出时间进行思考，也是重要的途径。人心其实是变动不居、变幻莫测的。很多时候，我们总以为了解自己，其实不然。而经常性的反省和回归自我，能够帮助我们更加真切地认识自我、了解自己。对于孩子而言，更是如此。要允许孩子有足够的时间和空间去探索、去犯错、去了解自己。父母越着急，情况越糟糕。只有放下、宽容，允许孩子做自己，孩子才有未来，教育才有未来。

 感悟

为什么要明确人生使命

为什么要明确人生使命？明确人生使命的意义何在？对于这一问题的回答，其实是由每个人的认知决定的。有人认为人生的意义在于及时行乐；有人认为人生的使命在于服务他人奉献社会，那么对于后者而言，明确人生使命的价值就在于更好地实现人生使命。

因此，我们提升孩子认知的过程，从某种意义上讲也是帮助孩子明确自己的人生使命的过程。当孩子的视野足够宽广、知识足够丰富、心理素质足够强大的时候，孩子找到人生使命的可能性便会大大增加。

为什么要明确人生使命？

简单而直接的回答就是：为着幸福，为着彰显生命的厚度，为着不枉此生。

感悟

走出属于自己的人生

允许孩子做自己，同时也接纳自己的所有状态是对人性最大的尊重。尊重孩子的选择，说起来容易，要做到其实很难。特别是在当下的社会环境中，功利、势利、攀比、恃强凌弱、缺乏包容性无处不在。在这样的环境中，大多数父母都希望自己的孩子能够有出息、能出人头地。

身处这样的环境中，当孩子的理想是成为厨师、木匠、修车工、花艺师时，父母能够接受吗？很难，至少一开始很难。更不用说，环游世界、成为一名流浪汉这种更不"着调"的理想了。

所以，父母能否清醒地认识世界的真相，能否真正从攀比的虚荣和控制的欲望中把自己解放出来，对于孩子的幸福和未来至关重要。

其实，自由、多元是生命的奥秘，也是成长的奥秘。只有在彻底尊重、完全包容的前提下，因材施教才可能发生，孩子才可能走出属于自己的人生。这样的人生，无论如何，都必将是精彩无限的。

感悟

做彻底觉醒的父母

当下，孩子的心灵已经被封闭在父母的要求、学业的负担和环境的竞争压力之中。任何对当前中小学教育的现状有了解的人，都能够一眼看出问题所在。现在的孩子的学业负担太重，孩子的心理太累。孩子、老师和学校都承担了太多教育之外的东西，而最为本质的生命的成长却没有得到足够的重视。

心灵被封闭的孩子，是很难有真正的兴趣和自我觉知的，更不用说热爱和人生使命了。而如果缺失自己真正热爱的事物，孩子的生命能量和创造力就不可能被真正地释放出来。

苍白无趣，缺乏活力；没有理想，没有信仰，没有使命，这是竭泽而渔，过早透支孩子生命力必将造成的后果。所以，为孩子减负是对的，只是孩子需要的不仅仅是休养生息，更是整个教育模式的彻底转变。这种转变，或许不在单个父母的能力范围之内，但是，需要每一位父母彻底觉醒。

感悟

成为更好的自己

著名媒体人许知远在一次访谈中提到，"会有一刻，你会突然就不在乎了"。这是一种通透、一种彻悟。家庭教育中最重要的东西是什么？是美德，是亲情，是传承。

那么，作为父母，我们有什么可以传承给孩子的？是焦虑吗？孩子根本不想要！是世俗的成功哲学吗？孩子可能看不上。是追求自我，从容淡定？我们得自己先有。其实，人生一世，草木一秋，在宇宙中，人类是比微尘更微小的存在。人真的值得拥有一种全然释放的人生，人生真的不应该被那些无趣的世俗风潮左右。

接受自己终究只是这个社会中最普通的一员，接受孩子也终将如此，人生来是要经历这人世的美好的，而不是去做毫无意义的攀比。人生命中最重要的事，是开心，是一家人其乐融融，是平安，是没有烦心的事。或许，今天的父母，最大的使命是让孩子能够开心地度过每一天。每一个人，最大的使命都是追求一个更加完善的自己。这是毛姆的《刀锋》中的主题，也是《大学》的修身齐家治国平天下的内核所在，也是"穷则独善其身，达则兼济天下"的基础。

所以，要穿透这纷扰的世事，认识到人生的真相，我们不需要与任何人比较，我们只需要放下虚荣，追求一个更好的自己。一切外在的使命，都根植于内在的追求。而追求完善的自己，是所有追求中最有价值的追求。

共勉！让我们和孩子一起，成为更好的自己！

感悟

给孩子足够的空间

很多时候，孩子的梦想，并不一定能够如愿以偿。在当下社会中，孩子面临的压力不可想象。所以，父母不是要给孩子加压，而是要给孩子减压。孩子梦想的实现，取决于父母的支持，也取决于孩子的坚持。

所以，只要孩子愿意坚持，就没有实现不了的梦想。在这一过程中，父母的鼓励和支持是不可或缺的。这里的关键，仍然是鼓励孩子坚持自己的想法，鼓励孩子不放弃。鼓励孩子做自己，短时间可能不一定有效果，但长期来看，成效往往会超过预期。

真正高质量的人生选择，往往是在闲适中产生的。不必太担心孩子，让孩子拥有更大的空间，让孩子自由地选择、自主地生长。孩子的人生使命，是在闲适中慢慢探索出来的。

只要给孩子足够的空间，孩子一定会找到属于自己的人生道路。

慢慢来，不要着急，一切都会好起来。

 感悟

使命与现实

帮助孩子明确其人生使命，是父母在整个家庭教育过程中最重要的使命。人生使命是生活的总纲领、总方向、总目标，也是孩子行动力的根本来源。一旦孩子在心里种下关于人生使命的种子，这颗种子就会自己运转起来，驱动孩子朝着人生使命所指引的方向前进。

然而，当我们反过来审视现实的情况，就会发现几乎是完全相反的景象：孩子的绝大多数时间和精力都被学业所占据。学习成绩成了很多父母唯一关心的指标。所以，我们会看到北京大学有 30% 以上的学生患有某种程度的"空心病"，看到很多孩子根本不知道自己想要的是什么，更不用说会知道自己的使命是什么了。

对于大多数孩子而言，家长认为成绩是唯一的标准，而不去关注其人生的意义和学习的目的，是典型的"捡了芝麻丢了西瓜"式的本末倒置。这种观点使孩子成了成绩的牺牲品。

感悟

"咬定青山不放松"的韧劲

孩子探索并确定自己的人生使命，是整个成长过程中最重要的事情。因此，对于父母和孩子来说，确定人生的使命也就成了最值得去做、最有价值的事。当然，这件事情对于孩子和父母来说，也是难度系数极高的。多数情况下，父母和孩子很容易就忽视了这件事，而被学业和其他事情给湮没了。

所以，这就要求父母要有"咬定青山不放松"的韧劲，时时紧盯这个事情，不时跟进追问，直到有相对明确的结果。因为当孩子确定自己的人生使命之后，后面的很多事就会水到渠成。这是孩子整个成长过程中重要但不紧急的事情，也是一定要跟牢的事情。

感悟

在试错中寻找

对于任何一个个体而言，寻找人生使命的过程，都是一个需要时间、需要经历、需要反复确认的过程，需要耐心，需要等待，需要面对极大的未知与不确定性。

对人生使命的追寻，可以首先问自己几个问题：我为什么而活？人生的意义是什么？我该如何度过这一生？而这些问题，是需要在经历之中寻找答案的。

所以，可能出现的情况是：我们首先选择去做一件想做的事，然后发现不是自己想要的；再去试错，再去确认。在这个过程中，孩子和父母都要面临极大的挑战。父母既要进入问题的情境之中，又要时时超脱出来，思考孩子未来到底要走什么样的路。

越是重要的事情，越需要经历试验。人生使命的确定就是如此。父母只能是以"咬定青山不放松"的韧劲，陪伴孩子一直往前走。

感悟

这一生为何而来

著名心理学家海灵格传记的名字是《这一生为何而来》。这个问题其实是提给所有人的。《百年孤独》的作者加西亚·马尔克斯的回答是，《活着为了讲述》，这是马尔克斯自传的书名。对于这个问题，每个人都可以有自己的回答，每个人也都应该拥有自己的回答。

对于人生使命的理解，每个人都是完全不一样的。这一生为何而来？没有任何人能代替你回答，只有你自己知道。所以，如果孩子问你："我的人生使命是什么？"作为父母，我们可以真实地回答孩子："宝贝，这个问题我无法替你回答，这个问题需要你自己去寻找答案！"

在一次讲座中，国学专家万里航老师有一句话特别引人深思，他说："研读历史的一个重要收获就是让我们学会与问题共处。"是的，在很长一段时间里，孩子需要与"我的人生使命到底是什么"这一问题共处，父母也需要与"不知道孩子的未来会如何"这样的问题共处。

所以，对于孩子和父母而言，根本性的问题仍旧是：如何发现自己的独特使命，去做那今生为此而来的、最为重要的、非做不可的事情。这样的事，往往就是我们能够陶醉其中的事情。

感悟

第十章

教育社群

归根到底，家长要有一颗强大的平常心。

——杨东平

什么是家庭教育社群

家庭教育社群在某种意义上，是父母进行自我学习、自我成长的重要载体。几位家长若自发组织起来，定期举办读书会、分享会、讲座等活动，形成的家长组织就可以视为一个家庭教育社群。

家庭教育社群有核心的三个特征，一是围绕家庭教育来举办活动，目的是帮助家长更好地开展家庭教育；二是有相对稳定的核心成员，形成相对合理的角色分工，有召集者，有专业人士，有稳定参加的家长；三是形成相对正式的社群运行管理制度。如关于经费来源的制度，关于举办活动频率的安排，关于活动内容的规定，等等。

汪高公益组织可以说是一个管理规范化、专业化程度都比较高的家庭教育社群。国内常见的教育社群还有由特殊学校孩子的父母组织的互助式家庭教育社群。还有一些做得比较好的家委会也可以算是家庭教育社群。

好的家庭教育社群，能够有效地为当下焦虑的父母提供一定的专业支持、心理支持和情感支持，意义非常重大。

感悟

家庭教育社群的价值

家庭教育社群最大的价值，在于帮助父母获得情感上的支持，缓解家庭教育中父母的焦虑情绪。父母的经济水平、社会地位和受教育水平，父母的认知水平、个性特征、情绪状态，都在某种程度上决定着孩子的家庭教育，决定着孩子的未来。父母身上的这些因素，在很长时间内是相对稳定的，短时间内不会有太大的变化。

在这些因素中，学习能力或许是一个具有根本性的变量。学习是父母提升认知水平、改变个性特征、增加家庭收入的关键所在。只是，有多少父母能够通过持续的学习真正地提升自己呢？

学习不但要有强烈的愿望，要有极强的自制力排除各种干扰和影响，还要有较强的行动力和反省复盘的能力。在当下的社会压力和环境中，拥有和保持这些能力是何等困难？对父母的要求是何等之高？！

所以，即使在家庭教育社群中，父母也未必能够真正获得多少能力上的提升，更多的可能只是在与家长的交流互动中获得情感上的支持和心理上的安慰。

感悟

社群的灵魂人物

　　家庭教育社群是由个体构成的，其中的关键是起主导作用的灵魂人物。这个灵魂人物可能是发起人，可能是具体负责的专业人士，也可能是热心的家长代表。在灵魂人物的召集和持续努力下，社群才能持续运营。

　　所以，对于一个社群而言，最大的幸运在于拥有自己的灵魂人物。因为绝大多数家庭教育社群都或多或少具有公益属性，因此相对而言组织的成熟程度也往往较弱，这样一来，就更加依赖灵魂人物的正确领导和持续付出。

　　当下，中国的家庭教育存在的一个主要问题是，真正热心家庭教育事业的有志之士和家长实在太少。

感悟

自助者天助

　　从社会学的角度来看，当前的学校教育主要是由政府承担供给者角色，由公立教育体系承担为社会提供一般教育服务的职能；而家庭教育主要是私人领域的事务，由家庭自身承担，最多由公益组织承担部分辅助功能。家庭教育、学校教育各自承担自己的职责，功能上起到协同互补的作用。

　　因此，如果父母没有承担起家庭教育的应有职能，那么，孩子的家庭教育必然是缺失的。而如果家庭教育缺失，孩子要在当下这种竞争激烈的环境中脱颖而出，可能性微乎其微。当然，从缺失家庭教育的家庭中，甚至从充满伤害的家庭中走出来，实现成功的人也是有的。但显然，他们失败的可能性要远远高于成功的可能性。

　　所以，在人类社会可预期的未来，家庭教育将一直是父母的核心职责所在。如果父母尽到职责，家庭教育必然是兴盛的、蓬勃发展的。而当父母失职的时候，家庭教育也必然得不到应有的重视，各种关于家庭教育的讨论和活动也必然明显不足。无论如何，家长只能自助、只能自救。

感悟

社群的活动内容

家庭教育社群活动最简单可行的形式主要有两种：一是经验交流会，二是读书分享会。这两种形式的活动，只要有几位热心的家长，就可以组织起来。

经验交流会，主要是父母分享育儿经验，分享在家庭教育中遇到的问题和产生的困惑，各自处理的方式和心得，取得的经验和教训，等等。如果父母善于总结归纳，这里其实是会有很多接地气的、行之有效的、富有智慧的教育方法的。

读书分享会，就是选择一些比较好的关于家庭教育方法的书籍进行阅读、分享。这里也有很多种阅读分享的方式。比如，选择其中的一小段能够体现作者的核心观点的文字，大家一起阅读，围绕以下问题进行讨论：这句话想表达什么样的观点？能够给我带来什么样的启发？我以前是怎么做的？哪些地方做对了，哪些地方做错了？学习之后我可以在哪些方面改进？我接下来的行动点是什么？等等。读书分享会这种形式，几乎是成本最低、收效最大的学习方式了。如果身边能有几位家长组织定期开展读书研讨，读者朋友参与进去一定受益匪浅。

感悟

社群的本质：学习共同体

家庭教育社群的本质，是家长的学习共同体。

关于家庭教育的经验知识，存在个体知识、社群知识和公共知识三个依次展开的知识圈层。其中父母个体因为欠缺经验和学习，对很多养育孩子的知识并不了解，很容易走弯路、犯错误。

而关于家庭教育的公共知识，是一直存在的，而且有着各家之言，内容丰富、包罗万象。这些公共知识的载体，包括书籍、影像、互联网资料等。

庞杂的公共知识，在一定程度上也是缺乏指向性的。公共知识价值的发挥，最终取决于家长个体的消化、吸收和应用。而社群是促进公共知识转化为个体知识的重要途径。

这里的关键在于：社群的形成，天然就具有某种同质性，而正是这种同质性，决定了某一个体的经验知识，对于社群中其他境况相近的成员也是有用的。所以，通过社群成员之间的学习与互动，那些具有特定性的个体知识、具有一般性的公共知识，便会迅速转化为社群知识。随着社群分享和互动的增加，社群知识的范围便越来越大，个体知识和公共知识被进一步加工编码，成为更加有针对性的知识形态，从而能更好地帮助社群中的成员。

所以，社群活动对于家长而言，"谁参与，谁受益"。

感悟

案例：云谷学堂

杭州云谷学校的家长学校"云谷学堂"，应该是国内最具代表性的家长社群。父母好好学习，孩子天天向上，是云谷学堂的创设理念。在云谷学堂，几乎每个月都有各种家长学习活动，包括读书会、工作坊、主题沙龙、父母讲堂、网络直播等。云谷学堂开设的课程，旨在帮助谷爸谷妈读懂孩子，形成正确的儿童观；帮助家长了解教育的本质，树立科学的教育观；帮助每户家庭成为云谷的教育合伙人。

云谷学堂希望营造共同学习、相互促进、乐于分享、具有责任感的成长型家庭教育社群，并产生积极的辐射效应。

重视家长的自我成长，让家长成为云谷的教育合伙人。云谷学校对家庭教育的重视、对家长职责的清晰认知，典型地体现在云谷学堂上。而作为一个家长社群，云谷学堂做得非常深入细致。他们在家长学习相关课程之后，甚至开设了"保温课程"。云谷学堂的堂主午潮山说道："专门的保温课程会持续一个月，针对学习内容，老师每天在家长群和家长回顾知识要点，鼓励家长对具体的案例进行讨论，再鼓励家长做育儿觉察的日记打卡。但是哪怕保温课程结束，还会持续有丰富多彩的分享、沙龙、读书会、家长 talks，不断让家长浸泡在学习氛围中觉察和成长。"

理解孩子，关注自身，不断成长。云谷学堂作为一个教育社群，主要是为了促进父母成长——正如他们的标语所说的：父母好好学习，孩子天天向上！

感悟

社群运营

家庭教育社群存在的艰难之处，在于可持续化运营。几位家长心血来潮，组织几场读书会、教育电影鉴赏会其实并不难。难点其实在于：社群需要拥有一个更加长远的共同目标和共同愿景，拥有一个切实可行的学习计划，拥有一群愿意付出代价来学习的家长。

其中的每一点都很重要，都将保障社群的可持续生存。而其中尤其重要的，是要有几个灵魂人物，共同推进社群活动的开展。

这世上凡事都不易，而需要长期坚持做下去的事情就更难。从这个意义上说，汪高公益可以说是一个异数，是一个极其特别的存在，其将成为一个时代的印记，记录以汪建刚先生为代表的一群益友共同学习的故事。很多事情，越向前走，越会发现其中的不易，因此也越显得可贵。

感悟

专业性的质疑与困境

　　家庭教育社群面临的质疑与困境首先是社群专业性程度的问题。在多数情况下，由于家长并没有接受过教育学、心理学的科班训练，社群中也未必有教育学、心理学专家，所以，对于对孩子教育问题的原因分析得是否到位，大家讨论的解决方案是否有科学性等问题，很多时候家长可能会觉得没有把握。

　　该怎么看待这一问题呢？笔者的意见是：放手去做，同时保持一份敬畏。这是因为，在家长社群中，家长本身就有群体的智慧，大家拥有类似的经验，可以互相验证，从而可以确保对问题的分析、提出的解决方案一般不会有太大偏差。另外，这种家庭教育社群本身已经是很多家长所能够获取的最重要的社会支持。

　　对于父母而言，要确保专业性最好的方式是：加入一个家庭教育社群，同时阅读学习一些比较重要的家庭教育书籍，如《正面管教》《父母效能训练手册》《无条件养育》等，让理论与实践相互验证，从而提升自身和整体社群的专业水平。

感悟

另一个困境

家庭教育社群面临的另一个困境，是活动经费和活动场地匮乏问题。从单次活动来看，寻找举办活动的场地或许不难，参加活动的家长 AA 分摊费用的做法也顺理成章。问题在于，从长远来看，如果没有固定活动场所，活动总是很难持续下去；而如果每次活动产生的费用，都由家长分摊，也会成为阻碍家长参加活动的因素之一。

因此，有志于推动家庭教育事业的爱心人士汪建刚先生和高萍女士慷慨解囊发起汪高公益，实在是益友之幸事。能够与汪高结缘，也实在是非常值得感恩的事。

当下社会，真正重视家庭教育、真正愿意为家庭教育奉献的人，毕竟还是太少。孩子是国家的希望，也是民族的未来。如果父母没有用心去培养孩子，往小了说是对孩子未来的不负责任，往大了说是没有履行好对国家和民族的责任。

感悟

社群的缘分

由家长组成的家庭教育社群，要想持续存在，同样需要前提条件。这里至少有三个要素是比较重要的：

一是家长要同频，要有相似的价值观和教育理念。基本价值观和教育理念相差太大的家长，很难走到一起。

二是要有投入意识，投入时间、精力和金钱，是社群成员需要付出的必要代价。投入时间和精力，主要是家长自己要学习，阅读家庭教育的书籍，思考相关问题，实践教育方法，并不断进行自我总结。投入金钱，主要是家长要愿意分担家庭教育社群活动开展过程中产生的费用支出。

三是要有分享意识。父母在家庭教育社群中要保持一种开放的心态，愿意分享自己在家庭教育过程中遇到的问题与产生的困惑，也愿意听取其他成员的意见和建议，愿意交流自己在家庭教育中形成的认知和经验教训。

家长型的家庭教育社群最基本的特点就是面临的问题比较相似，生活空间也相近，比较有共同话题。这时，如果有几位热心人士愿意组织，就比较容易做起来。

 感悟

家长与社群

实施家庭教育是父母重要的社会职责之一。在家庭生活中，父母要承担很多的社会功能、社会职责，既要赚钱养家，又要照顾老人、教养孩童，还要参与社会交际、充电学习、疗养身体。理想情况中，父母会在这些事情中取得平衡。实际情况却是，家庭教育往往容易被父母双方或其中的一方忽视，投入的程度远远不足。

其实，在所有的社会职责中，教养孩子、自我成长，才是父母最为重要的职责。这样一来，对于父母而言，家庭教育社群的重要性便得以凸显。

家庭教育社群，既是家长朋友家庭教育过程的陪伴者，也是家庭教育专业意见的提供者；既是共同学习、共同成长的地方，也是反省错误、纠正问题的地方；既是获得最新资讯、获得各种案例知识的地方，也是交流经验、分享故事的场所。

这一切功能的发挥和落地，都建立在父母拥有学习意愿之上。如果父母不愿意学习，如果父母没有从蒙昧和混沌状态中觉醒过来，家庭教育社群的益处也就无从发挥。

 感悟

在家上学

在家上学作为一种家庭自救式的教育模式，虽然显得小众且另类，但在现实中仍然有其存在的空间。父母选择让孩子在家上学的原因，大致主要包括孩子在学校受过创伤、学习困难、早慧以及多动症（ADHD）等。选择让孩子在家上学的家庭，一般父母中有一方是全职在家带小孩子的，这类家庭，往往会通过各种方式进行联系互动，形成一个家庭教育的互助社群。

在家上学社群的父母中，一般会形成一定的任务分工，有的负责给孩子上语言课，有的负责数学或科学课程，有的负责户外活动或项目制学习课程。同时，这些父母也会选择一些辅导机构的课程，比如阅读写作课程，作为教育的重要组成部分，为孩子构建属于自己的一张课程表。

在家上学的家庭教育社群，最大的挑战就在于学习计划的执行，在于父母和孩子的自律能力，这是真正的难点所在。学校固定日程被去掉之后，父母和孩子面对的每一个课程、每一项安排，都可能会遇到突发事件和临时变动等各种干扰，能否克服这些干扰，决定了在家上学的最终效果。

这个时候，社群的作用就体现出来了：社群既可以起到相互扶持、相互帮助的作用，也可以起到互相监督、相互约束的作用。单个家庭要做到比较自律可能会不太容易，但有社群的氛围，结果可能就会好一些。

感悟

用心投入其中

前段时间，看到一位益友的朋友圈，提到自己参加的一个学习社群的收获："回顾了小伙伴们的打卡，感念社群的力量太强大了，她们陪伴我扛过了一段艰难的旅程，推动着我奔流向海不退缩"。抱团取暖，相互激励，共同进步，就是社群应有的状态。

只是这里的关键在于，每一个在社群中的人，都应该躬身入局，认真参与社群的活动，应该对社群有所贡献，唯有如此，社群才可能处于持续活跃的良性循环之中。

参与的方式，其实并不一定是提供经济上的支持，不一定是承担组织工作。认真完成社群的任务，参与分享自己的收获，对他人的分享予以反馈，提出自己的意见建议，等等，都是参与到社群之中的表现。

在任何社会活动中，只有真正用心投入其中的人，才会有收获；投入越多的人，往往收获也越大。在社群之中也是如此。所以，在家庭教育社群中，父母要想有成长，要想有收获，最简单直接的方式，就是投入其中。

感悟

觉醒者的集合体

与政府部门、商业组织、学校等正式组织相比较，家庭教育社群显然是一个结构松散的学习型组织，对社群成员并没有太多强制性的要求。因此，社群得以构成的核心原因仅仅在于成员具有共同的学习与成长的内在需求。如果父母没有发自内心的成长需求，如果没有一群具有成长需求的父母，家庭教育社群便很难存续。

因此，从这一意义上说，社群存在的最大敌人便是父母的心灵封闭、止步不前、顽固守旧，被困在自己的认知和行为惯性之中，不愿意学习，不愿意突破自我。进一步而言，如果没有自我觉醒，便没有学习需求；没有学习需求，便没有家长社群。

家庭教育社群，是觉醒者的集合体。正是有一群具有自我觉醒意识、具有学习意愿的父母，共同组成了家庭教育社群，也托起了孩子的幸福与未来。

感悟

社群：现代生活方式的一种形态

从某种意义上说，社群是现代生活方式的一种形态。在知识专业化与职业多元化并驾齐驱的现代社会中，每一个人所拥有的知识储备越来越专门化，每一个人可支配的时间越来越碎片化，人们不断地将原本属于个人、属于家庭的事务让渡出去，交给更专业的人去做，而留给自己的事情则越来越少。

正是由于分工的不断细化，社群成了对抗这种分化的一种有效的制衡力量。在家庭教育社群中，人们出于对教育理念、教育方法的需求，有意识地聚集起来，共同学习，共同进步。

从某种意义上说，社群的出现与兴盛，是现代生活方式得到彰显的典型体现。而我们要获得这一现代性的最好方式，就是走出自我封闭的限制，走出宗亲文化的狭小范围，融入原本由陌生人组成的一个全新群体，积极参与其中，贡献自己的应有之力，共同构建互帮互助、互惠互利的家庭教育社群。

或许，在与个人相关的所有事项上，家庭教育属于最不可让渡的事项。也正是因为不可让渡，投入社群之中，便是家长实现成长的基本途径。积极投入社群，在社群中成长，也是对我们作为开放的现代人的基本要求。过往不恋，未来不惧。在当下，努力学习便是。

感悟

利他原则

理想的社群，总是与无私的付出联系在一起。一个理想的社群，应该是相互支持、肝胆相照、荣辱与共的生活共同体。在这样的共同体中，必定有人为社群注入能量。也正是因为有很多人持续地为社群付出，社群才得以存续。

利他原则，是社群运行的基本法则。如果每个人都计算付出与回报，那么，人与人之间就只剩下交换关系。交换关系适用于市场交易，而不适用于社群。

所以，任何社群的有效运行，都有赖于社群中那些愿意付出、不求回报、乐于奉献的成员。从另一个角度而言，没有任何付出是理所应当的，若我们有缘遇见那些甘于奉献的人，唯有献上深深的敬意与感恩！

 感悟

相信专家

社群中的专家，扮演着提升社群知识浓度的重要角色。当下，人们对公共知识分子的态度，从一个极端走到了另一个极端。以前是过度依赖专家的观点，现在又转向了过度怀疑专家，甚至是质疑一切专家、不相信任何专家。这种观点很危险。除了那些别有用心或为某一特定利益集团代言的所谓专家以外，大多数专家掌握的知识水平还是远远高出普通人群的。

正常情况下，专家对已有的理论研究成果是有系统梳理的。他们阅读过大量科学严谨的研究文献，同时也接触过真实的案例，对实际情况也有整体性的思考。因此，他们在面对一些普通民众遇到的问题时，能够提供的分析问题的角度、广度和深度，往往也是普通人很难达到的。

不要怀疑人类的知识积累。那些认为"知识无用"的人，只不过是目光短浅，不知道知识的真正价值而已。

当然，所谓的专家，也并非一定要学院派出身。实践出真知，那些对实践有深刻观察、有丰富经验、有深入思考的人，同样能够把握问题的本质，并形成独到见解，这些人可以被看作"实战派"专家。

所以，无论如何，如果你在某个问题上不是专家，那么，在这个方面，就一定有专家值得你虚心学习。

感悟

社群"积极率"

社群的成长，有赖于社群中每一位成员的共同努力。一个向上行的社群，一个拥有生命力、富有活力的社群中的多数人必定愿意投入其中。我们很难确保社群中的每一个同行者，都能够有精力投入其中，但至少应该有大多数成员愿意投入其中。

积极心理学关于"积极率"的研究成果表明，生机勃勃的个人、家庭或组织，往往是伴随着 3 ：1 甚至更高的积极率而出现的。换句话说，如果社群中有 75% 的人愿意积极投入其中，则社群是能够保持较好的向上的状态的。相反，如果积极率低于 1 ：1，也就是如果只有不到一半的人是有投入意愿的，那么社群就很有可能处于解体边缘。

你关注什么，你就会拥有什么；你在哪里用心，哪里便能成长。所以，如果你在乎，去浇灌就是。

感悟

社群的活力

家庭教育社群作用的发挥，更多时候是依赖社群成员之间的互动交流实现的。在家庭教育社群中，随着各种活动的开展、互动的增多，社群成员之间便有了更多相互了解的机会，彼此的关系会更加密切。此时，由于父母面临的问题大致相同，成员之间相互讨论、互相交流、共同学习的概率就会大大提升。

共同讨论孩子遇到的问题，交流有效的教育方法，获得情感上的理解和共鸣等发生在父母之间的相互学习的行为，往往更有针对性与启发性，对父母和孩子的帮助效果也会更好。

所以，判断家庭教育社群是否有活力的一个重要标准，就是社群成员之间的互相了解、互相帮助的程度。家长彼此之间越熟悉、交流越多，所在的社群便越有生命力。从某种意义上说，家长在社群中参与同辈学习的成效，有时甚至会比跟专家学习的效果更好。

感悟

奉献精神

当下，家庭教育社群发展面临的主要困境是什么？主要有三个：

第一，缺乏社群的发起人。社群发起人不但要有强烈的使命感，还要有坚定的信念以及无私的奉献精神。要同时具备这些条件，可谓难之又难。有能力、有使命感、有奉献精神的人并不多见。

第二，缺乏觉醒的父母。能够意识到家庭教育是父母重要的事业之一，能够意识到自己必须认真学习才能够更好地教养孩子，能够排除各种干扰坚持学习的父母也很少。

第三，缺乏必要的经费支持。经费是开展活动的必要基础条件。现在，除了学校、妇联、社区等单位主办的一些家庭教育活动以外，那些民间的、自发的、草根的家庭教育社群，往往都因由于缺乏必要的经费支持和活动场所而难以存续。

所以，我们遇到的每一个公益组织，都不是"理所当然"的，而是有人在幕后默默付出，有人在幕后大力支持，有人在幕后倾情奉献。

感悟

父母之间的差距

家庭教育社群中，父母之间在家庭教育方面的差距，到底是由哪些因素导致的？显然，不是学历，并非学历越高，家庭教育的理念与方式越科学合理，学历很高却以极其错误的方式教养孩子的大有人在。也不是收入水平，处于中低收入阶层，但淳朴善良、培养出很出色的孩子的父母也为数众多，相反，属于高收入阶层却不懂教育、与孩子关系紧张甚至导致悲剧事件的父母也不在少数。父母的认知水平，与所处的社会阶层、与从事的职业、与生活的地方，等等，关系也不大。

那么，父母之间的差距到底与什么有关？笔者认为最重要的因素有两个：一是反省意识。有自我反省意识的父母，往往会更加尊重孩子的个性特征与内在需求，能够适时调整自己的教育方式，从而不断地改进。二是学习能力。有学习能力的父母，能够不断地吸收新的理念、新的知识，接受新鲜事物，与时俱进，从而不断地实现自我成长，与孩子保持同步。

当然，还有那些本性俱足、天然带有大智慧的父母，他们可能没有多少反省精神，也并没有学习多少新内容，但在教养孩子的过程中，却透露出一种举重若轻的大智慧，背后的格局和功力非常人所能及。这是天才式的父母。

 感悟

看见"不同"

家庭教育社群，有一个非常重要的价值，那就是帮助父母看见"不同"，看见每一个家庭都是不同的，每一对父母都是不同的，每一个孩子都是不同的。在社群的交流互动之中，任何一位有心的父母都应该不难发现这些不同，并引发自我反省：既然成长环境是不同的，我怎么能够按别人家孩子的样子来要求自己的孩子呢？

看到不同，意味着也可以看到自家孩子的独特之处。其他人都是一面镜子，可以帮助自己对孩子形成更深刻的理解。孩子有自己的特点、自己的兴趣爱好、自己的喜怒哀乐。孩子的这些特点一直都在，只不过父母很多时候都习以为常、视而不见。

在社群中，家长可以了解到别人家看起来非常优秀的孩子，临近考试的时候，也会因为没复习完而紧张到哭；别人家的父母，也会跟孩子起冲突，关系紧张；别人家的孩子，也是被逼着上各种兴趣班和课外辅导班；别人家的父母，也会因为孩子遇到一点问题紧张焦虑。

总之，父母透过社群看得多了，便能够更深刻地理解他人、理解孩子，也会对自己的教育方式方法形成更多的自觉与反省，也就能够更多地接纳自己、接纳孩子。

感悟

见贤思齐

家庭教育社群对于父母的重要意义在于：社群提供了一面镜子，让那些有反省精神的父母，能通过这面镜子，更加清楚地看见自己的真实状态。父母作为独立个体，很多时候也是孤立无援的，是处于无知、无觉而不自知的状态之中的。这个时候，如果没有一个可以反观自我的参照系，人则很容易迷失自我，很难走出自己的认知茧房。

所以，那些有学习意识、有反省能力的父母，能够通过社群看到其他父母的分享，能够学习其他父母的教育理念和经验做法，能够反省自己的教育思路和方式方法，并意识到自己的局限，从而对孩子产生珍视的态度，对教育产生敬畏之心。

见贤思齐。在社群中看到优秀的父母，家长就可以向这些人学习；而在社群中见闻悲剧事件，则可以帮助父母反省自己的教育模式，并及时作调整。在社群中，家长可以看到自己也有问题，并不那么完美；也可以看到自己做的其实也有可取之处，从而能不卑不亢，做自己，提升自己。这是合格的父母所应有的状态。

感悟

走出狭隘空间

社群对于父母而言，有一个非常重要的作用，就是帮助父母走出自我的狭隘空间，实现信息的更新、理念的更新、心灵的更新。在一个富有生命力的社群中，父母可以互相倾诉，交流在家庭教育过程中遇到的问题与产生的困惑，寻求问题的解决方案与心理支持。

在这样的过程中，对当下孩子在学校、在成长过程中遇到的一些问题，父母就可以有一些心理准备，通过交流，了解情况，减少焦虑。

当然，在这个过程中，父母更要重视的是行动。一般情况下，父母的格局就是孩子成长的天花板，如果父母的格局不能打开，仍然紧抓作业、成绩、兴趣班、作息时间等不放手，孩子便失去了最佳的成长时机。

父母要划清自己和孩子之间的界限，放下焦虑、放下期待，以欣赏的眼光看待孩子，陪伴孩子成长，多肯定鼓励，多安慰表扬，接纳孩子的一切，也接纳自己的一切。

感悟

共同进步

对当下家庭教育和父母的整体状态，笔者认为不能太乐观，也不必太悲观。不能太乐观，原因在于，真正对家庭教育十分用心、方法得当的父母并不多见。在当下的环境中，有自己清晰的定见并坚持自己做法的父母，更是少之又少。

不必太悲观，原因在于，觉醒的父母会越来越多。越来越多的父母意识到，陪伴比成绩更重要，意识到要放手，要尊重孩子，要培养孩子的独立意识。

所以，家庭教育社群的作用，不在于唤醒所有的父母，这是不可能完成的任务。家庭教育社群的作用在于，让觉醒的父母团结起来，共同进步，为孩子的幸福未来开辟道路。家庭教育社群的作用在于，能够通过社群的努力，让觉醒的父母不觉得孤单，能抱团取暖、共同成长。觉醒的父母团结起来，善良的人们联合起来，为了孩子的未来，为了让这个社会变得更美好。

感悟

突围的力量

从家庭教育社群出发，我们会遇到什么？不得而知。或许，社群本不应该、也承担不起太多的重担。社群仅仅是一个社群而已，可能改变不了什么。社群只是一群有学习需求、有觉醒意识的父母抱团取暖、共同进步的地方。

然而，如果我们放眼整个教育系统的革新、放眼整个民族的未来，我们会发现，社群或许是一股突围的力量，处在边缘，却生生不息。在家庭教育社群中，父母首先需要做到的，是把自己从焦虑与捆绑中解放出来，以养育一个身心健康、有自理能力的普通人为目标，更关注一个"正常人"的生命成长历程，而不是去追求成为"人上人"的虚妄目标。

家庭教育社群解放了父母的同时，也解放了孩子，将他们从变态的压力中解放出来，从不正确的自我认知中解放出来。把父母和孩子，都塑造成他们应有的模样，应该是家庭教育社群的终极目标。

感悟

社群资源

　　家庭教育社群中的每一位成员，都可以是学习资源、教育资讯、活动信息的输入者。正是由于每一位社群成员的对集体的贡献，社群才可能处于富有生命力的良性发展状态之中。

　　捐赠者、服务者、专家、家长，都可以是社群资源的提供者。一个人拥有的资源可能是有限的，但如果社群中的每一位成员都能够把自己认为有价值的家庭教育学习资源和相关资讯分享出来，那么对于整个社群无疑是有极大助益的。

　　各类视频资源、相关文章、不同案例、各种会议和活动信息，社群成员分享的每一项资源，对他人来说都是有价值的。特别是带有强烈个人色彩的经验教训，对于有相似经历的人来说也是有着极大教益意义的。

　　所以，不要吝啬你的看法，不要吝啬你认为有价值的资源，将它们慷慨地分享出来吧。大家一起学习，共同进步！

感悟

社群是一面镜子

家庭教育社群是一面父母自省的镜子。在家庭教育中，社群中每个家长关注的重点可能都不同，对相关问题严重性的判断也各不相同。有人看重孩子的成绩，对孩子的学业紧抓不放；有人关注孩子的兴趣爱好，课后时间各种培训班全部排满；有人则在意孩子的身心状态，常常带孩子进行体育锻炼；而有的父母则选择让孩子自然生长，不给孩子施加压力。

为什么其他父母会有众多不同？为什么其他人关注的重点不同？我的教育方式方法错了吗？其他父母这么做的原因何在？我这样做，可以吗？

通过反观与对照，父母能够更好地反省自身的教育理念与教育方法，看到更多的可能性。其实，更多可能性本身，就是对抗焦虑的有力武器。这是因为可能性多了，就意味着并非"非此不可"，就意味父母不必走进死胡同，不会觉得无路可走。

所以，在社群之中，见证不同父母的不同教育模式，见证不同家庭的不同教育故事，对于家长而言，本身就是一种成长，本身就是拓展教育格局的极佳途径。

感悟

自我提升的意愿

家庭教育社群存在的基础是有一群有强烈的自我提升、自我学习意愿并愿意委身在学习活动中的家长。家长是家庭教育社群的主体和中坚力量。如果没有一群志同道合的家长，家庭教育社群是不可能存续下去的。

所以，从另一个角度来看，家庭教育活动的不彰，根源还是在于有学习意愿并愿意将学习付诸行动的家长太少。或许，从家长的角度来看，教养孩子只是自己诸多社会职责中的一项而已，而且优先等级还不一定会被排在前面。所以，当父母的时间、精力被工作、应酬、娱乐等看似更优先的事项所占据时，自然没有足够多的时间、精力学习如何教养孩子。

这是父母的无奈，是孩子的损失，也是社会的悲哀。家庭教育中，父母如果愿意学习，最大的受益者是孩子。父母学习，孩子受益！

感悟

向孩子和生活开放

　　家庭教育社群的构建，可以为家长提供一个重要的社会支持系统，同样地，社群中的孩子之间，也可以形成一个社会关系网络。当社群中的父母一起学习、讨论时，孩子也可以一起玩耍、交流、学习、讨论，一起参加各种游戏或活动。

　　当下的孩子，普遍的生活状态是学习占据了大量的时间，心理压力较大，缺乏必要的压力消解途径。所以，当同频的父母聚集在一起学习、讨论的时候，孩子如果也能在一起玩闹，一起交流，无疑可以帮助孩子身心健康成长。

　　所以，一个好的家庭教育社群，不单单是学习社群，更是一个生活共同体，是一个社会关系网络。其中的家长与孩子志同道合，互帮互助，相互扶持，相互陪伴。拥有这样的社群，不管是对于孩子而言，还是对于父母而言，都是人生之幸事！

　　当然，毫无疑问，这样的家庭教育社群，是需要父母主动用心营造的。

感悟

第十一章

社会责任

培养一个好孩子，不仅是对家庭负责，也是对民族发展负责，对未来社会负责。

——尹建莉

从家庭到社会

　　家庭是社会的最小组成单位，孩子作为未来的社会成员，迟早要踏入社会。在过去很长一段时间内，很多父母在教养孩子的过程中，往往首先以家庭，或者说以家族为中心来考虑问题。正如费孝通先生在《乡土中国》中提出的"差序格局"这一概念所揭示的，中国人为人处世，会以自我为圆心确定一个远近有间、亲疏有别、依次散开来的同心圆。因此，父母在教养孩子的过程中，考虑更多的可能是如何让孩子出人头地、光宗耀祖，是如何实现自身与家族利益的最大化。这种家庭教育的价值取向，是以自我为中心的、自我本位的价值取向。

　　我们不能简单地说这种价值取向是错误的。但当我们聚焦当下，当我们认清时代潮流与未来趋势，毋庸置疑，我们需要为家庭教育加入一个价值维度，这个价值维度即社会责任。

　　为家庭教育加入社会责任维度，意味着从孩子出生的那一刻起，作为父母，我们就必须思考这样的一些根本性问题：我将把一个什么样的孩子交给社会？他将有什么样的价值观念、什么样的人格特质、什么样的能力储备？他将如何与他人相处、如何与他人共事？他走上社会之后，将为社会带来什么贡献？如何确保孩子以后是对社会有贡献的，而不会成为社会的负担，甚至祸害社会？为了能够培养一个身心健康、情绪稳定、造福社会的孩子，父母到底应该做些什么？哪些事情是必须做的？

　　这些问题并不是可有可无的，相反，它们是真实且有重要价值的。

感悟

社会责任的第一条法则

家庭教育能够尽到的最起码的社会责任，就是帮助孩子养成尊重他人、遵守规则的意识和能力，而不是任由孩子目中无人、为所欲为。尊重他人，遵守规则，是一名文明的现代社会人所应具备的最基本的素质，也是这个社会得以和谐有序运行的基础条件。

不管是身边的案例，还是在媒体报道中，我们都或多或少地听闻过"熊孩子"的故事。什么是"熊孩子？"熊孩子表现出来的，往往就是典型的目中无人、为所欲为的行为，如：故意毁坏他人的东西或公共物品；在公共场所动作乖张任性，不顾及他人感受；大吵大闹影响他人，乱跑乱跳冲撞他人；甚至做出故意把其他小孩推下楼梯、推到水里等可能危及他人生命的恶劣行为。

"熊孩子"是什么原因造成的？几乎无一例外，都是父母或看护人的失职所致。父母或长辈无原则、无底线的过度溺爱，是导致孩子成为"熊孩子"的根本原因。这种纵容与溺爱行为，反映出的是父母或长辈本身就缺乏尊重他人、遵守规则的意识和能力，以自我为中心，没有公德意识。当孩子出现这些侵犯他人的不当行为时，这些大人最常说的一句话就是"他还是个孩子"，以此来逃脱责任。每一个"熊孩子"的背后，其实都至少有一个无原则的、不懂得尊重他人的、没有规则意识的"成人巨婴"。

所以，当我们谈及家庭教育的社会责任时，首先要做的，就是培养一个能够尊重他人、有规则意识的孩子。

 感悟

帮助孩子养成规则意识

怎么帮助孩子养成规则意识？其实做起来并不难。多数孩子在与大人的互动中，在与同辈的互动中，往往能够很快地学会怎么跟他人相处，学会规则是什么。过马路要看红绿灯、不能随便拿别人的东西、买东西要排队，孩子会有无数的机会，从生活中无处不在的细节中学习社会的规则。规则就是不能任性地为所欲为。

任由人性泛滥，不加克制，是一种原始而野蛮的做法。那些对孩子溺爱的父母，正是在这一点上犯了致命的错误。其实，父母如果一开始就告诉孩子做事情要遵守规则，并在孩子不听话的时候，坚持纠正，跟孩子"温柔而坚定"地讲道理，绝不妥协，孩子很快就会懂得什么是规则。

关键就在于这"一开始"，父母要尽可能在孩子的每一个第一次，都带着孩子，陪伴孩子，耐心地讲解做事情的规则、方法和道理，并告诉孩子，只有按规则做事，才能更好地达到自己的目标；只有按规则做事，才能确保自己健康快乐成长。

"己所不欲，勿施于人"，你想别人怎么对你，你就要怎么对待他人，这是伦理学的黄金原则，也是为人处世的根本之道。

 感悟

社会责任的第二条法则

把一个有自理能力、能够照顾好自己、不给他人添麻烦的孩子交给社会，是父母在家庭教育过程中所能尽到的第二项社会责任。有句话说，一个人最大的修养，就是不麻烦别人。这句话可能不一定绝对正确，但至少有几分道理。这句话想表达的核心含义是：自己的事情自己处理，对自己的事情负责，懂得换位思考，尽量不打扰别人的生活。

"不给他人添麻烦"不等于不能"求助他人"。相反，懂得向他人求助，也是自理能力很重要的一个组成部分。一个懂得如何求助于人的人，往往很清楚自己遇到的问题是什么，知道向谁求助，更知道在得到他人的帮助之后要真诚地表示感谢，而且，在必要的时候，要赠送相应的礼物表示谢意，知恩图报，懂得人情世故。

而那些自理能力差、缺乏责任感的人，要么丢三落四，要么拖延邋遢、逃避责任，做事情有头无尾，经常留下烂摊子让别人收拾，这就是一种很糟糕的表现。

所以，父母在孩子很小的时候，就要利用生活中的各种机会，让孩子"自己的事情自己做"，自己对自己的事情负责。从自己吃饭、穿衣开始，自己整理文具书包，自己整理桌面书柜，自己准备外出行李，自己准备考试物品，自己做家务、准备饭菜，自己收拾房间，等等。在这个过程中，父母既要学会放手让孩子去做，更要教会孩子方法，如此一来，孩子才可能成长为自理能力强、自信从容、有修养的独立个体。

 感悟

四种生存能力

培养孩子的自理能力，更进一步讲，是培养孩子的生存能力、适应能力，这是远远比提升学科成绩、培养兴趣爱好更重要的事情。有些父母持有的"孩子只要把书读好，其他什么都不用做"的想法，是错误的。

很多时候，父母容易忽视一个基本的常识，即：孩子终有一天是要走向社会的，是要独立面对生活的。如果从来没有生活技能的训练，期望孩子走上社会的那一天突然就会了，是不太现实的。

从某种意义上讲，决定孩子人生质量的绝不是学业成绩。如果将学业成绩和生存技能二者进行比较，生存技能要比学业成绩重要得多。所以，对于父母而言，在孩子的整个成长过程中，在不同的阶段，都要有意识地训练孩子的生存能力。

这些能力简单归结，至少有四个方面：一是生活自理能力，如整理物品、洗衣做饭干家务等能力；二是沟通技能与团队合作能力，如懂得表达自己的需求与想法，能够倾听和理解他人，具备自我反省、自我改进的能力；三是独立思考与问题解决能力，如懂得分析问题，运用各种工具解决问题；四是闲暇独处和自我修复的能力，如能够找到自己的兴趣爱好并陶醉其中，张弛有度，懂得为自己充电。

当一个孩子拥有以上四种生存能力时，他就能在社会上立足。而如果父母能够把拥有这些能力的孩子交给社会，便算是履行了自己的责任了。

感悟

好好说话

好好说话，看似是一件简单的事，但要做到并不简单。父母在家庭教育的过程中，如果能够培养孩子好好说话的能力，便是修为极高的了。

好好说话的能力，本质上是一种理性沟通的能力，是一种遇事协商的处理方式，是一种尊重他人也尊重自己的价值取向，这是现代人和谐相处的重要前提。

遗憾的是，在家庭生活中，我们看到很多父母对孩子说话的方式，是居高临下、发号施令的命令式，是直接要求、不容置疑的强势姿态。在这种时候，孩子即使照着去做，也不是心甘情愿的。更重要的是，在"命令式"家庭环境中长大的孩子，根本不知道事情原来还可以通过协商的方式来解决。走上社会之后，只要自己处在强势的位置，在他们的经验里，自己就可以恃强凌弱、命令他人去做事，从而达到自己的目的。

所以，当一个人不懂得好好说话的时候，当一个人用命令式的语言处理事情的时候，强迫和暴力的危险已经隐藏在其中，甚至一触即发。

所以，父母耐心地与孩子好好说话，多倾听孩子的心声、诉求，多与孩子商量解决事情的办法，就是避免孩子处于危险之中，也是避免他人处于危险之中，从而也是在为社会化解潜在的不稳定因素。正是从这一意义上说，好好说话，非常重要。

 感悟

情绪稳定

情绪稳定，是一个理性的现代社会人所应具备的重要品质之一。只有当一个人情绪稳定的时候，他的行为才是可预期的、可靠的，才是可以合作共事的；而当一个人情绪失控的时候，他像被魔鬼附身一般，有可能做出各种破坏性的行为。世间的很多悲剧，往往是在当事人情绪失控的那一瞬间发生的。

所以，在家庭教育中，父母的情绪稳定，是孩子一生幸福最坚实的基础。曾有一段时间，笔者短暂住在一个小区，每到晚上，经常会听到对面楼里传来一位年轻妈妈歇斯底里的吼叫和骂声，仔细辨别大概是"这么简单的题都不会！""你没长脑子吗？"之类的谩骂。很多年过去了，笔者仍然对此印象深刻，为那个被整天斥责的孩子感到深切的同情。孩子的内心会有多难过，多痛苦？孩子的未来会怎样？一想起这些，心就会有被揪住的感觉。

虽说成人的崩溃，总在一瞬间，这可以理解，但笔者绝不认同。作为父母，作为成年人，无论如何，我们都要学会控制自己的情绪，努力做到任何时候都是平静的，任何时候都能够心平气和地解决问题。

世间的事，犹如过眼云烟，转瞬即逝，不值得大发雷霆。人可以，也应该平静面对一切大大小小的事，力所能及地争取好的结果，坦然接受一切结果。如果父母能够控制住自己的情绪，事实上也是无时无刻地教给孩子做事的方式，无时无刻地为孩子提供一个情绪稳定的榜样。只有情绪稳定的父母，才可能培养出情绪稳定的孩子，才可能让这个社会变得更美好。

 感悟

服务他人，服务社会

积极努力，奉献自己，服务他人，服务社会，是父母能教给孩子的最有价值的人生理念。服务他人，服务社会，是一个人发挥自身价值的根本途径，也是一个普通人所能够活出的最平凡、同时也是最高贵的人生价值。

众所周知，人性是自私的，人有趋利避害的本能。有些人秉持的人生价值是"人不为己，天诛地灭"，甚至唯利是图、不择手段，这也可以理解。但是这种"自利行为"的出发点，最终却会损害他人利益或公共利益，因而这样的人自己也往往得不偿失，未必能够真正实现自身利益最大化。

相反，当一个人发自内心、全力以赴地服务他人时，即使在短期内或一时没有获得应有回报，但在更长的时间维度里，也一定会得到更大的回报。真诚的利他，才是最高级的利己。

稀缺的东西，往往是宝贵而富有价值的。当下社会，真诚、无私地利他、为他人服务由于较为稀缺，也就显得尤为宝贵。"施比受更有福"，所以，父母在将为人服务、为公之心的精神理念传递给孩子时，事实上就是传给孩子最具价值的本领，孩子此后所能获得的一切回报，都将由此而来，也必将超过所求所想。

 感悟

利他原则

利他还是利己？自利还是共赢？利益共享还是好处独吞？丛林法则还是与人为善？一个人的价值底色如何，非常重要。价值观，是影响一个人为人处世行为方式最重要的因素。

人性本善还是人性本恶，这一问题见仁见智。但无论人的天性如何，后天家庭教育的影响，无疑是极其巨大的。父母秉持的价值观，在日常未加修饰表现出来的真实状态，会对孩子带来潜移默化的影响。

坦率地说，价值观的分歧是人与人之间根本性的分歧。这种分歧有着极其深刻的认知基础与经验基础，莫衷一是。但是，就笔者的认知而言，利他、合作共赢、与人为善、助人为乐，仍然是一种值得所有人追求的价值观。因为利己是本能，而利他才是人之所以为人的人性之光辉、文明之成果。

因此，对于绝大多数普通父母而言，所能做的，就是时常反省并觉察自己的价值观，审视自己的一言一行，并有意识地做出调整，从而给孩子以正面的影响。

 感悟

与他人相处的重要品质

　　人在与他人相处的过程中，有一个非常重要的品质，那就是顾及他人、照顾他人。在细微处留心，时时体贴他人，能在不经意间照顾他人，便是一个人最好的修养。下雨天提醒他人走路小心，过马路时把人护在身后，看到有人流汗流泪时及时递上纸巾，对别人的帮助和服务表示谢意；与人相处时，时常考虑到他人的需要，并能够体谅他人、照顾他人。这样的人，是能够给身边人带来温暖、带来感动、带来力量和美好的人。

　　用心的父母，往往是能够时常体贴他人、照顾他人的人；而有智慧的父母，不但会做给孩子看，也会恰当自然地引导孩子进行换位思考、多考虑他人的感受，并对他人需要帮助时施以援手。

　　与人方便，便是与己方便。很多时候，对他人的善意，惠及的却是自己。"爱出者爱返，福往者福来"。当我们真正懂得与人相处的道理，真正懂得体贴他人，真正愿意发自内心去照顾他人，不求回报地施与善行的时候，我们便是世界上最通透、最幸福的人。

　　身为父母，我们可以成为这样的人，也可以引领孩子成为这样的人。

感悟

共情能力

共情能力是个体与他人相处过程中一项非常重要的能力。有共情能力的人，能够设身处地地感受他人的喜悦、欢乐，也能体会他人的悲伤、痛苦、焦虑，从而也能够设身处地为他人着想，更好地与他人共处。

在心理学关于人格的"黑暗三特质"理论中，有一种人格叫"精神病态"，这种人格的典型特征就是冷漠、残酷、冷血，对于自己给他人造成的伤害，毫无愧疚之感。

所以，对于父母而言，要让孩子拥有与他人和谐共处的能力，就要用心观察孩子的人格特征，如果孩子已经具备较好的共情能力，那么就不需要额外做什么，如果孩子共情能力偏弱，就需要有意识地引导孩子经常换位思考，设置情境让孩子设身处地地感受他人的情绪，甚至可以有意地让孩子遭遇"痛苦"，体会痛苦的感受。

让孩子拥有共情能力，从某种意义上说，也是在减少潜在的人际冲突，营造一种更加温馨和谐的人际氛围。这也是父母不能推卸的职责所在。

 感悟

从社会中获取滋养

　　社会是我们每一个人学习、成长、生活、工作、服务、奉献的土壤所在。每个人都是社会的一分子。我们从社会中获取滋养，也为社会奉献力量。对于父母而言，这里有一个非常重要的理念，即把社会当成孩子成长的一个宝贵资源库，教会孩子从社会中观察现象、得到经验教训、汲取成长的力量。

　　父母需要告诉孩子的是，要善于观察别人如何做人做事，善于向优秀的人学习，同时，也要留心那些被搞砸的事，思考事情为什么会发展到这一步，问题出在哪儿，如果当时是自己，会不会有不一样的结果？等等。父母可以通过实施这种训练，让孩子把自己的身边人、身边事，都当成自己学习和思考的宝贵资源，从而让孩子不断地进行自我迭代升级、完善自我。

　　父母无法一辈子陪在孩子身边，重要的是要教给孩子学习的方法，而社会上的人和事，便是其无穷无尽的成长资源。

 感悟

立志

　　一个人树立什么样的人生目标，决定了他能够为社会创造多大的价值，决定了他能够达到什么样的高度，能够成就什么样的人生。而一个人能树立什么样的人生目标，则是由他的胸怀和志向决定的。

　　那么，一个人有什么样的胸怀、有什么样的志向，又是由什么因素决定的呢？父母、学校、榜样、同辈、自身经历，这些都可能成为影响孩子志向的重要因素。

　　一个人是否有远大的志向，决定了一个人能走多远。修身、齐家、治国、平天下；穷则独善其身，达则兼济天下；把有限的生命，投入到无限的为人民服务之中去；此心光明，如此等等。古往今来，那些真正为社会做出过贡献、建立过丰功伟绩的人，无一不是在自己的生命过程中确定了伟大的人生志向的。

　　立志，是一个人一生中最重要的事。关于这一点，父母可做的事并不少。

感悟

鼓励孩子站得更高

关于孩子立志这件事情，父母能够做些什么？客观来讲，父母在这件事情上，要对孩子有实质性的影响并不容易。这主要有三个方面的原因：

第一，相对于孩子的未来，大多数父母的观念还停留在过去的经验之中，并不能真正地启发孩子、帮助孩子。

第二，即使父母观念比较开明、超前，但父母能否真正地理解孩子的个性特征并尊重孩子的意愿，鼓励孩子树立符合自己要求的志向，则具有不确定性。

第三，即使父母能够理解孩子，能够引导孩子设立志向，然而这个志向，又在多大程度上是有格局的、有社会价值的呢？

孩子有自己的经验、有自己的追求、有自己的志向，父母能够影响的甚少。但是，孩子的志向，又是如何确立的呢？父母又该如何给予正面的影响呢？这里的关键，在于不同层次家庭出来的孩子，所立的志向并不相同。而有智慧的父母，往往能够超越自身的局限性，为孩子打开一个更大的空间，让孩子去自由发挥。"天高任鸟飞，海阔凭鱼跃"，孩子未来的天空和海洋，是父母打开的。真正优秀的父母，是能够鼓励孩子站得更高、看得更远的人。

感悟

锻造强大品格

在当下激烈的社会竞争中，父母应该怎么做才能确保孩子有较强的适应能力？从某种意义上说，当下社会很多职业、很多岗位都是快节奏、高强度、充满激烈竞争的，如果没有较为迅速的处理信息能力，没有高效的办事能力，没有较好的抗压能力，则很有可能被甩出飞驰的社会列车。

在这样激烈竞争的社会中，软弱的、脆弱的、玻璃心的、抗挫折能力较弱的人，无疑将很难适应。所以，对于父母而言，如果能够训练孩子的抗挫折能力，帮助孩子塑造一个强大的内心，它们将成为帮助孩子在这个社会中立足并取得成就的重要法宝。父母绝不能把孩子培养成温室里的花朵。

那么，应该如何锻造孩子的强大品格？至少有三个做法可以参考：

一是与孩子充分交流，让孩子多思考、多锻炼，形成对困难问题的预期和解决方案。

二是有意地创造条件，带领孩子去做事、去经历，甚至是去体验失败、经受挫折，并在这个过程中观察孩子的表现，更有针对性地与孩子讨论当时的情况，与孩子一起讨论对策方案。

三是帮助孩子明确目标、确立使命，当孩子有目标、有使命的时候，就会有更强的毅力和抗挫折能力，更能勇敢面对问题，克服困难。

 感悟

给孩子谦卑的能力

　　谦卑，并教给孩子谦卑的能力，是父母在家庭教育过程中能教给孩子的一项重要能力，也是确保孩子今后在社会上进行自我保护、与人和谐共处、获得尊重的重要因素。

　　强势、咄咄逼人、锋芒毕露，在社会上，并不能帮助自己成功，只会徒增他人的反感。相反，谦卑、低调、放低姿态、与人为善、托举他人、服务他人，才是真正高级人格的表现。真正厉害的人，总是在不经意间不动声色地服务他人、成就他人。而那些虚张声势、狐假虎威的人，其实往往并没有多少真实水平。

　　"山外有山，人外有人。"所以，无论如何，保持谦卑，不事张扬，是最好的处事方式。发自内心的谦卑，是一个人真正的修养所在。在家庭教育中，如果父母能够以柔和谦卑的方式给孩子做榜样，并引导孩子凡事低调，不刻意表现，就有可能帮助孩子养成宝贵的品质，为和谐社会增加一缕美好。

感悟

如何正确看待财富

财富是一个永恒的话题，教给孩子正确的财富观，事关孩子一生的幸福。当下绝大多数国人的收入水平，仍然处在中等收入水平及以下，高收入群体从比例上看只占少数。因此，我们可以看到社会上弥漫着两种相互对立的对于财富的极端态度：要么想一夜暴富，要么仇富，偏执地认为富人的财富都是不道德的。

然而，事实的真相是什么？如何正确看待财富？

第一，从总体上来看，绝大多数富人的财富都是通过自身的努力奋斗得来的，他们往往比一般人更优秀，也比绝大多数人更努力。勤勉努力、终身学习、自律谦卑、敢于冒险、富有勇气等优秀品质，使他们往往拥有比常人更多的财富。

第二，财富的积累，是建立在服务他人的基础之上的。从某种意义上说，我们所能够赚到的每一分钱，都是因为我们给他人带来了便利、解决了他人的痛点、为他人创造了价值。而当我们为他人服务越多、贡献越大的时候，往往也是我们能够拥有财富越多的时候。因此，从某种意义上说，拥有财富越多的人，往往也是为他人为社会做贡献越多的人。

当我们作为父母，能够这样看问题的时候，我们的孩子，就能够形成一个更加健康、开明的财富观，从而也将为孩子一生的富足奠定思想基础。一个仇富的人，是不太可能变得富有的；一个想一夜暴富的人，也几乎是不可能变得富有的。

感悟

培养孩子适应未来的能力

在当下人工智能技术带来社会剧变的时代关口，父母在家庭教育中需要非常警醒的一点就是培养孩子适应未来、引领未来的能力。毫无疑问，在时代变革面前，孩子往往比父母拥有更为敏锐的直觉，也有更强的学习能力，能够更快地理解并接受新鲜事物。

很多时候，父母只需要放手让孩子去面对、鼓励孩子去尝试、看着孩子去创造就可以，不需要对孩子有太多的干预。父母应当意识到，自己的认知是有局限的，不要以自己的认知水平去限制孩子的可能性。

浙江大学计算机科学学院人工智能研究所所长金小刚教授在汪高公益的一次分享中指出："我们的教育是在已知上训练，而未来真正需要的，是在未知上创造。"所以，怎么培养孩子适应未来的能力？其实这也是一个未解题。但其中的路径十分清晰，那就是：在当下的教育体系中，父母要千方百计地保护好孩子的好奇心和自信心，千方百计地保护好孩子的探索欲和冒险精神，因为只有一直保持好奇心、自信心和探索欲的孩子，才能够在一个未知的世界中，最大化地适应社会、找到机会并创造价值。

 感悟

人工智能时代的思考

人工智能时代的到来，将给每个家庭的教育带来极大的变革。在人工智能时代，不同个体间的知识壁垒将被迅速抹平，取而代之的是对问题与现象的不同理解。而在这样的过程中，绝大多数父母显然已经跟不上节奏。

所以，在这样划时代的变革面前，家长们除了放手与谦卑，已经别无选择。今天，仍然想以自己的意见左右孩子的父母，往往要以失败收场。好奇心、探索欲到底怎么培养，最终还是要回归孩子本身，发现孩子的特长和优势。

人工智能到底能替代什么，又不能替代什么？在未来，越是具有人情味的东西，越是个性化的东西，将越有市场；相反，越是程序化、标准化的东西，越可能被机器替代。正是从这一意义上说，个性与"叛逆"将显得无比重要。

因此，面向未来的社会，父母所能做的就是将舞台交给孩子，看着孩子去创造、去变革，去整合出更多的机会，去为这个社会做出更多的贡献。

对于未来的社会形态，我们仍然有太多的未知。作为父母，我们所能做的，就是放下恐惧、放下期待，仅仅以孩子的特长为出发点，因材施教，这样才能培养出最具广泛影响力、对社会有贡献的英才。

感悟

从孩子到社会人

　　谁是这片土地的主人？每一个生活在这片土地上的人。谁应当为这个社会的好坏善恶负责？每一个人。我们每一个人，都对这个社会当下的状况负有责任，正所谓"天下兴亡，匹夫有责"。

　　因此，富有智慧的父母，绝对不会忽略对孩子社会责任心的培养。身为父母的重要社会责任之一，就是培养孩子的社会责任感。父母应该告知孩子，你对这个社会的好坏善恶负有责任；你觉得不尽如人意的地方，就去行动、去改变，去让社会因为你的存在而变好；看到地上有垃圾，就顺手捡起来扔到垃圾桶；遇到有人问路或寻求帮助，就力所能及地施以援手；遇到不合理的现象，就主动反映给有关部门，只有躬身入局，而不是袖手旁观，才是负责任的态度。

　　这个社会，从来不缺乏清议者、批评者、抱怨者，缺的是建议者、行动者。父母只有以主人翁的心态，积极参与到社会生活之中，在公共事务上敢于表达观点、勇于付诸行动，才有力量去影响孩子，才会让社会因为我们的存在而变得更好。

　　所以，停止抱怨，行动起来，并把这种主人翁精神和知行合一的品质传承给孩子。唯有如此，我们才是真正的社会人，才是负责任的社会人，才是这个社会真正的建设力量。也唯有如此，社会的文明繁荣才有希望，中国的未来才有希望。

感悟

吃亏是福

很多时候，人们潜意识中总是持有一种追求公平的观念，觉得付出就应该有回报，付出越多，回报也应该越多；属于自己的利益，就必须要回来，不能吃亏。然而，现实情况并非总是如此。相反，很多时候，"不公平"才是这个世界的真相。付出不一定会有回报，付出越多也未必回报越多，勤俭努力的人，不一定比懒惰散漫的人得到的更多。

在这充满不公平的世界里，父母能够告诉孩子的是，"工作中、生活上吃点亏没关系，吃亏是福"。多付出一点没关系，多做一点没关系，吃亏是福。

这里的关键在于，父母要有这样的认知，要发自内心地认识到有为他人服务的能力，本身就是一种幸福，不心怀不平，也不斤斤计较，而是以平常心多做事。

多做一点是好的，服务他人是好的。当父母有这样的认知，并以身作则、身体力行的时候，孩子就有可能学会真正的谦卑，从而也就有可能为社会带来实实在在的美好！

 感悟

礼仪教育

礼仪教育是家庭教育中常常不被重视却最能够体现家庭教育品位的一个方面。培养一个懂礼貌、有教养的孩子，是父母不可推卸的重要责任。礼仪的实质，是对他人发自内心的尊重，是善待他人的具体体现，是柔和谦让这一可贵品质的外在体现。

礼仪教育，更多地体现在父母的言行举止和言传身教的互动过程之中：在得到别人的帮助时，要发自内心地感谢，并送上合适的礼物表示心意；日常交往一言一行谦让他人，不争不显不露；被他人冒犯时能原谅就原谅，大度一点，不作计较。生活中一言一行的细微之处，无不是践行礼仪的修行之处。

所以，父母不必舍近求远，可以在每一个生活细节之处尽可能做到合乎礼仪，并经常跟孩子讨论交流，怎么做是对的，自己为什么这样做，背后的原因是什么，让孩子不仅懂得礼仪行为的外在表现，更清楚礼仪的内核：谦卑低调，放低自己，尊重他人。

 感悟

做正直的人

做一个正直的人，有时候要付出额外的代价，但收获也一定更多。很多时候，我们在遇到不平的时候，会选择忍气吞声或视而不见，我们不敢光明正大地维护自身的合法权益、不敢站出来跟恶势力斗争，而是习惯了妥协与退让。

这样做对吗？

从切身利益的角度看，这样做看起来好像可以避免冲突、避免付出更大的代价，然而，这种忍让与逃避不仅会让自己的利益受损，也将让社会倒退。

"我们不能把这个世界交给那些坏人去为所欲为。"每一个人都应该行动起来，维护自身的合法权益不受侵犯，即维护这个社会的公平正义。因为对一个人的不公，就是对所有人的不公。

所以，即使面临风险，即使胜算不大，我们也要去维护正义、争取合法权益。因为每一个人的努力都是向邪恶势力的进攻，也是在为孩子树立榜样，为孩子创造一个更加美好的世界。

 感悟

独立思考

阅读和思考，对于很多人来说并不是一件容易的事，甚至是一件困难和痛苦的事。很多人对于事物的原理、世界的真相，并无真正的兴趣。一知半解即可，是很多人对于这个世界的真相的态度。

一辈子都看不清事物本质的人，与一眼看清世界真相的人，命运是不同的。长久以来，我们太缺乏那种对事情、对真相寻根究底的精神了。

追问本质与真相的价值在于：只有当我们认清事情的本来面目，搞清楚事情的来龙去脉，我们才有可能采取正确的行动方式和解决方案。如果连事实和真相都搞不清楚，我们将一直生活在愚昧与荒诞之中，也一直生活在自己无知的奴役和欺骗之中。

所以，为了一个更好的世界，每一位身为父母者，都有必要也有责任，通过不断的学习、思考与经历，去拓展自己对这个世界的认知，所谓"活到老，学到老"。

父母能够给孩子的影响其实很有限。而其中最有价值的影响之一，就是帮助孩子获得广泛阅读、独立思考的能力和习惯。

每一个独立思考的人，都是荒谬和黑白颠倒的抵制者，也是对这个社会最有价值的建设者。

 感悟

精神与志气

这个时代缺的是什么样的人？缺的是目标远大而脚踏实地、自尊自立而心系苍生的人。这样的人，是这个社会真正的栋梁，也是这个社会未来真正的希望所在。那么，拥有这种品质的人，是怎么培养出来的呢？

在当下的社会环境中，绝大多数人都在为自己的生计奔波，除了照顾好自己和家人之外似乎无暇顾及其他。上有老下有小，房贷、孩子教育费用、医疗支出、生活花费等，如沉重的大山压得很多人喘不过气来。在这样的情境之中，又有几个人能够眼光长远、心胸开阔呢？

然而，无论如何，父母心里都要有长远的眼光。因为只有有远大的梦想，只有经过一代代人的努力，个人才可能更具影响力，才有可能让社会变得更好。

所以，那些真正伟大的父母，是那些虽然身处困境却仍然胸有志气、仍然对未来对社会抱有希望的人。这种精神与志气，是可以传承的，也是父母能教给孩子的最有价值的东西。

感悟

欣赏他人

会欣赏他人，是一个人在与人相处过程中非常重要的品质。不管是在人际交往过程中，还是在团队合作过程中，一个受欢迎的人，一个成功的领导者，大致都具备的一个重要品质，就是善于发现他人的优点，善于表达对他们的欣赏和赞美。

很多时候，人们总是会忘记一个非常重要的事实，即：每一个人身上都有优点。我们的孩子更是如此。只是很多时候，人们对孩子已经失去耐心、失去教养，也失去了爱心。如果父母能够以欣赏的眼光看待孩子，在日常互动和家庭教育中，对孩子多欣赏、多赞美，那么就能够让孩子有足够的安全感，也能够使孩子有强大的内心去欣赏他人、赞美他人。

很多时候，对他人一句肯定的话、一句赞美的话，就能让人感受到无比的温暖，能够让人受到莫大的鼓励，甚至让人长久铭记，难以忘怀。如果我们能让自己、让孩子成为善于欣赏他人、赞美他人的人，那么，就能够让这个世界因为我们的存在而变得更美好。

 感悟

遵守社会规则

确保自己的行为不危及他人、不对他人造成潜在的伤害，是一个人最起码的底线，也是对一个人作为社会人的最低素质要求。当前，不时有一些缺乏教养甚至是不知天高地厚的年轻人，会在公共场合实施一些不当或危险行为，比如在公共场合大声喧哗、在马路上滑滑板、骑摩托车飙车、开跑车炸街，等等，让人深感厌恶甚至是深恶痛绝。

所以，当孩子小的时候，父母是有义务有责任教导孩子这些社会规则和公共安全意识的。父母要通过相应有效的方式，让孩子明白自己的行为可能给他人造成的影响。这些社会规则，是需要明确教给孩子的，这是让孩子保护自己同时也是保护他人的必要举措。

而这一点的实现，则是建立在正常的亲子关系的基础上的。如何让孩子发自内心地遵守社会规则，让孩子自觉地遵守社会规则，是父母的最重要的功课之一，也是父母教育智慧的具体体现。从某种意义上说，孩子的品行是父母的一面镜子。然而，更重要的是，孩子的品行，是自己一生平安、一生幸福的根本保障。

 感悟

更好地立足于人工智能时代

在迎面而来的人工智能与大模型时代，人们使用知识的方式将在极大程度上被重塑。在这一过程中，人们原本从事的很多工作也将逐步由各类智能设备承担。然而，也正因如此，那些不能被人工智能掌握的能力，也便显得尤其重要。

人工智能的本质，只是一种效率更高的工具，它们能够更高效地执行命令并给出结果。但是，人工智能仍然需要人输入指令，同时，人工智能无法回答关于意义、价值、体验、幸福等与"人性"有关的问题。

因此，在人工智能时代，发现意义和价值，知道自己需要的是什么，有明确的目标，便显得尤其重要。换句话说，在人工智能时代，比"解决问题的能力"更重要的是提出问题的能力。善于观察社会现象，善于理解人的需要，能够发现问题，懂得设定目标，善于使用工具的重要性，将得到大大提升。因此，那些具有自我监控能力的、有极度自主性的孩子，将能更好地适应并引领社会的发展。

所以，从这一意义上说，父母所能做的就是尽可能地尊重、保护并培养孩子的自主意识，不断鼓励孩子去主动思考、主动探索。唯有如此，孩子才能更好立足于已经到来的人工智能时代。

感悟

不盲从的智慧

在今天这个资讯爆炸、人工智能即将接管人类智能的时代，独立思考能力、批判性思维能力的重要性，超过此前人类社会的任何时期。今天，那些缺乏独立思考能力、没有批判性思维能力的人，毫无疑问将生活在被算法操控的信息茧房之中，头脑中装满了碎片化的资讯却唯独没有自己独特的观点和思想。

这种情况是极其可怕的。人工智能技术将把人们进一步区分为两类人：一类是算法的操控者；另一类则是被操控的广大民众。人被"智器"奴役，绝不是危言耸听。而普通人要逃脱被人工智能技术奴役的可能，就要时时保持一种警觉，对手机、电脑及各类人工智能终端输出的信息保持一种批判性的眼光，根据自己的判断力，在头脑中多问一句：为什么是这样的答案？它说得对吗？有什么问题？

在人工智能面前，父母的认知和使用技能并不一定比孩子更老练，相反，孩子获得信息的渠道、使用工具的本领，可能远远超过父母，这个时候，父母所能做的，就是保持一种开放的心态，与孩子平等平和地讨论，在讨论中引导孩子对人工智能技术和信息保持独立思考，保持批判性接受的立场，不盲目相信，更不盲从。在独立思考与批判性思维中，父母与孩子共同成长，是人工智能时代家庭教育必将出现的一种新趋势。

 感悟

身心健康

在今天的教育环境中，父母想把一个身心健康且有自立能力的孩子交给社会，并不是一件简单的事情。事实上，在孩子的整个成长过程中，父母可能要面临无数的纠结、挑战与煎熬。仅仅是让孩子顺利地完成学校每天布置的作业、面对考试成绩公布后的挫折、坚持写字、坚持画画，就已经是极其艰难的挑战了。

所以，一个合格的父母，或许不需要每天陪伴孩子，但必须时刻在场，关注孩子成长过程中面临的每一个问题与挑战，并陪他一起努力，给他鼓励和安慰。孩子在外面可能会遭遇很多困难和挫折，但父母可以成为孩子最坚强的后盾、最坚实的心灵港湾。如果说外面的环境无法掌控，那么父母如何应对则是可以自己掌控的，父母原本就是孩子身心健康的第一责任人。有智慧的父母，必定是能够承接孩子情绪并给予孩子有效支持和引导的。

父母学习情绪管理、学习情绪表达、学习自我成长的意义重大。父母在情绪和能力方面有所成长，是培养身心健康的孩子的关键所在。

 感悟

第十二章

面向未来

父母对未来的恐惧，对孩子的健康成长会有
非常糟糕的影响。

——A.S.尼尔

面向未来，父母能做些什么

12月份的主题是"面向未来"。其实，教育本身的职能就是面向未来。家庭教育的核心任务，就是培养能够适应未来社会的人才。在当前复杂的社会形势下，面向未来的教育，就显得尤其重要。

面向未来，父母能做些什么呢？

首先，父母需要关注的，就是孩子内在的兴趣和能力。在当前社会中，真正能够脱颖而出的，一定是有着强烈的自我主见的个体。个人的主见，独立的看法，永远是这个社会所稀缺的。

所以，未来社会需要的是什么类型的人才？一定是有着独立见解、有创新性看法的个体。很多时候，我们追求的是同，但真正优秀的，一定是有着差异性见解看法的个体。附和主流的观点并不难，难的是坚持自己的看法和有独立的思想。

未来的社会，有太多的不确定性，最具确定性的，是个体不可替代的能力。所以，父母要培养孩子的最重要的能力，永远是孩子独立生存的能力。

感悟

面向未来是教育的本质

教育原本就是面向未来的。面向未来应该是教育的本质属性之一。教育的本质，是人类经验的传承。我们可以把人类创造的一切，包括认知、技艺、器物、理念等，统称为"人类经验"。人类经验传承的根本目的，就是帮助下一代获得生活的能力。

因此，教育与生活之间存在联系，便是教育的天然属性。但当前以应试教育为基本特征的教育系统的最大问题，恰恰是教育内容与生活世界日益疏远，教育与生活"两张皮"，中间的割裂越来越严重。而当应试教育大行其道、压倒性地成为教育的主导模式的时候，教育便可能异化为家长眼中"面目可憎、吞噬父母和孩子能量的巨兽"。

所以，回归教育的本源便成为当前教育领域"拨乱反正"的基本方向。教育原本就是为了帮助孩子适应未来社会生活而准备的。如果没有教给孩子生活的能力，教育就失去了它的本职功能，因而也就是失败的。也正是从这一意义上说，家庭教育、学校教育和社会教育应当形成合力，共同构建一个功能互补的完整有机系统。

所以，家庭教育的重要性，便在此得以凸显。父母不但必须全力对抗学校教育对家庭教育和社会教育空间的挤占，还要全力履行教给孩子生活本领这一职责。懂得生活、拥有很强的生活能力，是值得所有父母追求的目标。而教给孩子生活的能力，便是家庭教育最重要、最根本的任务。父母教给孩子生活的能力，便体现了"教育面向未来"这一本质属性。

 感悟

面向未来最重要的事

面向未来的家庭教育中，最重要的事情是什么？在人类历史长河中，哪些因素是各个时代家庭教育的共性？而在当下的人工智能时代，家庭教育又有哪些特别需要强调的地方？

要回答这些问题，需要我们作为父母的，常常回归家庭教育的本质问题。我们需要深入地反思家庭教育的目的是什么，最重要的内容是什么。这些问题，并没有统一的答案。原因就在于每个孩子都有自己的专长、优势、优点、缺点，而真正的教育，往往是因材施教的。因此，每个孩子的教育方式、教育内容和教育策略便应各不相同。

面向未来，父母需要做的最重要的事情，便是学会如何去关注孩子、陪伴孩子、了解孩子，从而在充分了解孩子的基础上，选择适合孩子的教育方式。正所谓"谋定而后动"，父母要想清楚孩子需要的是什么，就要先了解孩子的基本情况。

感悟

学会思考、学会选择

当前，教育资源比人类历史上任何时候都要浩瀚无穷且唾手可得。慕课资源及各类网络公开课、各大平台上的视频课程、自媒体中的相关内容、各类社交媒体中的网络直播等关于人类知识的积累、整理和传播活动，从来没有像今天这般活跃。

学习资源的极大丰富，在某种程度上也必将带来教育方式的逐步改变。那么，在海量的教育资源面前，究竟会出现什么样的教育新形态？首先，正式教育＋自主学习，将成为一种主导的学习形态。正式教育提供文凭，自主学习则提升能力；其次，不追求文凭而纯粹以能力为导向的学习模式，将更为常见；最后，终身学习将成为更多人的人生常态。

毫无疑问，那些目标明确、有自主学习能力的人，已经完全可以通过自主选择学习内容来实现自身能力的全面提升。当前，学习能力、选择能力也比以往任何时候都显得重要。在资讯爆炸时代，能力的稀缺性将更加彰显。教孩子学会思考、学会选择，是面向未来的家庭教育中最不可或缺的内容之一。

感悟

今天的孩子，未来的人才

今天学校的教育模式，整体而言仍然是在沿袭工业化时代为了培养流水线上的产业工人而设置的教育模式。未来社会所需要的，不再是按照统一模板刻出来的缺乏个性与创造力的标准化人才，而是拥有创造性解决问题能力的高素质综合型人才。

从生产方式来看，未来社会工作形态，将进一步细化、分化、多元化，无数新的职业将被创造出来。但无论如何，万变不离其宗，有独立思考能力、学习能力较强、富有团队协作能力和领导力的个体，仍将成为未来社会的主体。独立思考能力、学习能力、团队协作能力、领导力、创造能力，不管在什么时候都是重要的，在未来的人工智能时代，其重要性将更加凸显。

所以，父母要如何培养孩子面对 10 年后、20 年后的社会生活？20年后的社会生活究竟会是什么样的？今天课堂上的刷题与成绩真的那么重要吗？当前有没有比提升成绩更有价值的事情值得去做？这些问题真的值得父母深入思考。

当然，其中的关键在于，认清事情的真相，让孩子有机会去选择，有兴趣去学习，有动力去行动，有好奇心去经历和体验。如果说放在以前，父辈的经验还有一点参考意义，那么在未来，父母和孩子可能唯有在开放的心态中保持学习的意愿和能力，才能够跟上时代的迅速变迁。

感悟

未来社会：教育的三个趋势

在人类历史长河中，社会生活中的有些变化是极其缓慢的，然而，有些变化是一夜之间就发生的。面向未来的家庭教育如何发展？父母不仅要时时保持对变化的敏感性，更重要的是要根据这些变化做出调整和应对。

未来社会关于教育至少有三个趋势是非常明显的，一是学历将持续贬值，将有越来越多的拥有名校学历、高学历的人从事原本不需要大学文凭就能够胜任的普通工作；二是能力的重要性将再一次彰显，拥有解决现实问题、具体问题能力的人，无论在什么样的岗位上，都将更受欢迎；三是拥有个性、创造力十足的个体，将成为各个领域的明星。

在这种情况下，保护好孩子的天性，保护好孩子的好奇心和探索欲，保护好孩子的求知欲、学习的兴趣和动力，是在孩子的整个成长过程中，父母需要做的最重要的事情。因此，父母要对孩子的生命状态时刻保持关注，并通过高质量的陪伴，与孩子对话，与孩子一起学习、共同成长。

未来社会，一个美好的理想家庭首先是学习型家庭、成长型家庭。而建立学习型家庭、成长型家庭的前提条件，就是父母承认自己的不足与有限，持有一种谦卑的学习态度，放低身段，俯下身来，以孩子般的角色与孩子对话，再以成年人的智慧，带领孩子在生活中学习，共同成长。

感悟

未来社会最重要的能力

一代人有一代人需要面对的问题，一代人有一代人需要解决的问题。关于未来社会，有太多的未知需要一步步去经历。父母无法代替孩子去经历，更无法帮孩子去解决问题。孩子们在未来将要面对的问题，只能由他们自己去解决。

然而，没有任何一个个体，能够单独解决哪怕是最简单的社会事务。整个社会原本就是一个分工协作的整体。与他人建立良性的人际关系、与他人进行良好合作、影响和团结他人的能力，无疑是未来社会最重要的能力。

在当前的教育体系中，很多孩子潜意识中都把同学当作竞争对手，而不是合作伙伴。这是极其糟糕、极其严重的问题。一些伤害同学的恶性事件也是由此导致的。

所以，父母一定要有意识地对抗这种极其有害的成长土壤。要鼓励孩子发现身边同学、朋友的优点，鼓励孩子与同学建立良好的关系，支持孩子与伙伴开展交际活动、体育运动、社会实践、外出旅行等。当孩子前来征求意见、寻求经费支持的时候，父母要尽一切可能，帮助孩子构建属于自己的"朋友圈"。孩子的朋友圈，就是孩子的关系网，这是孩子以后面对各种人生问题时最好的社会支持系统，也是他解决面临的社会问题的最佳搭档。

感悟

如何在未来社会活得精彩

个体究竟如何在未来社会活得精彩，如何保持蓬勃的生命力？

在这个问题的答案中，有三个方面是非常重要的：一是对社会、对不断出现的新事物保持好奇心，保持学习的兴趣和探索的欲望。二是立志做对社会真正有价值的事。确定人生志向，是孩子成长过程中最重要的事情。帮助孩子在充分了解自我、充分探索的基础上明确人生志向，是父母所能做的最有意义、最有价值的事。三是专注其中，长时间坚持、长时间积累，水滴石穿，水到渠成。古今中外无数真正成大事者，往往都是经历长时间的不懈努力最终实现其奋斗目标的。

所以，以不变应万变。很多时候，父母并不能在具体的事情上实质影响孩子的选择，但仍然能够在过程中起到陪伴、鼓励与引导的作用。对于孩子而言，父母还有一个非常重要的角色，即教练的角色。父母很多时候并不一定要做什么、做多少事，而是要通过定期不定期地问一些问题，引导孩子明确努力的方向、激发孩子内在的动力。比如：你最想做的事情是什么？你理想中的生活状态是怎么样的？有什么事是你觉得非做不可的？如果你要实现你的这个目标，你的计划是什么？下一步准备怎么做？你之前定的目标，现在到了什么阶段？遇到什么问题，需要什么帮助？等等。

通过这一系列教练式的提问，父母可以帮助孩子更好地认识自己，帮助孩子行驶在正确的航道上。

 感悟

未来不过是过去的延续

今天中国家庭教育最根本的任务，仍然是回归常识、夯实基础。回归常识，就是尊重孩子的内在个性、需求和发展实际，因材施教，而不是把父母的期望、欲望、虚荣感强加给孩子，把孩子当成满足自己人生目标的工具。夯实基础，就是自觉抵制来自外界的各种要求、考核和评比，帮助孩子发现自己真正的兴趣、爱好和专长，并鼓励孩子认真对待、持之以恒、全力以赴。唯有如此，孩子才可能真正实现个性的健康与全面发展。

所以，今天为人父母者最大的挑战，是在确保孩子学业成绩的基础上，有意地训练孩子的各种兴趣爱好，发挥孩子的特长，发展孩子分析问题、解决问题、办成事情的能力。

未来不过是过去的延续。今天的孩子，接受知识的方式、学习的方式，都与以前大不相同。在人工智能的助力下，孩子的学习速度和学习效果将远远超过父母的想象。因此，当前家庭教育只要基础扎实，好的结局也就是顺其自然推进的结果而已。

 感悟

回到自然，回归生命本源

未来社会，人将被区分成两类人，一类是具有自然能力的、拥有浑厚生命力的个体，他们善于从自然中获得灵感，体验美好，也能够从自然中获得自我修复的能力；另一类则是脱离自然的、脆弱易折的个体，他们往往冲动易怒，追求即刻满足，缺乏耐心与感受力，缺乏发现美好的能力，因此往往也很少体验到生命的美好。

大自然对于一个个体的意义何在？人为什么要亲近大自然？从大自然之中，我们到底能得到什么？

在未来的人工智能时代，人们毫无疑问将花费更多的时间与智能设备进行互动。不管是在工作场合与各类计算机、人工智能终端进行互动，还是在私人生活空间中使用智能终端设备，智能设备将占据人们大量的时间、精力，甚至有可能把人除了吃饭、睡觉之外的时间全部占领。

这种状况将对个人的生活方式及整个社会形态带来什么样的影响？对个体的身体心灵又将带来什么样的影响？一种可能是：在数字化与人工智能趋势的影响之下，人们将越来越容易被智能设备捕获而沉溺其中，甚至成为智能设备的牺牲品。所以，身为父母，我们所需要做的，可能是更多地带领孩子进入乡野、进入森林、进入自然。在自然之中，孩子自己会获得原本属于他的东西。自然是生命的载体，她拥有人所面临的一切问题的答案。在自然中，人才被确认为人。大自然拥有的能力可能超过所有人的理解和想象。

回到自然之中，回归生命本源的能力，是面向未来社会，父母所能够教给孩子简单且重要的能力之一。

感悟

对抗智能化的诱惑

如何应对未来的资讯与数字社会，是每个人必须直面的一个极其严肃的问题。在信息爆炸时代，各种资讯、短视频、网络直播、在线游戏扑面而来，人们习惯于从这些娱乐平台和视频资讯中获得快速满足，往往一刷手机就是大半天，停不下来。随之而来的，就是无尽的空虚感。

从某种意义上说，社交媒体和娱乐平台已经精准而深刻地掌握了人性的弱点，并通过算法机制将人的注意力吸引到极致。这是人们需要警惕的现象。想要抵制手机成瘾，父母与孩子同样面临着极大的挑战。这里有三个建议：

一是严格限制手机的使用情境和使用时间。仅仅把手机当作生活中必不可少的工具，在需要用的时候才用，比如沟通、查信息、办事情，没有特定目的则不使用。

二是时时紧盯自己的生活目标，以人生目标来分配自己的时间。明确自己的目标和方向，制订明确的计划，化整为零，每天按计划行事，每天朝目标前进一点点，确保在闲余时间有事做。

三是保持自我反省与终身学习的习惯。常常反省自己的行为是不是在浪费时间；反省自己是否在靠近自己的目标。通过自我反省和终身学习，确保自己能够始终做对的事情，而不是被媒体资讯捕获而迷失其中。

在对抗媒体诱惑这件事上，父母面临的任务更艰巨、挑战更大。父母只有以身作则，找到胜过媒体诱惑的做法，才能够更好地带领孩子理性、合理地使用智能设备。

 感悟

不是更少，而是更多

　　毫无疑问，智能化设备将使人们生活中的一切事项都变得更加便利，人们也因此可以更加心安理得地变懒了。这种变懒的结果，就是人的认知能力、思考能力、判断能力及各项机能的萎缩退化。

　　然而，对于那些优秀的个体而言，在人工智能时代需要学习的内容不是更少而是更多了。在未来社会，那些优秀的年轻人，不仅需要掌握事物运作的基本原理，还要理解人工智能运作的内在逻辑。而要做到这两点，就需要快速学习的能力、持续学习的动力。在未来社会，优秀的年轻人要能够理解人工智能应用的逻辑并驾驭它，而不是被其捆绑和奴役，同时能够提出更好的需求和指令从而得到更有价值的结果。这就是人工智能时代的一种创造模式与创新路径。

　　任何创新，都是建立在掌握大量关于事物规律和相关知识的基础上的。无知者无创新，因此，未来世界的优秀年轻人将持续保持极强的好奇心和强大的学习力，也必将为这个社会做出更大的贡献，创造出更多的价值。

　　那么，面向未来，父母该怎么做呢？父母一定要清楚现状，一定要对未来有深刻的洞察力，并在这一基础上，带领孩子一起去发展那些真正重要的能力，比如：观察能力、阅读能力、提问能力、思考能力、分析能力、规划能力、决策能力、沟通能力、协作能力、解决问题的能力，等等。这些能力，才是决定孩子未来的真正重要的东西。

感悟

适者生存

"物竞天择，适者生存。"感知外部环境传达的各种信息，从环境中学习适应环境的能力，任何时候对于个体而言都是非常重要的。个体总是处在一定的环境之中，应与环境建立联结，获得一种内在的生命力，在汲取环境力量的同时反哺于环境，奉献于环境，让环境因为自己的存在而变得更美好！

然而，当前孩子面临的普遍问题是被远离真实世界的刻板知识所束缚而不得脱身。孩子失去了与环境的真实联结，缺乏对环境的感知力和抓取力，不知道如何从丰盛富足的环境中获取自己想要的东西。

在未来面临更大不确定性的世界中，孩子感知环境、适应环境、营造环境的能力更加重要。所以，父母要做的，就是要让孩子真正地融入环境之中，认识环境中的各种资源和要素，懂得如何与人打交道，知道通过什么样的方法去获取自己想要的东西，唯有如此，才能够帮助他们在充满未知的环境中，更好地生存下去，更好地为这个社会做贡献。

 感悟

珍惜时间

爱惜时间、珍惜光阴，是父母希望孩子能够拥有的重要品质。之所以要爱惜时间，是因为我们觉得做一件事很有趣，觉得生活很有意思，觉得不好好珍惜时间，就对不起这美好的生活、美好的世界。

所以，不管对于孩子而言，还是对于家长而言，珍惜时间的前提，是觉得这世界太美好，要好好体验，觉得浪费时间是一种犯罪，从而不忍心浪费时间。人不会无缘无故、自然而然地就珍惜时间的。

因此，所谓的珍惜时间，一定要跟具体的使命、具体的事情相结合。一个人只有在深刻地理解生命的意义、自身的使命之后，才会真正明白自身的价值，才会有一种时不我待的紧迫感，才能发自内心地珍惜时间。

所以，父母要想让孩子珍惜时间，需要做的就是要帮助孩子确立其目标、志向、使命，带领孩子体验这世间、这生活的美好。唯有如此，孩子才会珍惜光阴，而不需要父母去说教。反之，如果孩子觉得生活太过痛苦，体验不到快乐，看不到转好的希望，他怎么会去珍惜时间呢？在这种情况下，他可能会觉得度日如年，甚至生无可恋。所以，一定不要颠倒次序。

 感悟

去看看丰富多彩的世界

在当今全球化时代，全世界人们的前途命运无疑将更加紧密地联系在一起。构建人类命运共同体，不仅仅是美好的政治愿景，更将成为全球人民共同期盼的现实情境。应对全球气候变暖，维护地缘政治和平，增进国际商贸往来，加强国际文化交流、全球一体化的进程可能会遇到挫折，但它们是不可改变的潮流。

人类历史上从来没有一个国家能够在闭关锁国的前提下实现繁荣发展，没有一个人能够在夜郎自大的状态中实现进步提升。国际交流，不仅是一种能力，更是一种生命的恩赐。学习其他国家的优秀文化，借鉴其他国家的优秀制度，是社会进步的重要途径。对于个体而言，唯有保持开放的心态和求知的欲望，我们才能真正地欣赏其他国家的优点特长，才能在相互交流中获得视野的拓宽和认知的增进。

在这个日益全球化的时代，一个先进的民族、开明的社会，最忌讳的是心胸狭隘与故步自封。对于父母而言，尤其如此。越是在动荡与不确定的时代，真正有智慧的父母，越会鼓励孩子从更广博的视野去看待问题，去寻找问题的答案。所以，学好外语，有机会带孩子去看看这个无比丰富多彩的世界吧。

 感悟

提升感受幸福的能力

面对未来的未知与不确定，个体能提前做的事其实很有限。而应对的关键还是在于持续提升自己的学习能力和应变能力，以不变应万变。因此，父母的责任在于教会孩子积极主动地面对问题和提升自身的综合能力。

如果我们将"未来"与"不确定性"这两件事拆解开来看，就会发现其实并无神秘可言。我们正在经历的每一天，都曾经是未来；我们做要的每一件事，都有各种各样的不确定性。作为父母，我们现在所经历的，从某种意义上说就是孩子的未来。我们面对困难是什么态度，我们如何处理事情，我们是否能保持终身学习的能力与习惯，我们如何对待时间，我们如何感受生活，这生活中的点点滴滴，其实都在潜移默化地影响着孩子的一言一行，影响着孩子对这个世界的感知和态度。

进一步来说，与其担心孩子的未来，其实我们更应该做的是用心经营好我们的现在。当我们以积极乐观的态度面对生活中的起起伏伏，当我们勇敢面对生活中的各种难题时，就会以实际行动给孩子传递一个信息，即每一件事情都有解决的方式，重在过程，重在经历，重在提升我们感受生活、感受幸福的能力。这就是我们所能做的最佳的家庭教育。

感悟

成为千锤百炼的奋斗者

如何面对挫折，如何从失败中学习，是每个人一生都要面对的功课。在未来，孩子能够取得多大的成就，谁也无法预料，但他一定会遭遇各种挫折和失败。

这一点，是父母必须清醒意识到的。当我们意识到这一点的时候，就不会在孩子痛哭流涕的时候手忙脚乱不知所措。相反，我们能够从容地知道，这是必然会出现的事，也是孩子获得成长的良好契机。

父母无须回避孩子在成长中遇到的这些问题，相反，要胸有成竹、稳如泰山。父母可以平静地和孩子讨论刚刚发生的事情，可以从容地引导孩子思考挫折和失败的功课，并获得其中的教益。

甚至，我们可以有意创造机会让孩子经历挫折，有意看着孩子经历失败。因为正是在一次次对失败的反思和复盘中，孩子才能够不断地精进自身的能力和意志力，才有可能最终成为无坚不摧的奋斗者。

 感悟

努力做好自己

　　未来的社会会如何？大家会更看重学历，还是更看重能力？没有学历或只拥有很普通学历的人，有没有机会出头？是不是高学历的人就是赢者，还是草根出身者仍然有机会？

　　在笔者看来，未来的社会将会更加多元化。有能力的人有机会脱颖而出；没有学历的人也有适合发挥特长的地方。高学历的人，显然会有更好的机会，但普通人也仍然有逆袭的可能。

　　未来的社会，社会分工将进一步细化，成功的标准也将更加多元化。那些优秀的人，不但学习成绩突出、能力全面、爱好广泛，人际关系也处理得非常恰当。优秀的人、有能力的人，会有自己的圈子；躺平的人，也有自己所属的圈层。

　　我们能做的，永远都是与过去的自己比，努力做好自己就好。对于自己的孩子而言，更好的做法，就是因材施教，根据孩子的天分去引导。身心健康，勤勉平安。人生一世，草木一秋，快乐就好！

 感悟

接受真实的自己

接受真实的自己，是一个人毕生要学习的功课。很多人穷其一生，都无法与自己和解。一个人，只有从内心真正地接纳自己，才能真正找到属于自己的力量。

每个人都是普通人，每个人的成长环境中，都有值得感恩的地方。在人生中，能平安度日，已经是极大的恩典与祝福。

所以，对于父母而言，要彻底地意识到自己的局限性，也要彻底地意识到孩子只是一个普通人。只有从这一点出发，父母和孩子才能真正地与自己和解，并在这个基础上为把每天过好而努力。

所以，在未来社会中，从人性的角度看，或许并不会有太多的变化。一个真正幸福的人，往往就是知足常乐、容易满足的人。如果你不满足于现状，那么就全力地去努力，并接纳最终的结果，也接纳曾经努力过的自己。

 感悟

不要迷失方向

在未来更加复杂、多元、充斥各种高科技的时代，人很容易迷失在海量的资讯和各种刺激之中。当人们在通往繁华的路上越走越远的时候，需要的恰恰是一种删繁就简、回归常识的能力。

越是处在复杂的环境之中，越要回归常识、回归经典，越要从传统中找到平衡的力量，找到一眼洞穿本质的力量。

回归事物本源，抓住事情本质，是一项非常重要的能力。面向未来世界，不管是父母还是孩子，都需要这种回归事实、回归本源的能力。

要做到这一点，其实并不难。我们往往只需要在这个时候停下来，问自己几个问题：我要的是什么？这样做的结果是什么？这件事的实质是什么？等等。

通过对这些具有根本性的问题进行反思，我们可以看清事情的本来面目，回归做事的初心。这种时时的自我反省与自我调校，能够确保自己在纷繁复杂的环境中不迷失方向。

感悟

通往未来的三大联结

在通往未来的路上，一个人要做的重要的事，是建立深度的情感联结，与自己建立联结，与重要他人建立联结，与有意义的事建立联结。

与自己建立联结，是要认识自己、接纳自己，清楚地知道自己能做什么，不能做什么。在面对困难的时候，告诉自己只要用心努力一定能克服困难；在取得成功的时候，坦然承认自己的不足，不被胜利冲昏头脑。面对自己，真实坦荡，不卑不亢。

与重要他人建立联结，是要有独立的人格，不依附他人，不怕被指责也不害怕失去；只问付出，全力去爱，去维护重要的亲密关系；同时去留无意，宠辱不惊。全然地投入感情，不控制他人，也不强迫他人。认为对的事情，就大胆去做，身边人能理解很好，不能理解，就求同存异。以理性的方式处理情感关系，凡事以求平衡与舒适。

与有意义的事建立联结，就是一旦认定某件事是自己想做的有意义的事，即使面临重重阻力，也能够不断克服困难，全力去做。把有意义的事情当作此生的使命。人来到这世上，总是要做一些事情的，总要留下自己的作品。这首先不是因为要取悦他人，而是因为要让自己不负此生。不管是格物致知，成为某个领域的专家，还是以身作则教育孩子，还是在事业上做出一番成就，只要是自己认定的有价值的事，就大胆去做。

为父母者，要如此而行，也要鼓励和支持孩子如此而行。

 感悟

做到足够专精

关于未来，很多父母都希望孩子所学的专业、所从事的职业有前途，同时希望孩子未来能够获得稳定的收入。

毫无疑问，在当下社会，收入水平和拥有的财富水平，仍然是衡量一个人社会地位的重要标志之一，因而也就成了绝大多数父母努力的目标。哪些领域更赚钱，父母就会千方百计向这方面靠拢。然而，问题也在于此：谁能够预测未来呢？谁又能够保证父母的选择是对的呢？

这是一个值得思考的问题。当我们把赚更多的钱作为学习成长目标的时候，我们就会陷入无尽的紧张焦虑之中，我们会担心孩子学的知识没有用、找不到工作、赚不到多少钱；我们就会看到无数身边的人，似乎都在比谁的孩子学得更好、找到不错的工作、赚得更多。

所以，对于这些问题，唯一的出路在于：放下短期的、自以为是的观点，大胆选择正确的方式对待孩子的学习、成长和未来职业选择。换个角度看，决定孩子学习和职业成就的，其实有两个方面的因素：一是选择自己真正喜欢做的事；二是坚持深耕，做到足够专精。这时候，孩子的稀缺性、不可替代性和价值属性，也就会充分地体现出来。

感悟

与优秀的人同行

未来社会不管如何变化，唯有一点不会改变，那就是无论在哪个行业，都有非常优秀的人。因此，要在未来的社会更好地生存下去，有一个快速且极其有效的方法，就是向你所选定的领域里最优秀的人学习，主动向优秀的人请教成长的方法、路径和要点。

"听君一席话，胜读十年书。"有时高手的指点，可以让我们少走很多的弯路。

有人可能会认为，那是人家吃饭的本领，别人为什么要告诉你？有这种想法很正常，但这恰恰是一种弱者的思维方式。真正优秀的人，从来都是强强联合的。优秀的人，都乐于与同样优秀的人做朋友。而善于向他人学习求教，就是优秀的人重要的品质之一。同样地，乐于助人，乐意培养年轻人，也是那些优秀、成功的人重要的品质之一。

站在那些优秀的人角度看，当有人虚心前来求教时，自己所感受到的，是被需要和被尊重，对年轻人指点一二，只是举手之劳，何乐而不为呢？

所以，不要犹豫，不必担心，当你有问题时，就尽管向本领域本行业中最优秀的人求教，同时也要教会孩子去向这些最优秀的人求教。当一个人能够自然地、习惯性地做到这点时，他已经是在与他所处的时代里最优秀的人同行了。

 感悟

未来社会的审美能力

审美能力，在未来将会是越来越重要的能力。什么是美？什么是丑？可能不同的人会有不同的看法，但对于最基本的美丑，大家还是有共识和评判标准的。

爱美之心，人皆有之。那些对生活中的美有强烈感受能力、鉴赏能力的人，将获得更丰富而深刻的人生体验，他们往往也更有机会拥有与真正的社会精英人士对话交流的机会。

审美是一种能力。这种能力也是个体最基本、最深沉的能力。具有审美能力的人，往往是内心比较沉稳、深厚的人，有独立见解而不盲从，有自己的情趣而不媚俗。

如何培养孩子的审美能力？最基本的方法，就是多带孩子去见识自然界那些真正的美景，带孩子去认识那些经典的好东西，带孩子去博物馆或艺术展见识那些珍品，带孩子欣赏那些顶级水准的赛事或表演，带孩子去探索太空之美、科技之美、未来之美。

父母应细心观察孩子感兴趣的东西是什么，然后投其所好，带着孩子去观察、去经历、去欣赏。只有在与真正的作品对话的过程中，孩子的视野才能真正被打开。当孩子对美有基本的判断和趣味之后，对那些丑陋粗鄙的东西，自然就会嗤之以鼻。

 感悟

自我反思的能力

人工智能对人类社会带来的影响，可能会超过绝大多数人的想象。人工智能的大语言模型，以及各类机器人和智能硬件，将不断接管人类的脑力劳动，也将很快地全面接管人类的各项体力劳动。

那么，未来人之所以为人的核心能力是什么？

独处的能力，自我反思的能力，无疑将成为人类在未来社会的核心能力。在独处与自我反思中，我们将会经常遇到那些重要的问题：人类社会存在的目的是什么？在人工智能时代，人的意义和价值何在？在物质生产能力极大提升、生活极其便利的时代，人存在的意义又是什么？

对这些问题的反思，在某种意义上将决定人的行为。当人从繁重的劳动中被解放出来时，或许离成为真正自由全面发展的个体又近了一步。人原本不需为外在的目的而活，人的存在本身就是目的。所以，在未来的人工智能社会，理想的生活状态，就是每个人都拥有自己生活的理想，并能够不被外在的物质条件所束缚，去追求自己的理想，成为真正自主、自在的个体。

让孩子学会反思、选择并坚定地践行自己的选择，是所有父母最值得去做的事情。

 感悟

多用、早用智能工具

交通工具，是帮助我们更快到达目的地的必要工具。而使用工具的能力，是人区别于动物的核心能力。面向未来的人工智能时代，使用各类智能工具的能力，无疑是一种更加重要的基础能力。因为，人工智能时代的工具所展现出来的能力，已经大大地超过此前任何时代。

所以，今天的父母，要有意识地引导孩子去接触最前沿的技术和应用，不要排斥技术，不要一味地担心孩子会网络成瘾。事实上，当父母与孩子讨论好使用电子产品的目的、范围、时间等因素时，孩子是完全有可能恰当地使用这些智能设备的。

让孩子尽早使用智能工具，不但能够帮助孩子熟悉智能工具的运行逻辑，更重要的是，能让孩子有独立思考的能力，让孩子有运用工具解决实际问题的机会和能力，而这些能力恰恰是适应未来人工智能时代核心的能力之一。

 感悟

人是万物的尺度

假如在未来的人工智能时代，人类 90% 的工作被机器替代，那么，人类该做什么呢？一种比较极端的观点认为，在人工智能时代，人们已经不再需要工作，绝大多数人将被社会抛弃，成为"无用"的人。如果这一现象真的出现，那么，它其实又提出了一个极其深刻的问题：人存在的意义和价值是什么？

如果没有了人，生产力再发达，物质再发达，这个世界都是没有意义的。

其实，在未来生产力高度发达的智能时代，恰恰是人被彻底从劳动中解放出来的年代。当多数人不再需要从事生产劳动的时候，人们便有更多的精力为人服务。所以，在未来，围绕着人的精神需求而开展的服务行为，将是人类活动的主体形态。

未来的社会，毫无疑问将更加多元化。很多人可能会迷失在娱乐之中，可能会沉溺于游戏之中，很多人可能更加找不到人生的意义，有些人会在文学艺术中找到意义，有些人则会在宗教信仰中找到归宿。

无论如何，在未来社会，理解人性，探索自我，将是一切活动的基础。人们将比以往任何时候都更需要回归自我、回归本体。针对人的服务，满足人的精神需求，也将是未来人类社会生活的重点所在。因此，从小引导孩子去思考，"我到底能够给他人带来什么""我能为他人提供什么样的服务"，或许就能够帮孩子在未来找到真正的人生方向。

感悟

保持理性与真诚

在未来的智能时代，不论外面的世界多么精彩纷呈，个体都要清醒自知。在未来的社会，人们无疑将暴露在更多的刺激与诱惑之中，人们的各种需要被迅速满足。即时满足，及时行乐，成为人们的生活常态。商品极大丰富，各种消费主义文化与娱乐产品不断冲击着人们的感官，整个社会充满了物质繁荣的景象。

然而，越是在这种繁荣之中，个体越要清醒地认识自我与外在环境的关系。越是在喧嚣之中，我们越不能被外在的物欲和消费主义文化所裹挟。个体在这样的消费文化洪流中，更需要保持一种理性与真诚。

理性是对于外界而言的。理性的人保持清醒，不过分追求物质享受，不从众，不超前消费，保持一种真正的质朴。

真诚是对于自己而言的。真诚的人承认自己的能力边界与不足，同时也坚持自己的爱好与专长。一个人真正的自信，来自自己的"术有专攻"，来自自己的自我认同，来自自己的选择与坚持。

所以，能够以理性与真诚的态度面对自己、面对环境的人，往往能在各样情境中云淡风轻、宠辱不惊。因此，当父母以身作则，同时也引导孩子过一种平静、喜乐的内在生活时，他们就不会迷失在时代的巨浪之中。

感悟

自立能力

每一个孩子的天资禀赋原本就大相径庭、迥然不同。孩子最后能够取得什么样的成就，绝大多数情况下都是靠孩子自己选择的。在一定程度上，父母的教育和影响也会起到一定的积极正面作用。所以，正是为了这一点正面积极的作用，很多父母就拼命努力，其结果往往就是把原本父母能带给孩子的正面影响变成了极大的负面影响。

这是当前弥漫全社会的家庭困境和教育悖论，在可以预见的未来，似乎也找不到问题的出路。很多家长并不想这样，却又无能为力。

如何跳出这一陷阱？其实任何一位有智慧的父母，都知道该怎么做。国学大师南怀瑾先生有一段话振聋发聩，他是这么说的："我也是十八九岁自己混出来的，我不是伟人，你看那些伟人都是自己站起来的，没有什么教育，都是自学出来的。"

决定孩子成就的根本因素，还是在于孩子自身的志向和努力。父母能做的，就是打一个底子和基础：有健康的身体，有正常的认知即可。其他的，其实都靠孩子自己。

所以，面向未来，孩子的自立能力是最关键的基本素质。有些时候，放手让孩子自己去生长、自由去闯荡，反而是最好的教育方式。模糊的正确远比精确的错误要好得多。在教育孩子方面，粗线条一点，其实是一种大智慧。只有当父母粗线条时，孩子的主动性、自主性和自立能力，才有生长的空间。至于孩子最终能够成长成什么样子，那就全靠孩子的志向和努力了。

 感悟

确立未来的志向

人的志向，只应该有类型之别，而不应该有高低之分。正如人们所从事的职业，不应有贵贱之分，而只应有分工之别。对于任何一个人成长成才而言，最重要的事情是立志，确定自己一生的方向。不管这个志向，是修齐治平还是士农工商，最重要的是，明白这一生要做的事，并努力去做好。

在未来的人工智能社会，科技迅猛发展，社会生产力得到极大提升。人所处的外在世界，日新月异。技术发达的程度，达到了一个令人难以想象的境地。在这个工具理性高度发达的社会之中，对价值理性的追求，也必将大大提升。也就是说，在未来社会，想把一件事情做成，会变得越来越容易，关键是：要做的事是什么？这个问题，对于个人、组织、社会来说，都会变得越来越重要。

在未来，机器和工具的发展越来越快。但人的决策和行动，却应该慢下来。人们更应该深入地去思考，到底什么事情是真正有意义的，是应该做的。慢慢地想，思考得全面一些，思考得深入一些，看准方向，去做那些真正有价值、值得做的事情。

对于父母而言，不管孩子想做的事情是什么，只要无害于社会、无害于自己，就应该全力支持，而不应该任意打压、随意对待。因为父母所想的未必更好，也未必是孩子想要的。毕竟，每一个孩子都是独特的，孩子内生的动力，才是他一生成长中最重要的动力来源，才是孩子能够做出一番事业的根基所在。尊重孩子的意愿，并给予孩子足够的支持和鼓励，亲子间关系中没有比这更重要的事了。

感悟

大道至简：关注自身的成长

"在所有的这些头衔和身份中，你最看重的是什么？"著名未来学家凯文·凯利在一个直播中是这样回答主持人的提问的："父亲！"凯文·凯利提到，他有 3 个孩子，他人生中最幸福最美好的时光，就是和孩子一起度过的时光。同时，凯文·凯利提到家庭教育中的一个重要现象：孩子一般不愿意听父母所说的，但父母怎么做的他们会看、会效仿。

这其实就是所谓的"言传身教""身教胜于言传"。很多时候，父母说再多也是徒劳，但父母是怎么做的，孩子其实是看在眼里的，并带有一种天然的好奇心，想跟父母一起去做。

"身教胜于言传"，这就是家庭教育的本质所在。当下的很多父母总是很急切、很用力地要求孩子做所有的事情，唯独忘了想一想，自己是怎么做的。无数的经验已经表明，这种规划孩子的未来、掌控孩子未来的做法，往往会以失败告终。

在凯文·凯利身上，我们可以看到那种睿智的父母身上所拥有的智慧与从容。他还指出，带孩子去见识世界各国的不同文化、不同生活方式，带孩子去见识自己的工作场景，让孩子知道自己怎么工作、怎么思考，往往会对孩子的未来产生深远的影响。

所以，回归家庭教育的根本，我们会再一次与那个"大道至简"的道理相遇：关注自身的成长，做有智慧的父母。这或许是为人父母，在人生中所能做的最重要的事。

 感悟

参考文献

[1] 陈鹤琴. 家庭教育 [M]. 上海：华东师范大学出版社，2006.

[2] 北京师范大学中国基础教育质量监测协同创新中心. 全国家庭教育状况调查报告（2018）[R].（2018-09-26）[2023-12-21]http://www.jyb.cn/zcg/xwy/wzxw/201809/W020180927730230778351.pdf.2018.

[3] 乔尼丝·韦布，克里斯蒂娜·穆塞洛. 被忽视的孩子：如何克服童年的情感忽视 [M]. 北京：机械工业出版社，2022.

[4] 卡尔·雅斯贝尔斯. 什么是教育 [M]. 童可依，译. 北京：生活·读书·新知三联书店，2021.

[5] 林小英. 县中的孩子：中国县域教育生态[M]. 上海：上海人民出版社，2023.

[6] 盖瑞·查普曼. 爱的五种语言 [M]. 杜霞，译. 北京：中国社会出版社，2023.

[7] 玛丽亚·蒙台梭利. 有吸收力的心灵 [M]. 吴学颖，译. 北京：中国发展出版社，2006.

[8] 周弘. 赏识你的孩子 [M]. 成都：四川少年儿童出版社，2004.

[9] 多湖辉. 幼儿才能开发 [M]. 李镜流，译. 北京：教育科学出版社，1984.

[10] 艾尔菲·科恩. 无条件养育 [M]. 小巫等，译. 天津：天津教育出版社，2012.

[11] 蔡美儿. 我在美国做妈妈 [M]. 张新华，译. 北京：中信出版社，2011.

[12]南怀瑾.廿一世纪初的前言后语[M].北京：东方出版社，2013.

[13]尹建莉.好妈妈胜过好老师[M].北京：作家出版社，2009.

[14]让－雅克·卢梭.爱弥尔[M].赵飞强，译.呼和浩特：内蒙古人民出版社，2010.

[15]马丁·塞利格曼，等.教出乐观的孩子[M].洪莉，译.北京：万卷出版公司，2010.

[16]约翰·洛克.教育漫话[M].徐大建，译.上海：上海人民出版社，2010.

[17]爱德华·哈洛韦尔.童年，人生幸福之源：培养乐观的方法[M].覃薇薇，译.杭州：浙江人民出版社，2013.

[18]时亮.朱子家训·朱子家礼[M].北京：中国人民大学出版社，2016.

[19]檀作文.颜氏家训[M].北京：中华书局有限公司，2018.

[20]玛丽亚·蒙台梭利.发现孩子[M].胡纯玉，译.北京：中国发展出版社，2006.

[21]何帆.变量4：大国的腾挪[M].北京：新星出版社，2022.

[22]霍华德·加德纳.智能的结构[M].沈致隆，译.北京：中国人民大学出版社，2008.

[23]托马斯·戈登.父母效能训练手册[M].宋苗，译.天津：天津社会科学院出版社，2009.

[24]安超.拉扯大的孩子：民间养育学的文化家谱[M].北京：社会科学文献出版社，2021.

[25]罗伯特·帕特南.我们的孩子[M].田雷，宋昕，译.北京：中国政法大学出版社，2017.

[26]J.D.万斯.乡下人的悲歌[M].刘晓同，庄逸抒，译.南京：江苏凤凰文艺出版社，2017.

[27]大卫·香农.大卫，不可以[M].徐治莹，译.石家庄：河北教育出版社，2007.

[28]斯蒂芬·茨威格.人类群星闪耀时[M].亦言,译.北京:中国友谊出版公司,2021.

[29]克里斯托弗·彼得森.习得性无助[M].侯玉波,等译.北京:机械工业出版社,2010.

[30]何帆.变量2:推演中国经济基本盘[M].北京:中信出版社,2020.

[31]马丁·塞利格曼.真实的幸福[M].洪兰,译.沈阳:万卷出版公司,2010.

[32]阿比吉特·班纳吉,埃斯特·迪弗洛.贫穷的本质[M].景芳,译.北京:中信出版社,2013.

[33]黄灯.我的二本学生[M].北京:人民文学出版社,2020.

[34]毛姆.刀锋[M].武书敬,宋宗伟,译.南京:江苏凤凰文艺出版社,2019.

[35]伯特·海灵格,嘉碧绿·谭·荷佛.这一生为何而来[M].陈丽芬,译.广州:广东经济出版社,2012.

[36]加西亚·马尔克斯.活着为了讲述[M].海口:南海出版公司,2016.

[37]简·尼尔森.正面管教[M].玉冰,译.北京:京华出版社,2009.

[38]费孝通.乡土中国[M].上海:上海人民出版社,2006.

读书笔记